世界経済の新常識2021

この一冊でわかる

監修 熊谷亮丸
編著 大和総研

An Introduction to GLOBAL ECONOMY 2021

日経BP

はじめに

2020年は激動の一年だった。

2020年8月28日、安倍晋三内閣総理大臣（当時）が突然の辞意を表明した。その後、実施された自由民主党総裁選では、菅義偉内閣官房長官（当時）が圧勝し、9月16日には、菅義偉政権が誕生した。菅政権には、アベノミクスを継承しつつ、これをより一層進化させていくことが期待されている。

アベノミクスが日本をデフレの瀬戸際から救い、戦後二番目の長期にわたる景気拡大を実現したことは高く評価できる。日銀の金融緩和を受けた円安をテコに企業収益は過去最高を記録した。株価は大きく上昇し、雇用情勢は劇的に改善した。

個別の政策でも、インバウンド（訪日外国人）の増加は地方経済に多大な恩恵をもたらした。法人税減税、TPP11・日欧EPAなどを通じた自由貿易の推進、教育の無償化なども評価できる。

しかしながら、アベノミクスはいまだ道半ばであり、菅政権には、「第三の矢（成長戦略）」により一層注力し日本経済の持続可能な成長基盤を強化すると同時に、国民の安心・安全を増進することが求められる。

「菅政権の政策は各論の寄せ集めであり、国家観や理念が欠如している」と批判する向きもあるが、こうした批判は的外れである。筆者（熊谷）が考える「菅政権の経済政策の全体像」を、図

表1に示した。筆者は、菅政権の経済政策の本質は、「経済成長・労働生産性上昇」と「国民の安心・安全」を二本柱に据えて、この二つの間で好循環を起こすことだと捉えている。

２０２０年10月26日の所信表明演説において、菅総理は、２０５０年までに温室効果ガス排出量の実質ゼロを目指す意向を表明し、「グリーン社会」の実現を掲げた。いわば「経済と環境の好循環」を指向することを、世界中に宣言したのだ。

さらに、菅政権は、農業、医療・介護、労働などの分野における、いわゆる「岩盤規制」に切り込まねばならない。テレワーク（在宅勤務）、オンライン診療、オンライン授業などを実現・拡充し、世界最先端のリモート社会（非接触型社会）を構築するに当たり、「デジタル庁」を設置し、縦割り行政を打破することが起爆剤となるだろう。マイナンバーカードを活用して、デジタル時代にふさわしいセーフティネットを構築することも必要だ。

また、イノベーション（技術革新）を促進するには、外国人労働力の活用や女性の活躍を推進して、多様性（ダイバーシティ）を高めることが不可欠である。将来的にはポストコロナの時代に予想される産業構造の激変を視野に入れて、適切なスピードで企業の新陳代謝を促進するべきだろう。他方で、全世代型社会保障制度の構築や少子化対策の推進などを通じて、国民の将来不安を解消することにも注力しなければならない。社会保障制度改革に際しては、「自助・共助・公助」という原理原則を貫く姿勢が肝要である。

将来的には、東京一極集中に歯止めをかけて、全国津々浦々の国民が豊かさを実感できるような状況をつくり出すことが求められる。社会の中核をなす分厚い中間層を支えることに加えて、

［図表1］ 菅政権の経済政策の全体像

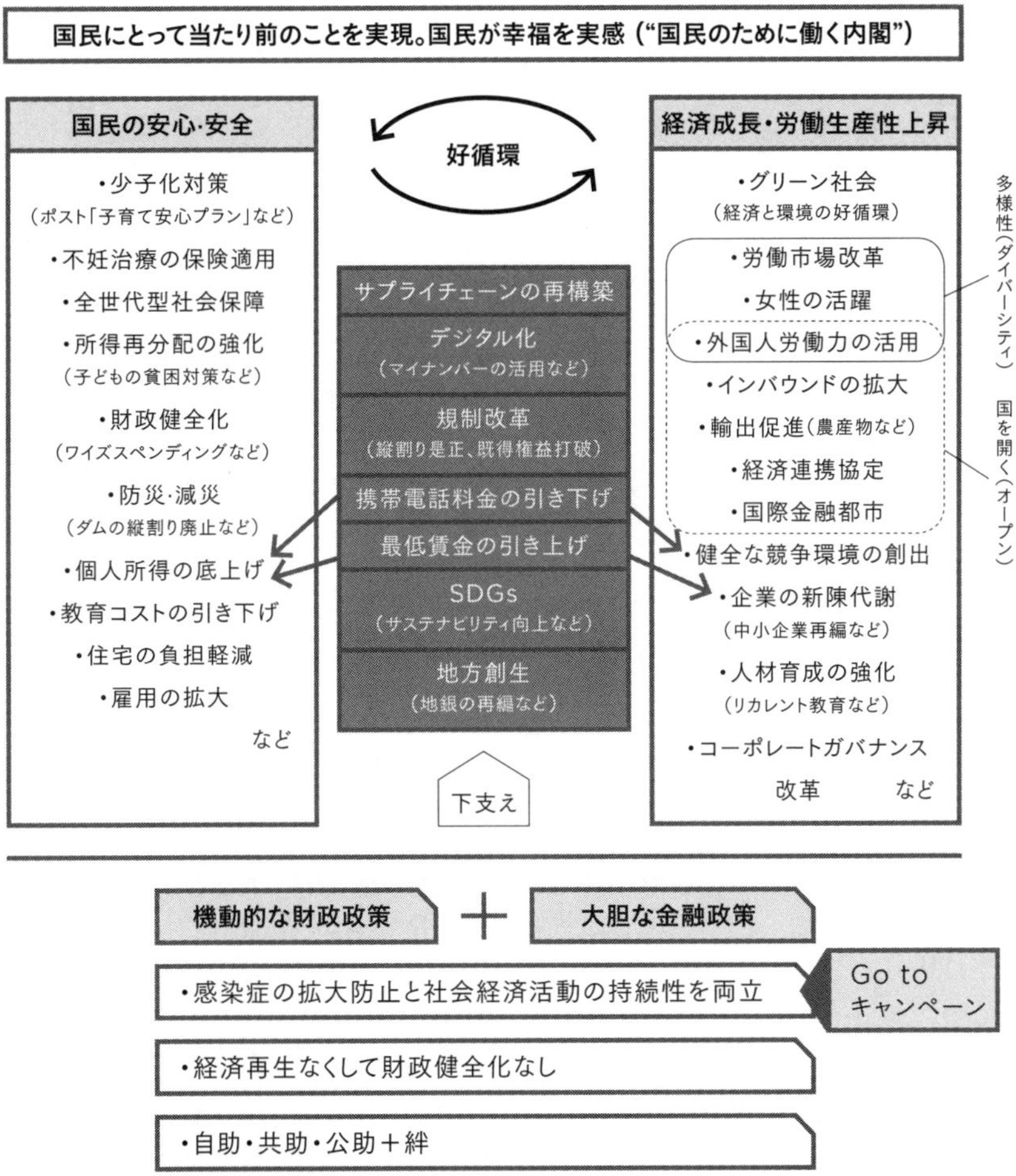

国民にとって当たり前のことを実現。国民が幸福を実感（"国民のために働く内閣"）
国民の安心・安全
・少子化対策
（ポスト「子育て安心プラン」など）
・不妊治療の保険適用
・全世代型社会保障
・所得再分配の強化
（子どもの貧困対策など）
・財政健全化
（ワイズスペンディングなど）
・防災・減災
（ダムの縦割り廃止など）
・個人所得の底上げ
・教育コストの引き下げ
・住宅の負担軽減
・雇用の拡大
など
好循環
サプライチェーンの再構築
デジタル化
（マイナンバーの活用など）
規制改革
（縦割り是正、既得権益打破）
携帯電話料金の引き下げ
最低賃金の引き上げ
SDGs
（サステナビリティ向上など）
地方創生
（地銀の再編など）
下支え
経済成長・労働生産性上昇
・グリーン社会
（経済と環境の好循環）
・労働市場改革
・女性の活躍
・外国人労働力の活用
・インバウンドの拡大
・輸出促進（農産物など）
・経済連携協定
・国際金融都市
・健全な競争環境の創出
・企業の新陳代謝
（中小企業再編など）
・人材育成の強化
（リカレント教育など）
・コーポレートガバナンス改革
など
多様性（ダイバーシティ）
国を開く（オープン）
機動的な財政政策
＋
大胆な金融政策
・感染症の拡大防止と社会経済活動の持続性を両立
Go to キャンペーン
・経済再生なくして財政健全化なし
・自助・共助・公助＋絆

（出所）大和総研作成

リカレント教育（生涯教育、学び直し）を中心とする教育投資の拡充にも積極的に取り組むべきだ。

もちろん、新型コロナウイルス感染症の拡大防止と社会経済活動の両立が、当面の間、最大の政策課題であることは言うまでもない。

人類の歴史を紐解くと、感染症を完全に「制圧」したケースはまれであり、われわれは、感染症と「共存」できるような「感染症へのレジリエンスがある（耐性の高い）社会」の構築を目指すべきだ。仮に緊急事態宣言が全国で1年間実施されると、個人消費が約51兆円減少するなど、国民生活に甚大な打撃を与える。こうした事態を回避し、社会経済活動をしっかりと回しながら、メリハリの利いた感染症拡大防止策を講じることが必要である。

具体的には、感染症に対する検査体制を拡充し、「医療崩壊」のリスクを抑制することが最大のポイントとなる。そのためには、ＩＴの活用やワクチン・治療薬の確保を推進すると同時に、病院や保健所へのきめ細かいサポートが欠かせない。また、持病や疾患があり重症化のリスクが高い方々や、高齢者などに対して、重点的に高度医療が提供されるような体制を構築しなければならない。将来的には、メリハリの利いた感染症拡大防止策を講じるために、新型コロナ特措法の改正や、新法の成立なども視野に入れるべきだろう。

今後、わが国が進むべき方向性を検討するうえでは、グローバルな視点が不可欠である。私たちの日常生活には「世界経済」に関するニュースがあふれている。毎日、テレビを見たり新聞を読んだりしていると、世界経済に関する様々なニュースが目に入ってくるが、その背景などを容易に理解できないことが多いのではないだろうか。

「日本経済に関するニュースを見ているだけでも、変化が激しくて先を読むことが難しいのに、世界経済の動きとなると、複雑な要素が絡み合っていて現状を理解するだけでも大変……」

こうした読者の皆様の切実な悩みにお応えする目的で企画された、『この1冊でわかる　世界経済』シリーズも今年で6年目を迎えた。

本書では、大和総研の選りすぐりのエコノミストたちが、世界経済を理解するうえで必要な基礎知識を、やさしく、わかりやすく解説する。そして、これらの基礎知識を踏まえて、２０２１年以降の世界経済を多面的に展望・考察する。この一冊さえ読めば、世界経済に関する基礎知識を習得できると同時に、世界経済の展望が簡単に頭に入る構成になっている。

本書の構成、および、各章の概要は以下の通りである。

「第1章　米国経済　経済再建に立ち向かう新大統領は前途多難」では、大統領・議会選挙の影響、コロナ禍後の米国経済の課題、今後の金融政策について概観する。米国経済は、コロナショックからの回復が進むものの、２０２１年以降の回復ペースについては感染症の動向次第であることを示す。また、民間・政府債務が拡大し信用リスクが高まる中、金融システムの不安定化への対処について考察する。

「第2章　欧州経済　ＥＵ統合深化は経済復興の鍵となるか」では、２０２０年7月に合意されたＥＵ復興基金に着目し、コロナ禍という危機があらためて欧州の結束強化を迫ったことを指摘する。ＥＵ債を発行して資金を調達し、コロナ禍の打撃が特に大きい国々に重点的に資金を配分するＥＵ復興基金は、ＥＵの財政統合を推進するための重要な第一歩だ。その資金を各加盟国が有効に活用して経済復興を実現させ、ひいてはＥＵの求心力強化につなげることができるかが注目される。

「第3章　中国経済　コロナ禍からの急回復の背景とデジタル専制主義」では、中国が新型コロナウイルス感染症の収束と景気の急回復に成功した背景の一つに、「健康コード」の存在があると説く。中国共産党は個人のプライバシーを丸裸にして、徹底的な監視体制を築くことで一党独裁の永続化を狙う。デジタル専制主義がうまくいくかは未知数である。ただし、様々な自由が抑圧される香港で、今後ヒトや資本の大々的な流出が生じるか否かが、中国の未来を占ううえでのヒントになると主張する。

「第4章　新興国経済　政策運営能力が試される」では、経済活動の再開や各国による景気対策で回復傾向をたどる新興国経済にとって、コロナ禍が際立たせた社会の歪みに注意が必要であると指摘している。例えば、失業者の増加と格差の拡大が社会不安を惹起し政治リスクへとつながることで、市場の動揺を誘う事態は避けたい。そのためには、財政出動の終了・財政健全化への動きは慎重に行われるべきだ。

「第5章　ＳＤＧｓ『行動の10年』が始まった」では、コロナ禍とＳＤＧｓの関係を概観し、さらに日本政府と地方公共団体、企業がＳＤＧｓに取り組む意義を整理した。コロナ禍からの回復過程において、環境と経済の両立のための取り組みが進む中で、ＳＤＧｓ達成に向けた取り組みも加速すると見込まれる。今後はＳＤＧｓに取り組む主体の増加や内容の深化、取り組みの

SDGs達成への貢献度合いの明確化が求められるだろう。

「第6章　サプライチェーン　グローバルサプライチェーンはコロナショックで変容するか」では、米中摩擦やコロナショックを契機とした世界的な中国離れの機運の高まりや、中国製造業の高度化の加速などによって、グローバルサプライチェーンがこれまでとは形を変えていく可能性が高いとの見通しを示す。そのうえで、サプライチェーンのリスク分散に加えて、研究開発による付加価値向上が日本の競争力維持のためには重要であることを指摘する。

「第7章　日本経済1　アベノミクスの評価とスガノミクスの課題」では、7年8カ月にわたった安倍政権の取り組みを振り返りつつ、菅政権が取り組むべき課題について検討する。当面は社会経済活動と感染拡大防止の両立が求められるが、人口減少・高齢化が進む日本にとっては成長力強化も喫緊の課題だ。これまでの成長戦略の実効性を高めつつ、コロナショックを好機と捉えた「デジタル社会」の実現などが期待される。

「第8章　日本経済2　ウィズコロナ時代の日本経済の行方」では、コロナショックが日本経済に与えた影響を整理したうえで、先行きを展望する。日本経済は一定の感染症対策が実施される中、緩やかなペースで回復することが見込まれる。ただし、新型コロナウイルスに有効なワクチンの世界的な普及に目途が立たないことから、感染爆発が発生するリスクは否定できない。この場合、厳しい感染拡大防止策により日本経済は大きく下振れし、大規模な雇用調整が行われることが懸念される。

「第9章　日本経済3　社会経済活動と感染拡大防止の両立に向けた課題」では、経済理論を用いた分析により、緊急事態宣言が発出された2020年4、5月の個人消費の抑制が過大だった可能性を指摘している。現在は新型感染症に対する知見が深まり、医療提供体制が強化されたことで、社会経済活動と感染拡大防止の両立を図る余地は大きくなった。政府は社会経済活動を引き上げつつ、感染状況に応じてメリハリの利いたピンポイントの感染拡大防止策を講じる必要がある。

本書は、ビジネスパーソンの方々が通勤時間などにも気軽に読める、面白くてためになる本を目指している。世界経済に関心があるすべての読者の皆様のお役に少しでも立てれば、望外の幸せである。

本書の出版に当たり、平素より懇切なご指導を賜っている、大和証券グループ本社の日比野隆司会長、中田誠司代表執行役社長、大和総研ホールディングスの中川雅久代表取締役社長、大和総研の中曽宏理事長にも、謝辞をお伝えしたい。

なお、本書の内容や見解はあくまで個人的なものであり、筆者たちが所属する組織とは関係ない。もし記述に誤りなどがあれば、その責めは筆者たち個人が負うべきものである。

2020年12月

熊谷 亮丸（大和総研 専務取締役 調査本部長 チーフエコノミスト）

目次　この一冊でわかる世界経済の新常識２０２１

第2章 欧州経済

EU統合深化は経済復興の鍵となるか

第3章 中国経済

コロナ禍からの急回復の背景とデジタル専制主義

第4章

新興国経済

政策運営能力が試される

第5章 SDGs

「行動の10年」が始まった 151

第7章 日本経済1 アベノミクスの評価とスガノミクスの課題

第9章 日本経済3

社会経済活動と感染拡大防止の両立に向けた課題

第1章

米国経済

経済再建に
立ち向かう新大統領は
前途多難

世界中が注目した2020年の米国大統領選挙では、事前の予想通り、民主党候補者のジョー・バイデン氏が勝利を収めた。トランプ大統領の4年間で、対内的には米国社会の分断が大きく広がり、対外的には「米国第一主義」の下で、米国の国際社会におけるリーダーシップが衰退したことが指摘される。また、経済面では、他国に違わず米国も新型コロナウイルスの感染拡大による低迷からの回復途上にある。米国は多くの問題を抱えており、バイデン次期大統領に対する期待は大きい。

そこで本章では、バイデン次期大統領が目指す政策を概観したあと、政策実現に向けた課題を検討する。さらに、新型コロナウイルスの感染拡大以降の危機対応を踏まえたうえで、米国経済の中長期的なリスクについても考察する。

01 大統領・議会選挙と今後の米国

2020年11月3日の大統領選挙では、民主党候補者のジョー・バイデン前副大統領が約8000万票（2020年11月23日時点。NBCニュースウェブサイト）を獲得し、史上最多得票で当選することが確実となった。一方、共和党候補者のトランプ氏も約7400万票を獲得し、「オバマの熱狂」と言われた2008年の大統領選挙でオバマ前大統領が獲得した約6900万票を上回った。多くの有権者が投票し高投票率だったという面はあるものの、トランプ氏が予想外に健闘した。メディアや研究者を含む多くの人々にとってサプライズであったと同時に、米国の政治的分断が明確に表れた選挙だったといえるだろう。

一方、同日に行われた連邦議会選挙では、下院で民主党、上院で共和党がそれぞれ過半数を維持し、引き続きねじれ議会となる可能性が高い。本稿執筆時で、上院100議席のうち、共和党が50議席、民主党が48議席を獲得しており、残り2議席は2021年1月5日にジョージア州で決選投票が実施されることになっている。なお、上院本会議での採決で可否同数の場合には、上院議長を兼務する副大統領が可否を決する。このため、決選投票の2議席を民主党が獲得した場合には、議席数が50対50となり、副大統領の所属する民主党が実質的に過半数を獲得する可能性も残されている。

仮にねじれ議会となった場合、バイデン氏が主張する政策のうち民主・共和両党の意見が対立する政策は、法律を通じて実現することは困難と考えられる。米国が政治的に分断される中、民主党中道派のバイデン新大統領は政策推進のために、上院共和党だけでなく民主党内の左派グループとの調整も必要となる場面が多くなると予想される。新型コロナウイルスの蔓延という危機の中、バイデン氏には厳しい政権運営が迫られることになるだろう。

バイデン新大統領の政策

ここでは、バイデン氏の主な公約・主張を概観する。バイデン氏の政策は、伝統的な民主党の政策（いわゆる大きな政府）を志向しており、トランプ大統領の過去4年間の政策を巻き戻しつつ、民主党予備選挙を最後まで争ったバーニー・サンダース氏を中心とした党内の急進左派の政策を取り込んでいることが特徴といえる。

経済政策では、〝Made in All of America〟（すべては米国でつくられる）を掲げており、トランプ大統領の「米国第一主義」とよく似たスローガンとなっている。これは、米国の製造業を再構築し活性化させ、先端技術に投資し、サプライチェーンを米国に戻すことで、米国人の雇用を創出しようとするものである。

また、政権の4年間で政府による4000億ドルの米国製品の購入を義務づけること（Buy American）や、先端技術に関する研究・開発に3000億ドル規模の投資をすること（Innovation in America）などを掲げている。さらに、環境配慮型のインフラストラクチャーへ4年間で2兆ドル投資し、2050年までに米国の温室効果ガスの純排出量をゼロにすることも目指している。

一方、こうした多額の財政支出を必要とする政策を実施するために増税を主張している。バイデン氏は、トランプ政権による2017年の税制改革は企業・富裕層向けの減税政策であり格差の拡大を助長したと批判し、同改革で35％から21％に引き下げられた連邦法人税率を、28％に引き上げることを主張している。また、個人に対する税制については、連邦所得税の最高税率を引き上げ（37％→39.6％）、トランプ政権による税制改革前の税率に戻すとともに、年間所得100万ドル以上の富裕層に対するキャピタルゲインと配当に対する税率を引き上げる（20％→39.6％）ことも主張している。

［図表1-1］バイデン新大統領と民主党の主な公約

経済政策	•連邦最低賃金を時給15ドルに引き上げ •環境配慮型のインフラストラクチャーへ2兆ドル投資 •米国製造業へのサポートの拡大 •製薬・ヘルスケア・通信・テクノロジー・農業などの分野での寡占・独占などによる弊害調査および規制強化
環境政策	•2050年までに温室効果ガス国内純排出量をゼロにする •パリ協定への再加入
税制	•連邦法人税率引き上げ（21%→28%） •連邦の個人所得税最高税率引き上げ（37%→39.6%） •富裕層のキャピタルゲイン・配当に対する税率の引き上げ
通商政策	•トランプ政権の単独外交を批判し、同盟国と協力 •トランプ政権の追加関税措置は、農家、消費者、製造業者にダメージを与えたとして、対中追加関税については消極的
金融機関への規制	•ボルカー・ルールを含むドッド・フランク法強化、大きすぎてつぶせない（too-big-to-fail）銀行に対する規制強化
社会保障	•オバマケアの拡充、自己負担なく初期医療（プライマリ・ケア）が受けられる「パブリック・オプション」を提供
社会問題	•連邦学生ローンの返済負担の軽減・免除 •チャイルドケアやプリスクールの拡充、中低所得者に対する州立大学の学費免除

（出所）バイデン氏ウェブサイト、民主党政策綱領、各種報道から大和総研作成

通商政策については、トランプ政権の単独外交を批判し、同盟国と協力する国際協調を推進する意向を示している。労働組合に支持される民主党の貿易政策は、伝統的に保護主義的とされるが、トランプ政権が推し進めた中国に対する追加関税に対しては、バイデン氏はさらなる引き上げに否定的な立場を示している。

金融分野においては、トランプ政権により部分的に緩和されたドッド・フランク法を再強化するとしている。ドッド・フランク法とは、金融危機の再発防止を目的として2010年に民主党政権下で制定された金融規制改革法であり、消費者保護規制や大規模銀行に対する規制を強化したものである。

社会保障政策については、特に医療保険制度改革が注目される。バイデン氏はオバマケアの拡充を目指し、具体的には、自己負担なく初期医療（プライマリ・ケア）を受けられるようにする「パブリック・オプション」を政府が提供することや、メディケア（高齢者・障がい者向け公的医療保険）の対象年齢を65歳から60歳へ引き下げることを提案している。

三 大統領と連邦議会の権限

ここでは、バイデン氏が、今後いかに政策を実現していくかを見るうえで、その前提知識となる連邦議会と大統領の権限をあらためて確認する。米国では、三権分立の下、立法（議会）、行政（大統領）、司法（裁判所）は、互いにその権限行使をチェックし合って均衡を保つ仕組みが徹底されている。

上院と下院で構成される連邦議会の最も重要な権限は、立法府として法律を制定することである。議会に法案を提出できるのは原則として議員のみであり、大統領に法案提出権はない。法案は上下両院での可決後に大統領に提出され、大統領の署名により成立する。したがって、大統領の公約を法律により実現する場合には、議員が法律案を提出することが大前提となる。また、予算編成権も議会にあるため、大統領が求める予算案は、議会の策定する歳入・歳出に関する法案と一致することが必要だ。このため、バイデン氏が増税や大規模な財政支出策を実現するために、議会といかに連携・調整していくかが注目されることになる。

加えて、議会の重要な権限として、制定された法律の行政府による執行を監視することが挙げられる。議会が公聴会を開催し、財務長官やＦＲＢ議長などに対してヒアリングを行うことなどもこれに当たる。さらに、大統領が閣僚やその他の政府高官、連邦裁判所裁判官を任命する場合には、議会上院の承認が必要だ。したがって、現状では共和党が上院の過半数を占める見込みのため、バイデン氏が意図する人事を実現するためには、上院共和党の協力が不可欠となる。

一方、大統領の政策実施に関して、合衆国憲法では「随時、連邦議会に対し、連邦の状況に関する情報を提供し、自ら必要かつ適切と考える施策について審議するよう勧告する」ことができると定められている。具体的には、大統領は毎年、連邦議会で自らの考えを述べる一般教書演説を行い、翌会計年度の連邦予算の編成方針を示す予算教書を連邦議会に提出するほか、経済状況の判断を示す大統領経済報告を議会に提出する（合わせて「三大教書」と呼ばれる）。これらを通じて、大統領は、自らが必要と考える法律を整備するよう議会に協力を求めることができるが、逆にいえば、その範囲にとどまるといえる。

ただし、大統領には連邦議会で可決された法案の拒否権が認められており、意に反する法案を拒否するという消極的な政策実施が可能ではある。ただし、上下両院それぞれ3分の2以上の賛成があれば大統領の拒否権は覆され、大統領の意に反する法が成立することもある。

なお、大統領は一定の政策を実施するために、大統領令（Executive Order）を発令することがある。これは議会が制定した法律に与えられた権限に基づいて、その具体的な法律の執行を行政府に命令するものとされる。すなわち、三権分立の観点から、議会で事前に認められた範囲内でのみ政策を実施する権限と解されている。ただし、この大統領令については憲法や法律に明確に定められているわけではなく、いかなる政策をどの程度実施できるのかについてはしばしば議論されるところだ。実際にトランプ政権では、メキシコとの国境に壁を建設することや、イスラム圏6カ国からの入国を制限するなど物議を醸す大統領令が発令され、裁判所で争われたケースもあった。

バイデン政権では、ねじれ議会が想定されていることもあり、特に移民、通商、環境分野などにおいて大統領令により政策を実施することが考えられる。しかし、場合によっては、議会が当該政策へ予算を付けなかったり、裁判所による差し止め命令などが下されたりすることで、大統領令による政策が実施できないこともあり得るだろう。

02

コロナショック・大統領選挙後の米国経済の課題

コロナ禍による最悪期を脱しつつも経済の先行きは不透明

米国経済は2020年に入り、他国と同様に新型コロナウイルスの感染拡大によって急激に落ち込むことになった。一方で、段階的に経済活動が再開された2020年5月以降、米国経済は速いペースでの持ち直しの動きが見られている。落ち込みからの回復が想定以上のペースで進んだことは、2020年後半に入り、IMFなどの経済見通しが上方修正されていることに端的に表れている。

一方で、経済活動の水準はコロナ前に比べると依然低迷しており、2021年以降もコロナ禍からの持ち直しが経済の先行きを考えるうえで大きなポイントであることに間違いない。そして、これまで速いペースで回復を続けてきた経済の先行きについては、必ずしも楽観できない状況が続くと見込まれる。

最大の理由は、米国経済の回復経路は、今後も相当程度、感染症の動向に大きく左右されるからだ。米国経済は総じて順調な回復を見せているが、その回復度合いは一様ではない。米国経済の持ち直しをけん引している個人消費に関して内訳を見ると、財消費の回復傾向が顕著である。感染症の拡大によって一時的にピークから2割近く減少した小売売上高は速やかに持ち直し、2020年6月の時点で感染症拡大前の水準を回復した。一方、飲食サービスの売上高が、本項執筆時点の最新値（2020年10月時点）でも感染拡大前の85％にとどまっているように、サービス消費が個人消費の足を引っ張る構図が続いている。

こうした回復ペースの違いの背景に、新型コロナウイルスの感染リスクがあることは明らかだ。感染拡大が収束しない中、経済の再開は一進一退となっており、米国の一部では、外食などの対面を伴うサービス業の営業規制や移動規制が依然として続いている。そして、サービス部門を中心とした企業収益の悪化や、国内外の需要低迷による低稼働率によって、設備投資の回復が個人消費に比べて非常に緩慢になっていることも経済の回復を遅らせている。こうした状況は、新型コロナウイルスが脅威であるうち、すなわち有効なワクチンの普及や、治療法が確立されるまで続くことになり、当面の経済の回復ペースは非常に緩やかなものにならざるを得ない。

そして経済の先行きを慎重に見るべきもう一つの理由は、2020年5月以降の速いペースでの景気回復の背景には、政府による経済対策が大きく寄与していたという事実である。

今回のコロナ禍による米国の景気悪化の最大の特徴は、緊急事態宣言による外出・移動規制を受けて、その影響を強く受ける対面型のサービス業を中心に、労働市場が未曽有の速さで悪化したことだった。緊急事態宣言が発出された2020年3月から4月にかけてのたった2カ月間で、雇用者数は2000万人以上も減少し、失業率は4月に14・7％と、統計開始以来の高水準まで

［図表1-2］ 家計の可処分所得、個人消費、貯蓄率

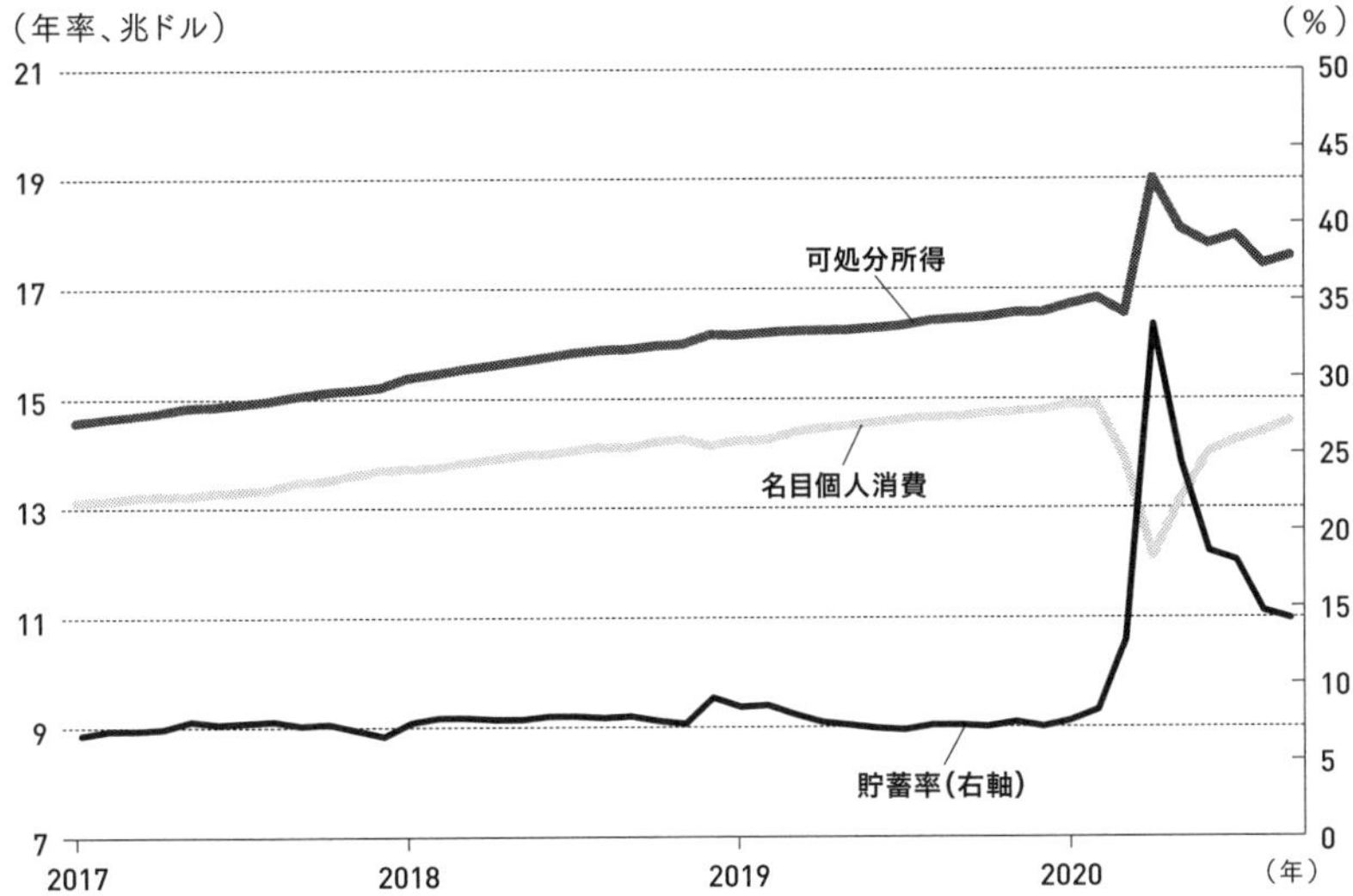

（出所）BEA、Haver Analyticsより大和総研作成

跳ね上がった。その後、経済の再開に伴って、失業率は順調に低下しているものの、2020年10月時点の雇用者数は、感染拡大によって急減する直前の2月に比べておよそ1000万人、率にして6・6%も少ない状態にとどまっている。

こうした状況にあるにもかかわらず、既述のように個人消費が速いペースでの回復を見せた理由は、コロナ禍を受けて成立した経済対策によって、家計の所得が補填されたことにほかならない。新型コロナウイルス対策の第3弾として2020年3月27日に成立したCARES法は、総額2兆ドル超と過去最大規模の経済対策となり、現金給付（予算2900億ドル）や、失業給付の上乗せ・対象拡大・期間延長（予算2600億ドル）などの家計支援策が盛り込まれた。これらの政策の結果、家計の給与所得が大幅に減少する一方

で、給与以外の収入等も含めた可処分所得は4月以降、コロナ以前に比べて大幅に増加することになった。

だが、経済対策の効果は永続的なものではなく、その効果はいずれ剥落する。可処分所得の大幅な増加とサービス消費の抑制によって、家計の貯蓄は大幅に積み上がっている。このことが、当面は個人消費の下支えとなることが期待される一方で、感染症拡大前に比べて雇用環境が大きく悪化していることを踏まえると、これまで米国経済の回復をけん引してきた個人消費が腰折れするリスクに細心の注意を払っていく必要がある。

新政権の優先事項

米国経済は回復が進みつつも、その水準が依然としてコロナショック前を大きく下回っていることに鑑みれば、2021年からの民主党バイデン新政権における最優先事項が経済の立て直しにあることは明らかだ。新型コロナウイルスの感染拡大に収束の目途が立たず、経済の先行き不透明感が強い状況が続く中、有権者の間では引き続き経済政策に対する期待感が強い。加えて、コロナショックを受けて成立した経済対策の一部は、2020年12月で失効した。政策効果の剥落による景気の下振れを回避するために、新政権は追加支援策を早急に実施する必要がある。

もっとも、追加経済対策を巡っては、その内容や規模に関して共和・民主両党の意見が対立し、これまで成立しなかったという経緯がある。2021年以降も上下院のねじれが続く可能性が高いことから、両党の意見を調整し、超党派での合意を得ることが、バイデン新政権の最初の課題といえる。

経済対策による下支えが短期的にプラス効果をもたらすのは確実だが、やや長い目で見た場合に、米国経済の成長力にマイナスとなる可能性がある。例えば、個人消費の持ち直しに大きな効果を果たしたと考えられる失業給付の上乗せ期間が長期に続けば、失業者の就労意欲が低下し、それ自体が経済再開の足かせとなる可能性がある。また、仮にこうした経済対策を受けて失業者にとどまる人が増えた場合、失業の長期化によってスキルが陳腐化することで失業者の就業が一層困難となり、格差の拡大や、生産性の停滞など、別の問題が顕在化するおそれがある。企業向け支援策も同様であり、本来であれば市場から退出すべき企業が、政策によって延命されることによって新陳代謝が阻害され、経済全体としての生産性が低下するリスクがある。大規模な追加経済対策に反対を続けてきた共和党が危惧しているのはこの点である。

さらに、財政による支援が大規模化し、かつ長期化した場合には、そこからの出口戦略が難しくなることにも注意が必要だ。経済対策を無尽蔵に続けていくことは不可能であり、追加経済対策の規模が膨らめば膨らむほど、政策が終了するタイミングで財政の「崖」の落差は大きくなる可能性がある。

感染拡大が続く中、財政によるセーフティネットの重要性に疑いの余地はない。しかし、そうした経済の下支えと同時に、経済正常化の道筋を立て、生産性の向上に資する政策を進めていくことが、バイデン新政権に求められている。

容易ではない公約の実現

もちろん政権交代は、短期的な経済対策の議論にとどまらず、様々な政策が転換するきっかけとなるだろう。トランプ大統領は就任以降、オバマ前大統領による政策を多く覆してきたが、オバマ政権において副大統領を務めたバイデン氏は、トランプ大統領の4年間からの揺り戻しを目指すとみられる。

バイデン氏が掲げる政策の概要については前節で確認した通りだが、米国の超党派NPO法人であるCRFB（責任ある連邦予算委員会、Committee for a Responsible Federal Budget）の試算によれば、バイデン氏が掲げる公約を実現した場合、連邦財政赤字は10年間で5・6兆ドル悪化すると見込まれている。裏を返せば、大規模な財政支出による経済の押し上げ効果が期待される。

だが、バイデン氏が自身の公約を実現することは、必ずしも容易ではない。前節で述べたように、上下院のねじれが維持され、バイデン氏は政策の実現に必要な法律を成立させるためには共和党の協力が不可欠となるからである。この点に関して、就任当初は上下院の過半数を共和党が握っていたトランプ大統領とは大きく事情が異なる。

例えば、バイデン氏が公約の目玉として掲げるオバマケアの拡充については、民主党と共和党の間でとりわけ意見対立が激しい政策であり、実現のハードルが非常に高いと言わざるを得ない。振り返ると、2017年にトランプ政権が誕生したあと、共和党が真っ先に取り組んだのはオバマケアの廃止・置き換えであった。トランプ政権・共和党はオバマケアを廃止する法律の成立にこそ頓挫したものの、税制改革の一環として保険未加入による罰金税を廃止することで、事実上、制度を骨抜きにしたという経緯がある。したがって、仮にオバマケアの拡充がバイデン政権によって提案されたとしても上院共和党が強硬に反対する公算が大きい。

また、バイデン氏の公約のうち、法人税率の引き上げや富裕層向け増税を含む税制変更についても、注目度は非常に高い一方で、成立の見込みは小さいだろう。バイデン氏が目指す税制変更は、トランプ政権で成立した税制改革を一部巻き戻すものだが、この税制改革はおよそ30年ぶりの抜本改革と言われるように、トランプ政権最大の成果であるとともに、共和党にとっての悲願であった。

一方、民主党・共和党で共通する政策としては、インフラ投資の拡大が挙げられる。しかし、目指す内容は両党で大きく異なる点には注意が必要だ。バイデン氏は、民主党内でも特に環境問題への関心が強い急進左派への配慮もあり、クリーンエネルギー分野に4年間で2兆ドルという大規模な投資を行うとしている。他方、共和党は道路や橋などの交通インフラや通信設備など、従来型のインフラ投資を主な対象とし、しかも政府による直接的な支出ではなく、補助金によって民間の投資を喚起することを目指している。その必要性が超党派で共有認識となっているインフラ投資についても、実現のためにはその内容や規模を十分に調整する必要がある。

このように、両党の意見対立を踏まえると、バイデン氏が掲げる公約のうち、上下院での承認が必要な財政政策の実現は難しい。財政支出による経済の押し上げに過度な期待はするべきではないだろう。

03 長きにわたる金融緩和時代の始まり

新型コロナウイルスの感染拡大を契機に、実質ゼロ金利へ

財政政策が景気回復を支え、追加支援に対しても注目が高まる中、金融政策に関しても2020年は大きな転換点となった。FRBは2019年に3度にわたる予防的利下げを実施したのもつかの間、新型コロナウイルスに伴う経済・金融の混乱への対応を迫られることとなった。2020年2月後半以降、投資家はリスク・オフ傾向を強め、金融・資本市場において資産価格の大幅な調整がもたらされた。米国株価は2020年2月半ばから3月半ばにかけて急落し、VIX指数は3月半ばに2008年以降の金融危機を超える水準まで上昇した。米国10年債利回りは2020年3月初めに史上初となる1%以下まで低下したのち、3月半ばにかけて一転して急上昇した。相対的に安全な資産である米国債だが、現金需要の高まりに伴う換金売りの影響を受けたのである。

［図表1-3］ FFレートとFRBのバランスシート

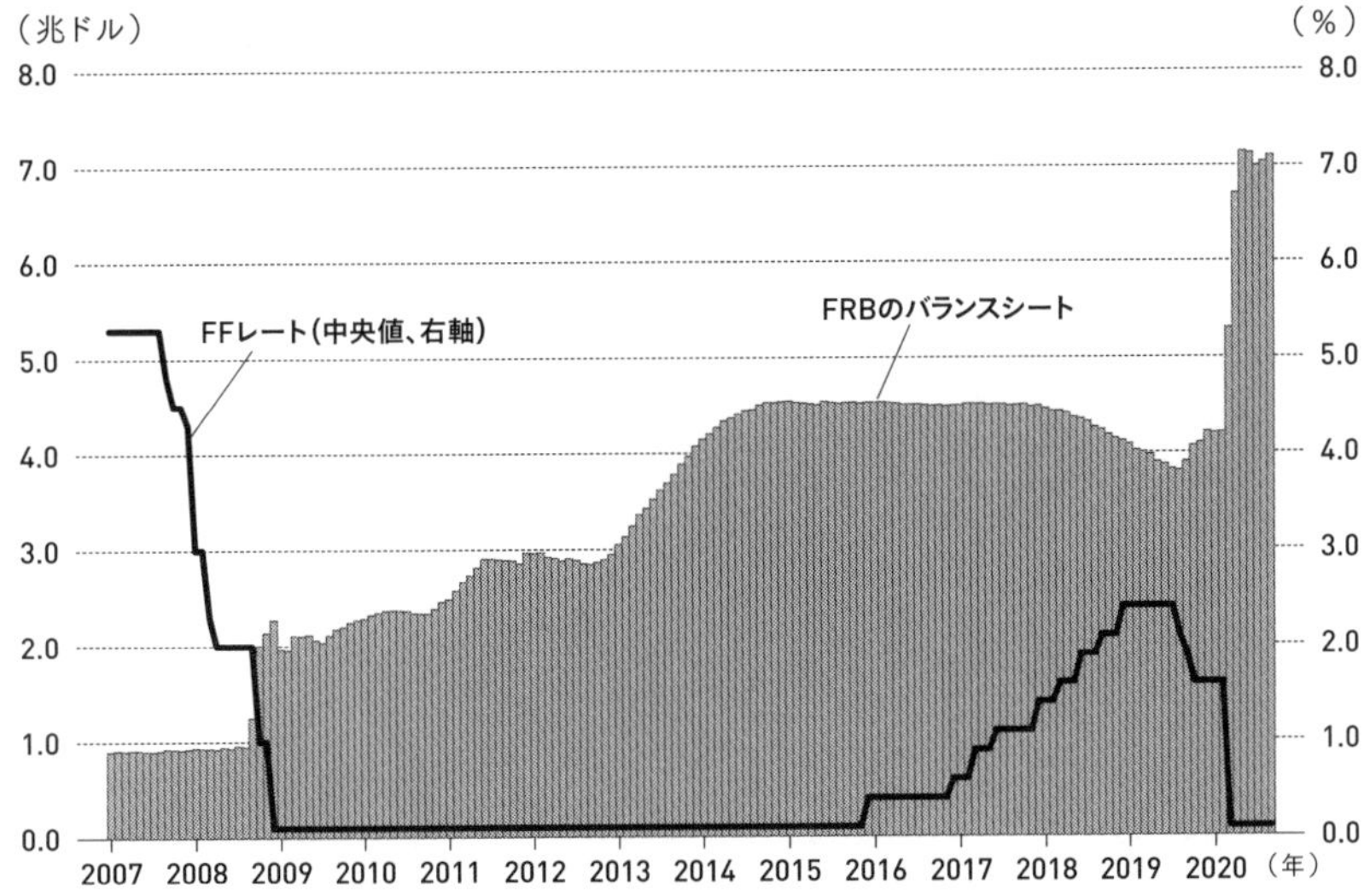

（注）FFレート、FRBのバランスシートともに月末値。
（出所）FRB、Haver Analyticsより大和総研作成

こうした新型コロナウイルスの感染拡大懸念への対応として、FRBは2020年2月末に緊急声明を出し、迅速に対応する旨を表明した。FRBは、3月3日と15日にFOMC（連邦公開市場委員会）をそれぞれ臨時で開催し、政策金利であるFF（フェデラル・ファンド）レートを1・50－1・75％から累計1・50％ポイント引き下げ、2015年11月以来となる実質ゼロ金利を導入した。

加えて、金融・資本市場の混乱への対応として、資金供給オペを増額するとともに、2020年3月15日のFOMCでは米国債やMBSの保有額を増加させることを決定するなど、市場への流動性供給を拡大した。なお、3月23日のFOMCでは、こうした米国債およびMBSの購入額を当面の間、無制限とするとともに、商業用不動産ローン担保証券も購入対象に加えた。このほか、FRBがプラ

イマリー・ディーラーに対して、適格資産を担保に貸付を提供するプライマリー・ディーラー・クレジット・ファシリティ（ＰＤＣＦ）やＭＭＦから購入した適格資産を担保に金融機関に対して貸付を提供するＭＭＦ流動性ファシリティ（ＭＭＬＦ）も導入するなど、金融・資本市場を支える主要な市場参加者に対する処置を施した。

ＦＲＢの対応は、米国内だけにとどまらない。ＦＲＢは２０２０年3月15日のＦＯＭＣで6カ国・地域（カナダ・英国・日本・ＥＵ・米国・スイス）中央銀行間の為替スワップ取極を通じた米ドル資金供給を拡充した。加えて、3月19日には、9カ国（オーストラリア・ブラジル・デンマーク・韓国・メキシコ・ノルウェー・ニュージーランド・シンガポール・スウェーデン）の中央銀行との間で米ドル流動性取極を締結、そして、3月31日には各国・地域中央銀行が保有する米国債を担保に米ドル資金の供給を行うＦＩＭＡレポファシリティを導入するなど、国際的なドル資金調達の安定化に向けて次々と対策を打ち出した。

ＦＲＢが利下げや国内外での流動性供給策を矢継ぎ早に導入・拡充したのは、金融・資本市場の混乱が実体経済の不振をさらに深刻化させるファイナンシャル・アクセラレーター効果を抑制することを意図したものと考えられる。こうしたファイナンシャル・アクセラレーター効果に対するＦＲＢの危機感は、２００8年の金融危機からの教訓といえる。実際にＦＲＢが今回採用した流動性供給策は、金融危機時に取った対応策に類似した措置が多い。

企業・家計の資金繰り対策として、「信用緩和」に踏み込む

ＦＲＢの対応は、利下げと流動性供給にとどまらない。２０２０年3月半ば以降、ロックダウンによって経済活動が停止したことで、信用リスクの高い企業を中心に信用スプレッドは拡大し、企業の資金繰りは大幅に悪化した。新型コロナウイルスの感染拡大に伴う漠然とした懸念を背景とした金融・資本市場の混乱から、景気後退に伴う企業のクレジットリスクの高まりというフェーズへと移行したことを意味する。こうした資金調達環境の悪化に対して、ＦＲＢは２０２０年3月半ば以降、民間債権の購入といった「信用緩和」策を相次いで導入した。

「信用緩和」策のうち、適格ＣＰの買入（ＣＰＦＦ）や適格ＡＢＳを担保とした貸付（ＴＡＬＦ）に関しては、２００８年の金融危機時の対応のほぼ焼き直しといえる。しかし、金融危機が住宅市場の不均衡を背景としたものだったのに対し、今回はロックダウンによって業種を問わず、実体経済全体に悪影響が及んだことから、新たな「信用緩和」策が次々と導入された。具体的には、適格社債等の買入（ＰＭＣＣＦ、ＳＭＣＣＦ）、企業向けの適格ローンの額面の一部買入（ＭＳＮＬＦ、ＭＳＥＬＦ、ＭＳＰＬＦ）、州・地方政府が発行した適格短期債の買入（ＭＬＦ）、中小企業向け貸付であるＰＰＰローンを担保とした貸付（ＰＰＰＬＦ）などが挙げられる。

ＦＲＢは原則として、金融機関以外への資金供給を制限されているため、前記のファシリティの創設には、緊急貸付権限を定めた連邦準備法13条3項（異例かつ緊急を要する場合、財務長官の事前

承認とＦＲＢ理事５名以上の賛成）が適用された。また、ＣＡＲＥＳ法においては、ＦＲＢが損失を被ることを回避するために、財務省が資金提供（損失補填）することも明記された。

こうした「信用緩和」は、国債などへの流動性供給に比べて、企業に直接的に資金供給するという点で、企業の資金調達環境を大きく改善させる強力なツールといえる。ただし、ＦＲＢが被り得る損失を最小限に抑えるため、格付け会社などから投資適格のお墨付きをもらった資産を対象とすることが基本とされる。

しかし、資金調達環境の悪化の影響は、格付けが低い企業が中心だった。そのため、こうした「信用緩和」策では、今回の景気後退によって投機的格付けに格下げされた資産も一定格付け（例、BB-／Ba格以上など）を上回る場合において、買付、担保の対象とすることも可能な制度設計にした点が特徴だ。

金融政策は危機対応から景気下支えへと移行

利下げ、国債などの購入を通じた流動性供給、そして「信用緩和」と、ＦＲＢは広範な金融緩和策を矢継ぎ早に打ち出し、新型コロナウイルスの感染拡大に伴う米国経済・金融に対する悪影響に徹底抗戦の構えを示してきた。ＦＲＢのバランスシートが２０２０年２月末の約４兆ドルから、同年９月末には約７兆ドルと急速に拡大したことからも、ＦＲＢの積極的な緩和姿勢がうかがえる。

ＦＲＢの金融緩和策が功を奏し、金融・資本市場の混乱は急速に収束していった。10年国債利回りは、２０２０年4月には落ち着きを取り戻し、米国債市場のインプライド・ボラティリティを示すＭＯＶＥ指数は同年9月末に新型コロナウイルス感染拡大前の水準を下回るまで低下した。また、信用スプレッド（ＢＢ債－10年債）は、財政支援による効果も相まって、新型コロナウイルス拡大前の水準近くまで低下し、クレジットリスクに対する懸念は抑制され、企業の資金調達環境も改善したといえる。

金融・資本市場が落ち着きを示す中、ＦＲＢの金融緩和策も危機対応フェーズから、景気の下支えフェーズへと移行した。まず、ＦＦ金利先物が２０２１年にマイナス域で推移し、先々のさらなる利下げ、つまりはマイナス金利導入を織り込む動きを見せたが、ＦＦレートは実質ゼロ金利政策が実施された後は据え置かれている。ＦＯＭＣ参加者が利下げの効果はタイムラグを伴って発生すると認識していることに加え、マイナス金利が銀行経営等にもたらす悪影響を懸念し、消極的な姿勢を示していることが背景にあるだろう。

また、流動性供給策に関しても、金融政策のオペレーションを担当するニューヨーク連銀によれば、２０２０年3月24－27日の間は、1日当たり７５０億ドルの米国債の購入を予定していたが、4月27日－5月1日の間は1日当たり１００億ドル、5月26－29日には1日当たり50億ドルと、金融・資本市場が安定するにつれ購入額は縮小していった。２０２０年6月のＦＯＭＣでは、米国債やＭＢＳの購入額を「市場が円滑に機能し、金融政策が幅広い金融情勢に効果的に反映されるために必要な分だけ購入し続ける」という無制限の購入額方針から、「少なくとも現在のペースで増やし続ける」という方針へと切り替わった。結果、6月以降の国債買入は月額800億ドルのペースで継続している。

他方で、「信用緩和」策に関しては、景気の先行きが依然として不透明である中で、企業・家計への資金フローを支援するという目的の下で、当初の終了期限だった2020年9月30日から12月31日に延長された。なお、9月末以降もFRBと財務省の間で期限の再延長に関する議論が進められてきたが、PMCCF、SMCCF、MSNLF、MSELF、MSPLF、MLFに関しては、再延長はなされず、12月31日で終了することが財務省から発表された。金融・資本市場を中心に資金調達環境が改善したとはいえ、新型コロナウイルスの感染再拡大や感染防止のための経済活動に対する規制強化によって、企業の経営状況が悪化するリスクは依然残る。結果的に、資金調達環境が悪化する可能性もあることから、FRBによる一部の「信用緩和」策が終了することによるセーフティネットの不足が懸念される。

新たな金融政策の枠組みを公表、長期の金融緩和時代が始まる

FRBが実施した金融緩和策は、金融・資本市場に安定をもたらすとともに、歴史的低水準で推移する住宅ローン金利等を背景に住宅市場が急速に回復するなど、実体経済の下支えにも効果を発揮しているといえる。しかし、2020年7月のFOMCの声明文で「経済の経路はウイルスの道筋に大きく依存する」という文言を追加したことからもわかるように、経済の下振れリス

クに対する懸念は依然として強い。

また、前述のように、新型コロナウイルスの感染拡大を契機とした景気悪化は、失業率の急激な上昇など雇用環境を著しく悪化させた。失業率は危機前（2020年2月）の3・5%から、4月には14・7%まで急上昇した。2020年4月末以降の経済活動の再開に伴い、10月の失業率は6・9%とピークの2分の1強まで低下したものの、危機前に比べて依然高水準にある。また、雇用環境の悪化は、人々に均等に影響を与えたわけではない。2020年9月の人種別の失業率を見ると、黒人やヒスパニックは10%付近で推移している。ジェローム・パウエルFRB議長は、金融政策や財政政策が労働市場の回復をサポートしてきたものの、まだ長い道のりがある、と指摘している。

こうした中、2020年8月27日にFOMCは「長期的な目標と金融政策戦略」の変更について合意した。この変更は、2018年11月からFOMCで議論が進められてきた新たな金融政策の枠組みについて、結論が出されたことを意味する。新たな金融政策の枠組みの導入に伴う変更点として、①雇用の最大化をより広範囲・包括的な目標として認識し、②平均的なインフレ目標を導入したことが挙げられる。これは、新型コロナウイルスの感染拡大が本格化する直前に失業率が歴史的低水準となってもインフレ圧力が高まりにくかった状況を受け、雇用環境を幅広い尺度で捉えるとともに、インフレ率が持続的に目標の2%を下回ったあとはしばらくの間、2%をやや上回るインフレを許容する、ということを意味する。つまり、インフレ率が2%を少し超えたとしても、拙速な利上げを実施せず、十分な雇用の回復が確認できるまで緩和的な金融環境を維持するということが示唆されている。

そして、雇用の最大化と平均的なインフレ目標について、③安定した金融システムにおいて前記目標を達成することを目指すとともに、④金利の実効下限制約下にある中での政策金利以外の非伝統的な手段（バランスシート政策など）の重要性についても追認した。④に関しては、金融危機以降の潜在成長率の持続的な低下に伴う自然利子率の低下を背景に、政策金利が容易に実効下限制約に直面しやすくなったことへの対応といえる。

新たな金融政策の枠組み公表を受け、2020年9月のFOMCでは声明文のフォワードガイダンスに関する表現を調整し、当面の間、緩和的なスタンスを継続することにコミットした。9月のFOMCで公表された経済見通し（中央値）の中で、2023年（4Qの平均）の失業率は4・0%と、長期見通し（自然失業率）である4・1%を下回る（改善）との見通しが示された。失業率が自然失業率を下回ることで、賃金上昇率の加速を通じてインフレが進むと期待されるが、インフレ見通しは徐々に加速するものの、2023年（4Qの前年比）においても2%を上回る予想が主流ではないことが示された。インフレが2%を超えないこともあり、FOMC参加者のFF金利見通し（ドットチャート）でも中央値は0・125%と、現在のFFレート水準が2023年末まで維持されるとの予想が示された。

ただし、2023年はFOMC参加者の見通しの最終年であるにすぎず、2024年に金融緩和政策が終了することを意味しない。新型コロナウイルスの感染収束に目途が立たなければ、家計や企業の経済活動が完全に回復することはないだろう。また、新たな金融政策の枠組みに関す

［図表1-4］失業率とPCE価格指数

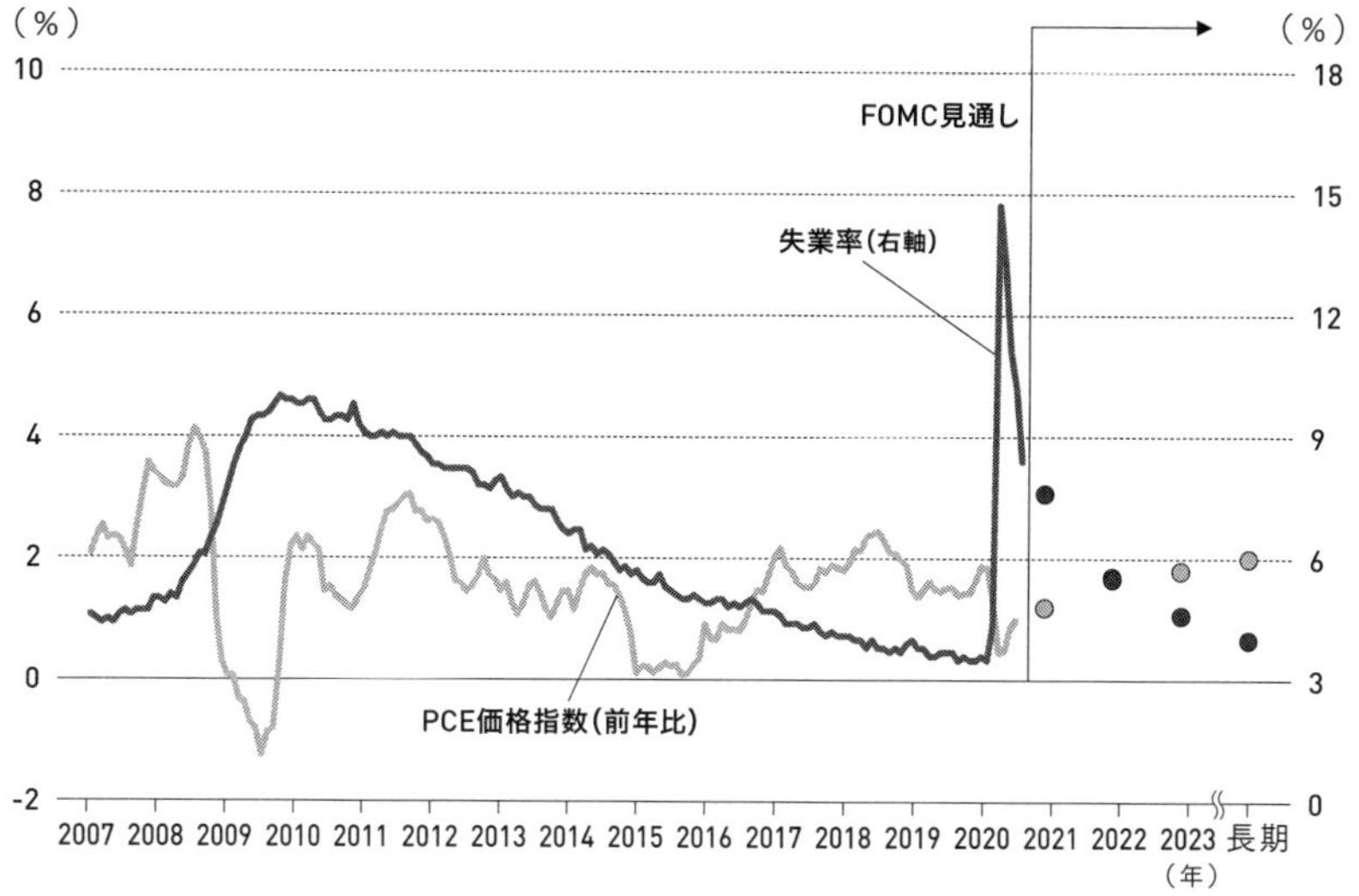

（注）FOMC見通しのうち、失業率は各年4Qの平均値。PCE価格指数は各年4Qの前年比。
（出所）FRB、BEA、BLS、Haver Analyticsより大和総研作成

る疑問点も残る。雇用の最大化は包括的な目標というが、どの程度包括的なものなのか（具体的にFRBが扱う範囲はどこまでか）、平均的なインフレ目標に関してどのような期間を設定するのか、インフレの上振れに対してどの程度の許容幅を設定するのか、などは明らかにされていない。エバンス・シカゴ連銀総裁は、平均的なインフレ目標の上限を2・25%に置いた場合、2026－2028年にインフレ率が平均で2%になるとの見解を示している。2008年以降の金融危機を振り返れば、2009年1月から2015年の12月までの約7年間実質ゼロ金利が維持された。エバンス総裁の見解に基づけば、金融危機後とほぼ同等の期間にわたり、実質ゼロ金利が継続することになり、長きにわたる金融緩和時代が始まったといえる。

04

米国経済を取り巻く二つのリスク

民間・政府債務の拡大で高まる信用リスク

新型コロナウイルス感染拡大による経済への悪影響が大きかったことから、財政・金融政策による支援の規模も過去に類を見ないほど大規模なものとなった。こうした支援策は人々や企業の痛みを軽減する痛み止めの役割を果たし、経済活動の再開後のスムーズな景気回復に貢献し、金融環境を安定化させる効果があったといえる。しかし、こうした支援策が強力であればあるほど、副作用も大きなものとなる。

まず懸念材料として挙げられるのは、民間企業の負債の積み上がりだろう。米国企業の債務水準は、新型コロナウイルスの感染拡大が本格化する前から緩やかに上昇していた。しかし、新型コロナウイルスの感染拡大やロックダウンによって、企業は突如収益があげられなくなったことで、資金繰りのために負債による運転資金の調達を一層積極化させた。結果的に、民間非金融企業の債務残高は、2020年1-3月期が前期比+5・9%、4-6月期が同+3・3%と大きな伸びとなった。債務残高の水準も、2019年10-12月期の約10兆ドル（対GDP比46%）から、

2020年4-6月には約11兆ドル（同56%）まで増加することとなった。

問題は企業債務の量だけではない。急速に悪化する景気の下支えを優先した結果、政策当局はモラルハザードをいとわない信用供与を行っており、債務の「質」の悪化が同時に進行しているとみられる。実際に、主要格付け会社の格下げ企業数は2020年に大幅に増加し、ハイイールド債券の発行額も増加した。今回の危機を受けて導入された緩和的な金融環境は少なくとも数年単位で継続する見込みであり、企業債務がただちに問題となる可能性は低い。しかし、緩和的な金融環境が続く中、企業債務がさらに膨らみ続け、バブルの様相を強めることで、金融システムを不安定化させるリスクへの警戒が必要と考えられる。

民間部門に加えて、政府部門の債務増加も懸念材料といえる。CBO（議会予算局）が2020年9月に公表した財政見通しによれば、2020年度（2019年10月-2020年9月）の財政赤字は、CARES法に代表される巨額の財政支援によって、3・3兆ドルまで悪化し、対GDP比では▲16・0%となる見込みである。平時（2019年度）の財政赤字が1・0兆ドル（対GDP比▲4・6%）、金融危機時（2009年度）の財政赤字が1・4兆ドル（同▲9・8%）であったことと比べても、2020年度の財政赤字がいかに巨大であるかがわかる。なお、2021年度の財政赤字は1・8兆ドル、2022年度は1・3兆ドルと縮小していくことが想定されている。政府債務残高対GDP比については、2020年度には126・4%と、2019年度の106・8%から20%ポイント程度増加する見込みである。なお、CBOの予測では、政府債務残高対GDP比は、2021年度の132・3%をピークに緩やかに低下していくものの、予測最終年の

［図表1-5］ CBOによる財政見通し

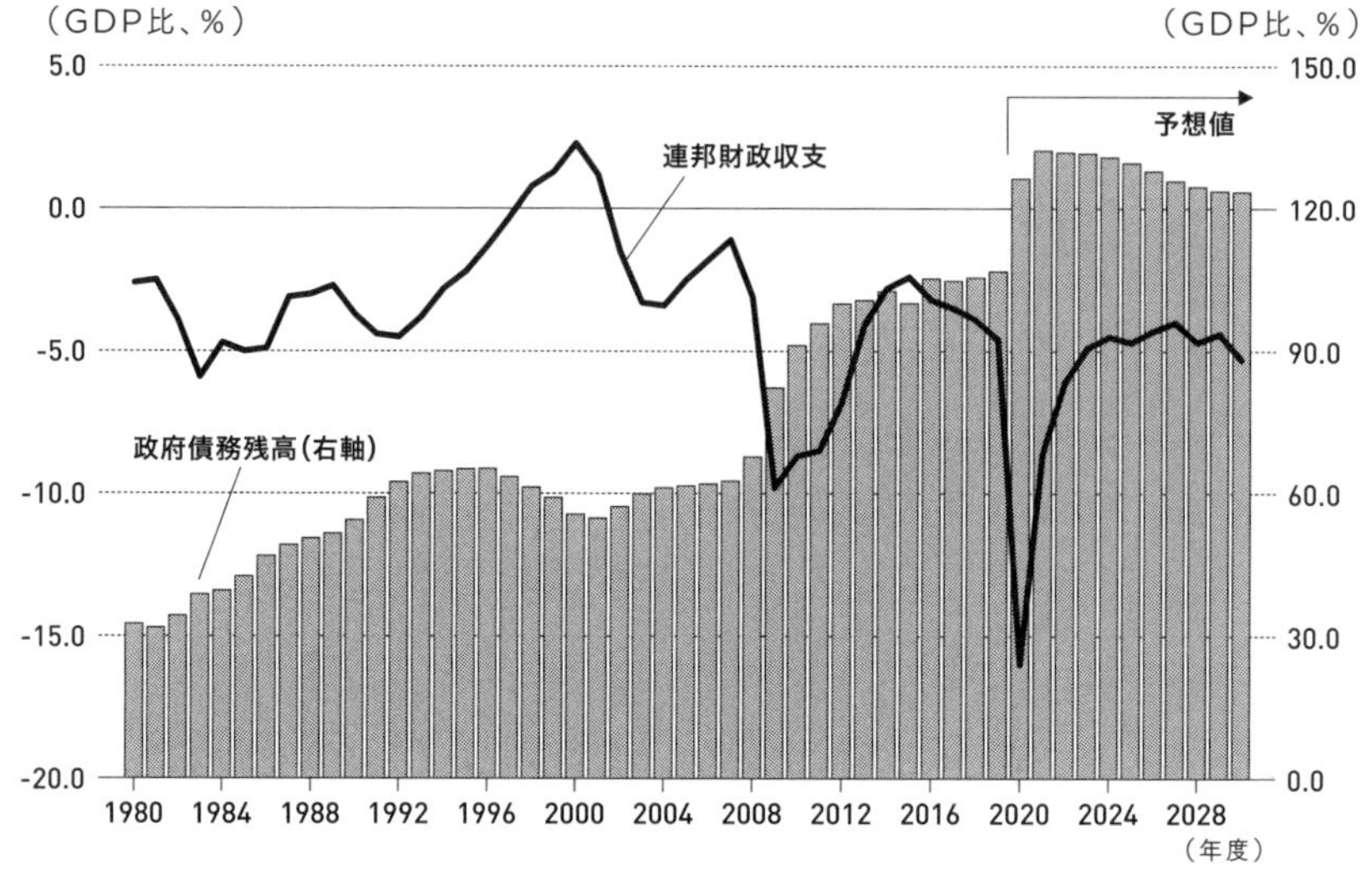

（出所）CBO、Haver Analyticsより大和総研作成

2030年でも123・6%と、2019年度の水準からは大幅に悪化したままである。

ねじれ議会になれば、バイデン氏が志向する拡張的な財政政策が実現する可能性は低く、政府債務がさらに急増することは考えにくい。しかし、仮に民主党が上下院で過半数となれば、追加支援などを通じた政府支出増に拍車がかかることも想定される。バイデン氏は富裕層や企業に対する増税を通じて、政府支出増を賄うと説明しているものの、前述のCBOの予測以上に、財政状況は一層悪化する公算が大きい。財政状況の一層の悪化は信用リスクを高め、金利上昇圧力を強めるが、FRBによる緩和的な金融環境が持続する中において、民間企業債務と同様に政府債務のリスクが顕在化する可能性は高くない。ただし、将来的には財政健全化の機運が高まり、緊縮的な財政が景気の下押し圧力となることに加え、財政が硬直化（利払い費が多くなることで、自由な財政政策が難しくなる）することで中期的な成長力も抑制しかねないだろう。

金融緩和時代における副作用――金融システムの不安定化

ＦＲＢによる緩和的な金融環境の維持は、企業の資金繰りを支え、財政リスクの発現を抑制することで、景気回復のための時間を稼ぐことを可能にしている。ただし、緩和的な金融環境が、金融システムを不安定化させるリスクを蓄積させる可能性には留意が必要である。ラエル・ブレイナードＦＲＢ理事は２０２０年9月1日の講演会で、低金利政策の維持によって、投資家等のリスク選好を強め、利回り追求行動を積極化させ、レバレッジのインセンティブを強化し、結果的に金融の不安定化を助長し得る、と指摘している。本来、景気後退期に拡大する信用スプレッド（BB債－10年債）は、景気の落ち込み具合に対して抑制されている。大幅な利下げや、国債などの買入を通じた流動性供給、そして、社債購入といったＦＲＢの信用緩和の効果が出ている一方で、緩和的な金融環境が継続されることで、投資家が投機的格付債券などの本来のリスクを過小評価し、自分が想定するリスク許容度を超えてリスクテイクすることなども懸念される。

また、バランスシート政策や信用緩和を通じた資金供給の拡大が、金融システムにもたらす影響として、資金フローを不安定化させ得ることが挙げられる。ＦＲＢの購入対象となっている米国債のインプライド・ボラティリティ（以下、ボラティリティ）は、２０２０年3月15日のバランスシート政策の導入以後、過去に比べて低位安定化している。一方、FRBの購入対象ではないS&P500のボラティリティは政策導入後に上昇しており、資金供給拡大の影響が示唆される。もちろん、株価のボラタイル化の直接的な原因は、新型コロナウイルス感染拡大や景気の悪化状況などの不確実性の高さである。しかし、ブレイナードFRB理事も懸念するように、緩和的な金融環境が資金フローを不安定化させ、資産価格のボラティリティ上昇を導き得る点は注意を要する。

FOMC参加者の中で、緩和的な金融環境の維持が金融システムに不安定化をもたらすという見解に否定的な意見もある。パウエルFRB議長は2020年9月4日のインタビューで、低金利と金融市場における一種の過度な熱狂が必ずしも緊密な関係にあるとはいえない、と回答している。9月16日のFOMC後の記者会見でも、金融危機以降にバランスシート政策と低金利を継続してきたが、資産価格の過度な上昇は発生してこなかった、と説明している。とはいえ、パウエルFRB議長自身も付け加えたように、過去に発生しなかったから今後も発生しないとは限らないだろう。

こうした金融システムを不安定化させるリスクが実際に発現するタイミングは、金融緩和から正常化への移行に関する議論が始まったタイミングだろう。2013年5月、当時のベン・バーナンキFRB議長がバランスシート政策の縮小について言及したことで始まった、金融・資本市場の混乱（テーパー・タントラム）が思い出される。とりわけ、今回の景気後退においては、FRBのバランスシートがかつてない規模にまで拡大していることに加え、様々な「信用緩和」

策が導入されていることから、正常化の内容は一層複雑になり得る。必要だったとはいえ、企業の資金繰りにＦＲＢが直接的に関与したことで、政策変更が実体経済に対して与えるインパクトが大きくなる可能性もある。こうした金融緩和策の副作用に対する懸念は、新型コロナウイルスの感染収束に目途が立ち、景気回復が進んだあとであることから、現在議論するのは尚早とも考えられるが、将来起き得るリスクとして頭の片隅に置いておく必要はあるだろう。

もちろん、ＦＲＢも金融システムを不安定化させるリスク要因に対して、ただ傍観しているわけではない。金融システムの安定性への懸念についてＦＲＢは、金融政策ではなく、金融機関への規制・監督によるマクロプルーデンス政策で対処する考えを示している。マクロプルーデンス政策とは、個々の金融機関ではなく金融システム全体のリスク状況を分析・評価し、それに基づき制度設計、政策措置を講じることで、金融システム全体の安定性を確保する政策のことだ。金融政策はあくまでも最大雇用の確保と平均２％のインフレ率の達成に向けて用いられるべきであり、局所的な金融不均衡に対する第一次防衛線としてはマクロプルーデンス政策で対応すべき、というのがＦＲＢの考え方だ。

具体的に想定し得るマクロプルーデンス政策としては、緩和的な金融環境が継続され金融サイクルが過熱方向に大きく進む状況であれば、バーゼルⅢの自己資本比率規制の一環としてカウンター・シクリカル・資本バッファー（ＣＣｙＢ）が、実施され得る手段の一つと考えられる。カウンター・シクリカルとは「景気変動を抑制する」という意味で、ＣＣｙＢは過剰な与信の拡大により金融システム全体のリスクが積み上がっていると判断される場合に、銀行が将来の潜在的な

[図表1-6] 米国債と株価のボラティリティ

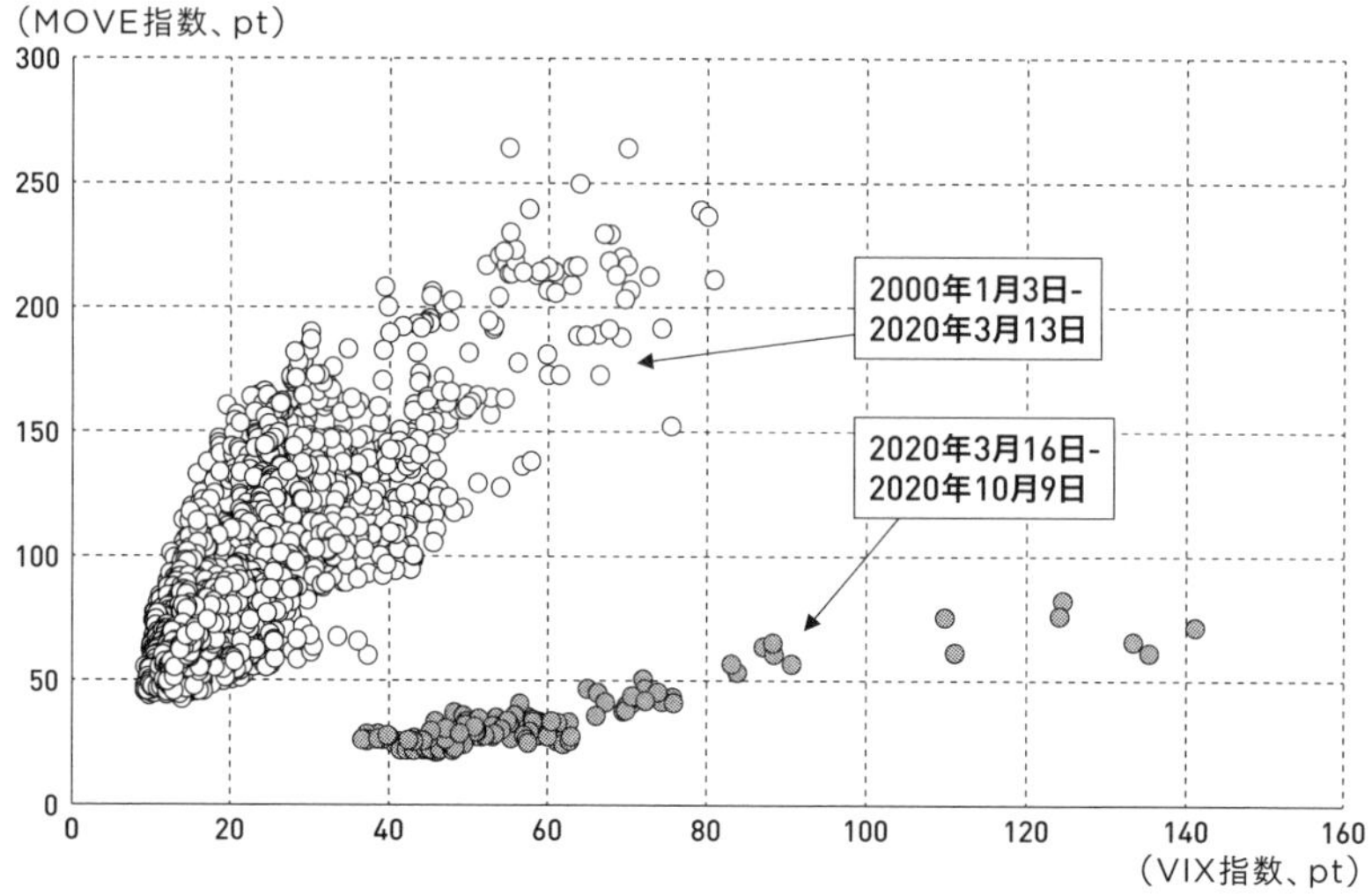

（出所）Bloombergより大和総研作成

損失に備えるため、自己資本を積み増す仕組みである。逆に、不況時には自己資本を取り崩せるようにすることで、貸出を促進する。米国ではCCyBの比率は0％か2・5％のいずれかで設定することとされている。現在は0％に設定されており、金融システム全体が安定していると判断されている。将来的に、金融システム全体が不安定になれば、CCyBの比率が、上限の2・5％に設定されることも考えられる。また、金融規制の一環として、FRBが統一的シナリオにより金融機関に対して実施するマクロストレステストもマクロプルーデンス政策として考えられる。ストレステストとは、経済状態の悪化や金融市場に不測の事態が生じるなどのストレス下において、金融機関が貸出を継続できるだけの十分な自己資本を有しているかを評価する仕組みだ。米国では、FRBによる大規模金融機関に対するストレステストの実施により、その結果次第で、資本の積み増しを要求されたり、配当や自社株買いが制限されたりすることもある。このストレステストのシナリオ設計に、金融システム全体のリスクを考慮するなどマクロプルーデンスの要素を組み込めば、マクロストレステストも、金融システム全体の安定性を確保する手段の一つになると考えられる。

参考文献・資料

● 『トランプ大統領とアメリカ議会』（中林 美恵子、日本評論社）

● 『米国の対外政策に影響を与える国内的諸要因』（日本国際問題研究所）第7章「大統領による政策形成と『大統領令』：オバマからトランプへ」（梅川 健）（http://www2.jiia.or.jp/pdf/research/H28_US/07_umekawa.pdf）

● Executive Orders: Issuance, Modification, and Revocation Congressional Research Service（https://crsreports.congress.gov/product/pdf/RS/RS20846/18）

第2章

欧州経済

EU統合深化は経済復興の鍵となるか

欧州経済は新型コロナウイルス感染とその抑制のために実施された都市封鎖（ロックダウン）によって大きな打撃を受けた。感染者数が桁違いに少ない日本のみならず、米国と比べても欧州の2020年上半期の景気悪化が深刻だった原因として、主力産業である観光産業や自動車産業がロックダウンで大きく落ち込んだこと、EU域内に構築されているサプライチェーンの寸断が景気悪化を増幅させてしまったことが指摘される。コロナショックの打撃が特に大きい南欧諸国は財政基盤が弱い国々でもあるため、その経済復興を支援するべくEUの復興基金を創設することが2020年7月に合意された。EUが起債して7500億ユーロを金融市場から調達し、EU加盟国の環境対策およびデジタル化の推進に充てるとの計画は、EUの財政統合を推進する重要な一歩としても評価されている。EU復興基金を有効に活用して経済復興を実現させ、ひいてはEUの求心力強化につなげることができるかが問われている。

01

コロナ危機で大打撃を受けた欧州経済

リーマン・ショック時をはるかに上回る景気悪化

2020年上半期の欧州経済は、新型コロナウイルス感染の急拡大と、それを抑制するために各国が実施したロックダウンの影響によって急激に悪化した。コロナ危機前の2019年10-12月期と景気の落ち込みが最も激しかった2020年4-6月期の実質GDPを比較すると、ユーロ圏では▲15・1%、英国に至っては▲21・8%と落ち込んだ。2008年のリーマン・ショックの際の実質GDPの縮小幅は5四半期かけてユーロ圏で▲5・7%、英国で▲5・9%であり、これと比較するとコロナショックがいかに大幅かつ急激な経済縮小をもたらしたかが明確である(図表2-1)。

コロナショックは世界全体に及んだが、欧州は日米と比較してより深刻な経済的打撃を受けた。2019年10-12月期と2020年4-6月期の実質GDPの比較で日本は▲8・7%、米国は▲10・1%であり、やはり急激な景気悪化を経験したものの、ユーロ圏、英国に比べると落ち込み幅は小さかった(図表2-2)。

[図表2-1] 2020年上半期はリーマン・ショック時をはるかに上回る景気悪化

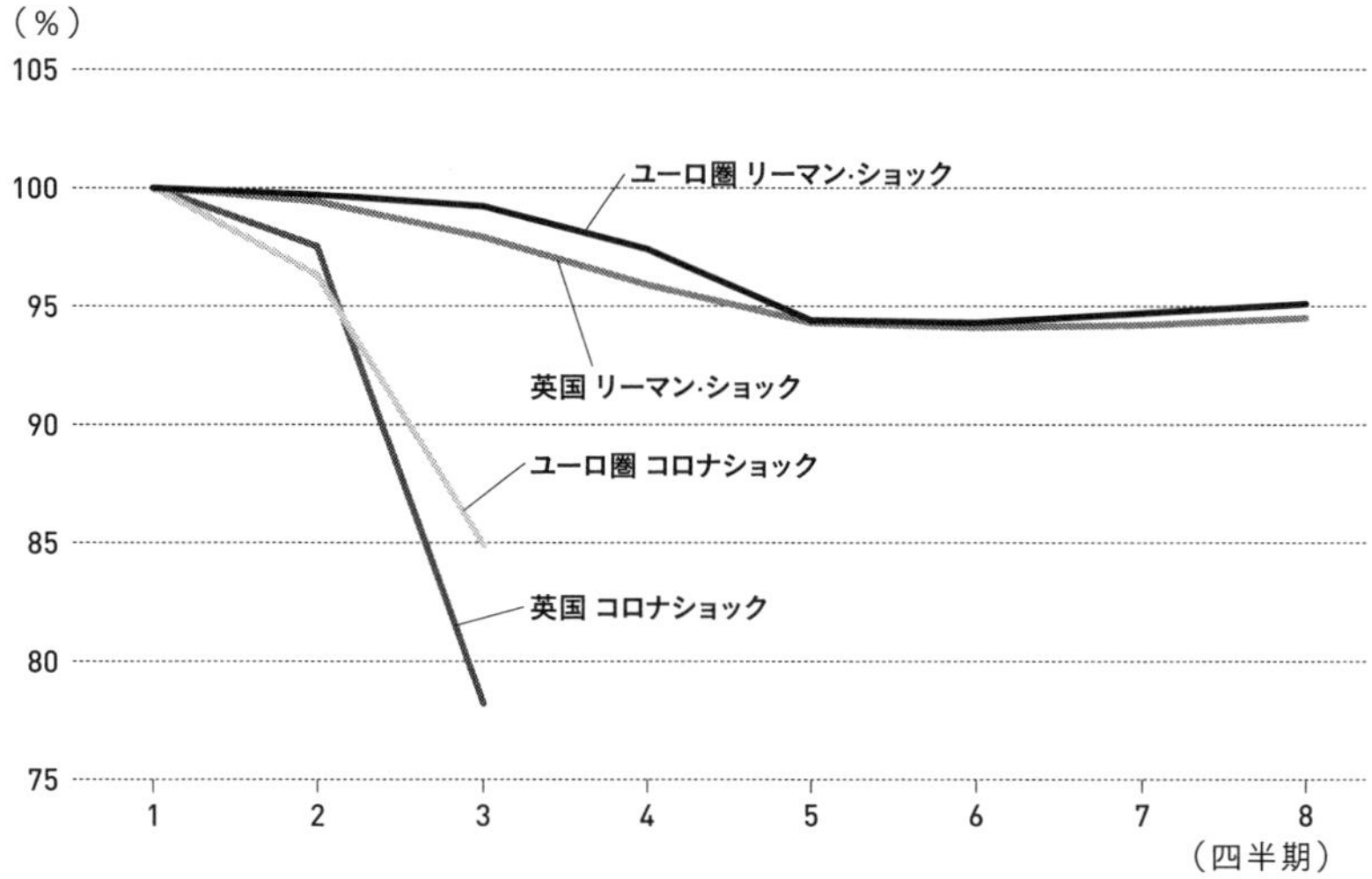

（注）実質GDPをリーマン・ショックは2008年1-3月期、コロナショックは2019年10-12月期を100として指数化。
（出所）Eurostat、ONSデータより大和総研作成

欧州の景気悪化が日米に比べて深刻になったのは、新型コロナウイルス感染の急拡大を背景に医療体制のひっ迫が懸念され、2020年3月から4月にかけて各国が相次いで全面的なロックダウンに踏み切った影響が大きい。新型コロナウイルスの有効な治療方法が確立されておらず、当然ながらワクチンも存在しなかったため、感染を防ぐ方法は国内外の人の移動を制限し、人と人との接触を極力減らすことに限られた。ロックダウンの主な柱は、大規模なイベントの開催禁止、学校の休校、飲食店の営業停止などであり、国外旅行はもちろん国内旅行も制限の対象となった。また、食料品の買い出し、通勤、通院など必要不可欠な場合を除いて外出が制限された。

欧州における新型コロナウイルス感染の急拡大は2020年2月下旬にイタリア北部で

［図表2-2］コロナショックで欧州経済は日米より落ち込みが深刻

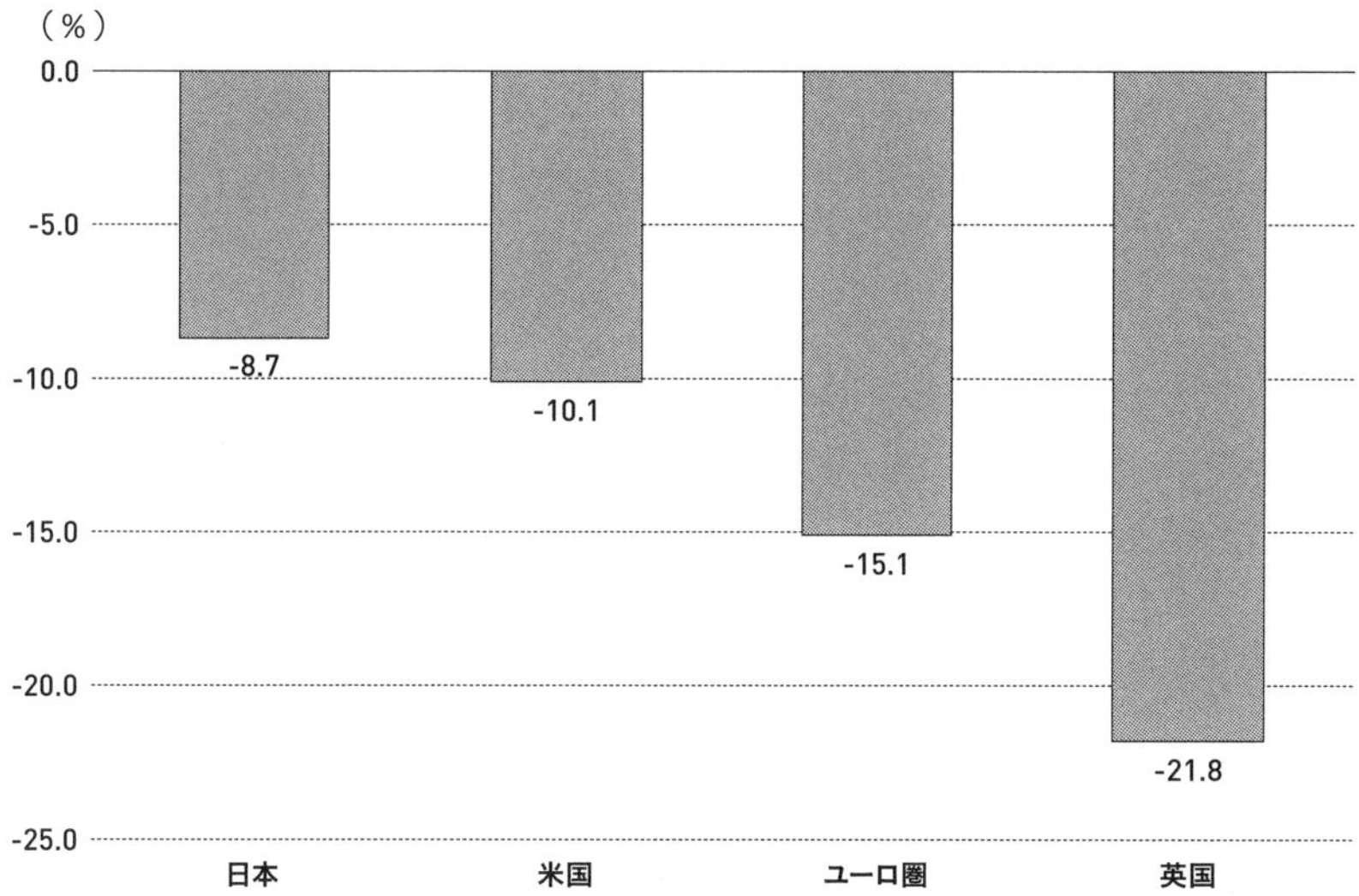

（注）2019年10-12月期と2020年4-6月期の実質GDPを比較。
（出所）内閣府、BEA、Eurostat、ONSデータより大和総研作成

確認され、その後、スペイン、フランス、オーストリアなどを経由して、北欧や東欧にも拡散した。感染拡大を抑制するため、イタリア政府はまず北部の複数の都市を対象にロックダウンに踏み切った。しかし、感染拡大は止まらず、医療体制のひっ迫が深刻な問題となったため、同政府は3月上旬にはロックダウンの対象地域をイタリア全土に拡大した。また、他の欧州諸国も感染拡大を目の当たりにして、相次いでロックダウンに動いた。

具体的な規制内容は国ごとに異なり、当然ながら感染拡大が急速に進み、医療体制のひっ迫がより深刻な国ほど厳しい制限が課せられた。例えばスペインやフランスでは、外出制限の規定に違反した場合は罰金が科された。また、イタリアとスペインでは、生活を支えるために必要不可欠ではないと判断された製造業や建設業の操業停止すら命じられた。ユ

ーロ圏の主要4カ国の2019年10−12月期と2020年4−6月期の実質GDPの比較は、スペインが▲22・1％、フランスが▲18・9％、イタリアが▲17・8％、ドイツが▲11・5％となり、より厳しいロックダウン措置がより長期間実施された南欧諸国で景気の落ち込みが大きい。

観光産業や自動車産業に大打撃

ロックダウンによる打撃が特に大きいのは、観光産業、飲食業、娯楽産業など移動や対面でのやりとりを前提とするサービス産業である。3月から4月といえば、例年であれば春の到来にイースター休暇が重なり、7月から8月の夏休みシーズンに次ぐ観光産業の繁忙期である。しかし、ロックダウンに伴って航空機の運航は激減し、飲食店やホテルの多くも休業を余儀なくされた。欧州域内からの観光客に加え、米国、ロシア、そして近年存在感を増していた中国からの観光客も急減した。イタリア、スペイン、フランスなどの南欧諸国は欧州の中で観光地として人気が高い。逆の見方をすれば、観光は南欧諸国にとって主要産業の一つであり、雇用創出でも大きな役割を担っている。

サービス業と製造業を比較すれば、製造業のほうがロックダウン下でも操業継続が可能な場合が多く、特に食品や日用品、医薬品などの必需品に関しては生産の落ち込みは限定的だった。ただし、欧州の主力産業である自動車産業は不振が際立ち、これが欧州の景気悪化が米国より深刻となった一因と考えられる。ロックダウンに伴い、ユーロ圏の鉱工業生産はコロナ危機直前の

［図表2-3］ユーロ圏の鉱工業生産と産業別生産動向（2020年2月＝100）

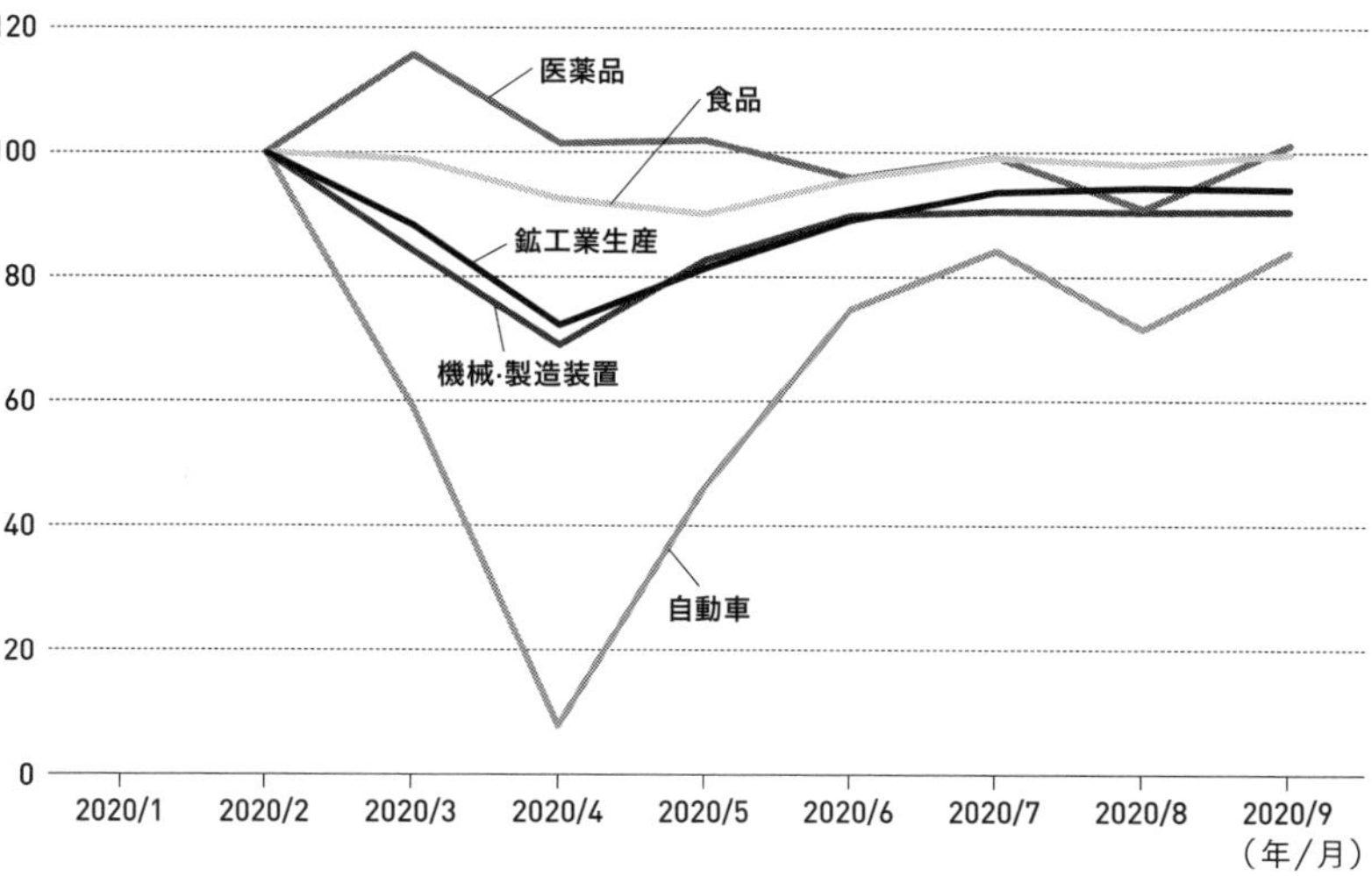

（出所）Eurostatデータより大和総研作成

2020年2月と比較すると4月は▲27・7%と大幅減となったが、自動車の生産は実に▲92・2%と急減した（図表2－3）。原因は在欧州の自動車の生産工場の多くが4月に一斉に操業停止を決めたことである。操業停止の理由には感染防止策を講じることも挙げられたが、第一の理由は需要が急速に落ち込んだことだった。

自動車需要は、新型コロナウイルス感染の発端となった中国でまず冷え込んだあと、欧州でもロックダウンに伴って「蒸発」した。2020年4月の新車登録台数はイタリアで前年比▲97・6%、英国で▲97・3%、スペインで同▲96・5%、フランスで▲88・8%となった（図表2－4）。自動車産業は裾野が広い産業であり、EU単一市場の恩恵を最も強く享受している産業でもある。効率的な生産体制を目指してEU域内でサプライチェーンを

［図表2-4］ユーロ圏と欧州主要国の新車登録台数（前年比）

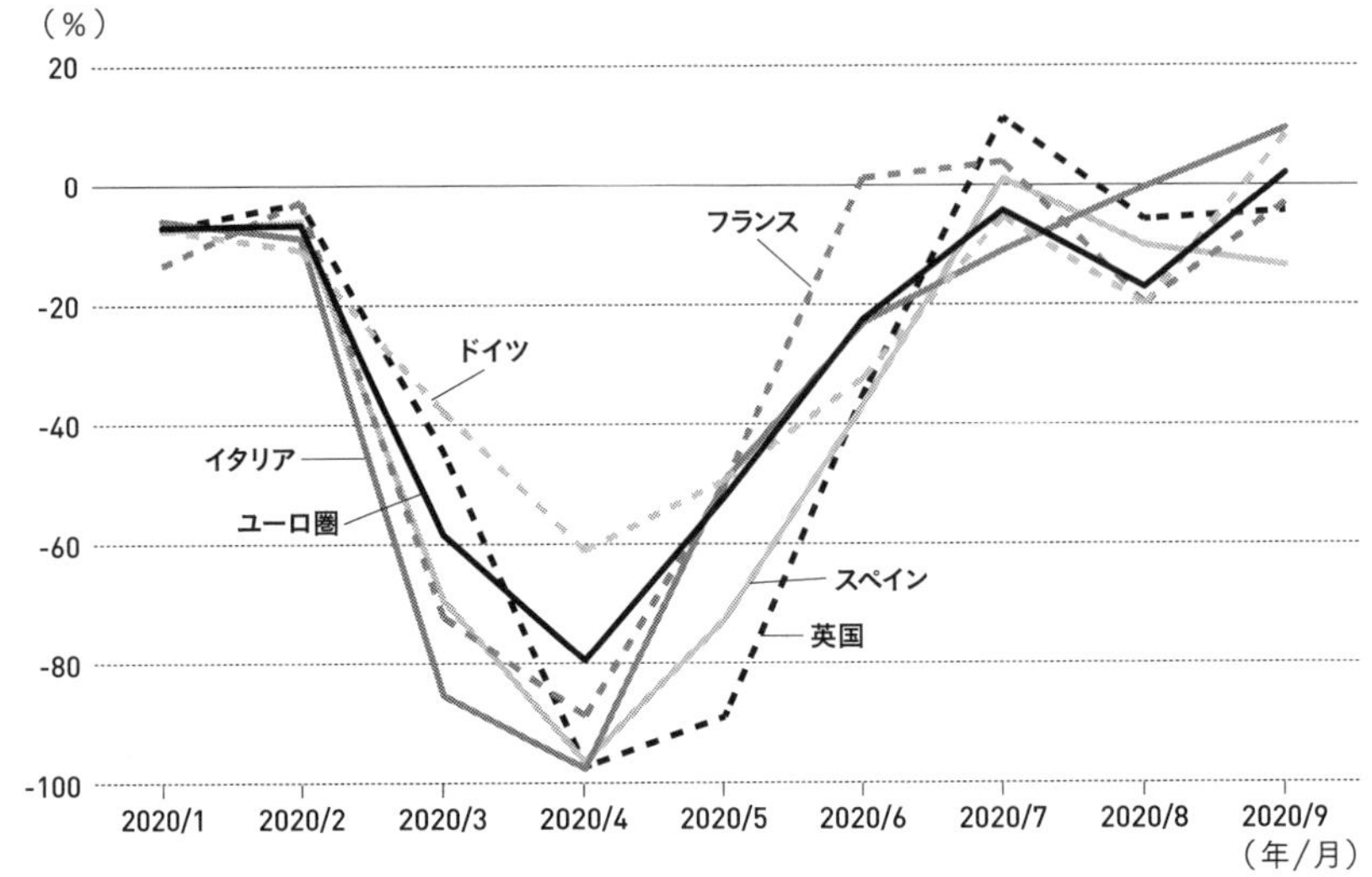

（出所）ACEAデータより大和総研作成

構築してきたが、コロナショックのようなことが起きるとその悪影響がEU全域に及んでしまうリスクをはらむ。EU加盟国のうち東欧諸国では2020年3月、4月の感染者数はかなり限定されていたのだが、主力産業である自動車産業の大不振によって鉱工業生産の落ち込みは南欧諸国に匹敵するか、それ以上となってしまった。

ロックダウンの段階的な解除が景気の持ち直しを後押し

人と人との接触機会を大幅に減らしたことが奏功し、欧州各国の新規感染者数は2020年3月末から4月初めにピークをつけたあと、明確に減少に転じた。これを受けて、各国政府はロックダウンの段階的な解除に動き始めた。まずデンマーク、オーストリア、ドイツといった新規感染者数を比較的抑

[図表2-5] ユーロ圏の小売売上高とその内訳(2020年2月=100)

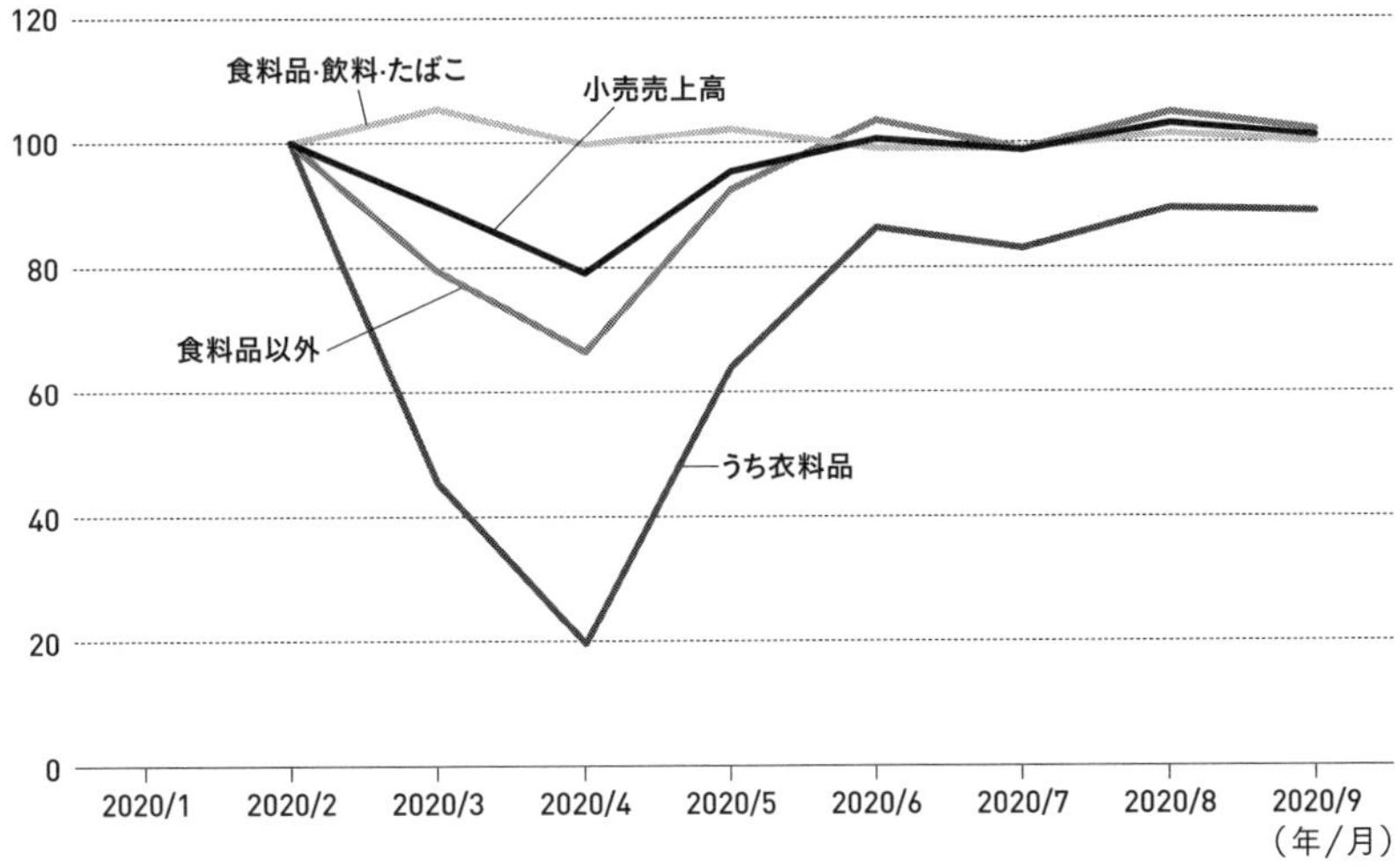

(出所)Eurostatデータより大和総研作成

制できた国々が、感染防止策の実施を条件に4月半ば以降、小売店の営業再開や学校での授業再開に踏み切った。他の国々もおおむね5月にはロックダウンの段階的な解除へ転じ、小売店に続いてカフェやレストランの営業再開が許可され、美術館や図書館の再開、美容院、スポーツジムなどの営業再開も順次進められた。なお、欧州の中でロックダウンに踏み切ったのが3月末と遅かった英国では、新規感染者が4月は高止まりしていたため、生活必需品以外の小売店の営業再開は6月半ばにやっと実現し、テイクアウト以外の飲食店の営業再開は7月初めに可能となった。

ロックダウンが段階的に解除されたことの効果がまず現れたのが小売売上高である。ユーロ圏の小売売上高はコロナ危機直前の2020年2月と大底をつけた4月を比較すると▲20・7%と急減したが、5月に大きく持ち直して、その後8月まで拡大基調を維持した（図表2－5）。8月の小売売上高は2月と比べて＋3・2％と上回っている。そもそも小売売上高のうち食品の売上はロックダウン下でも減少せず、むしろ外食の機会が減ったことによって押し上げられていた。これに対して、衣料品を筆頭に食品以外の小売売上高は急減したが、外出制限が緩和され、小売店も営業を再開したことで、一気に拡大したのである。同様に新車販売も、ロックダウンの緩和を受けて5月以降は急回復をみせ、ユーロ圏の9月の新車登録台数は2020年に入って初めて前年比プラスに転じた（図表2－4）。

ユーロ圏の鉱工業生産も、自動車工場の操業が再開されたこと、ロックダウンが緩和されたことを追い風に、2020年5月以降は持ち直してきている。ただし、その回復ペースは小売売上高に比べて鈍い。9月の鉱工業生産は2月と比較して▲5・9％とまだ回復の途上にある。中でも、自動車生産は同▲15・9％と回復の鈍さが目立つ（図表2－3）。ドイツで生産される自動車の実に7割が輸出向けであることが示すように、欧州の自動車生産にとってまず重要なのが外需動向である。新型コロナウイルス感染の封じ込めに成功している中国向けの輸出は回復傾向が目立つが、それ以外の地域に向けた自動車輸出の戻りはまだ鈍い。欧州においては5月から9月にかけて新車販売が持ち直したものの、これはロックダウンで強制的に抑え込まれていた需要によってかさ上げされた側面があった。その効果が一巡したあとの自動車需要に関しては、感染第2波の到来と雇用に関する先行き不透明感が重石となると予想される。欧州においては、コロナショックの初期段階では金融政策と財政政策の総動員によって大量解雇が回避された。しかしながら、感染リスクと「共存」せざるを得ない期間が長期化する中で、人員削減に踏み込む企業が増え、企業倒産の増加も懸念されている。

02 財政政策と金融政策を総動員

緊急対策は流動性供給と雇用維持を重視

感染の急拡大を抑制するためにはやむを得ない措置だったとはいえ、ロックダウンは経済への打撃が大きい「劇薬」である。急激な売上減少に直面した企業が資金繰り難に陥り、従業員の解雇を余儀なくされたり、倒産に追い込まれたりするリスクは非常に高い。このような負の連鎖反応を可能な限り回避しようと、欧州の金融政策当局と各国政府は2020年3月以降、政策総動員ともいえる体制で臨んできた。欧州中央銀行（ECB）とイングランド銀行（BOE）は3月半ば以降、積極的な流動性供給に動き、また各国政府も企業の資金繰り支援や家計の所得補填などの政策を打ち出した。緊急対策において重点が置かれていたのは、流動性の潤沢な供給と家計の所得補償、そして雇用の維持である。

一段の金融緩和に動いた中央銀行

コロナショック対策にまず動いたのはＢＯＥで、3月11日に英国政府の２０２０年度予算案の発表に合わせて50ベーシスポイントの緊急利下げを決め、同19日にはさらに15ベーシスポイントの緊急利下げを実施し、政策金利を過去最低の０・10％に引き下げた。また、それまで別々に運用してきた国債と社債の資産購入枠を一本化したうえで２０００億ポンド増額の６４５０億ポンドとし、資産購入を再開させた。

ＥＣＢは3月18日に「パンデミック緊急購入プログラム（ＰＥＰＰ）」を新たに導入し、７５００億ユーロの資産を購入すると発表した。ＰＥＰＰを通じた資産購入では、ＥＣＢの独自ルールである「1発行体当たり、1銘柄当たりの購入上限は33％」、「加盟国の国債の購入割合は、ＥＣＢの資本金への拠出割合（キャピタルキー）に準じる」との規定は適用されず、コロナショックの打撃が大きいイタリアやスペインの国債を重点的に購入できるようになった。4月には、21年9月までの時限措置としてＥＣＢが受け入れる担保要件の緩和を発表し、コロナショック絡みで投資不適格級に格下げとなった債券も、引き続き担保として受け入れるとした。ＰＥＰＰは6月に６０００億ユーロ増額され、購入枠は1兆３５００億ユーロとなった。資産購入の期間も、それまでの「少なくとも２０２０年末まで」から「少なくとも２０２１年6月末まで」へ延長された。

なお、ECBの政策金利のうち主要オペ金利は2016年3月以降0%で据え置かれ、中央銀行預金金利も2019年9月に▲0・5%に引き下げられたあとは変更されていない。マイナス金利の副作用を懸念する声が高まっていることが背景にある。ただし、コロナショックへの対策として、ECBはユーロ圏の銀行への資金供給ルートの一つである条件付き長期資金供給オペの第3弾（TLTRO-Ⅲ）を通じた資金供給の適用金利の引き下げを4月に発表した。この制度を利用してECBから資金調達する銀行は、金利を支払うのではなく、逆に最大で1・0%の金利を受け取れることになった。ECBが銀行に対する資金供給に力を入れたのは、ユーロ圏が間接金融の比重が高い金融システムになっているためである。その狙い通り、ユーロ圏銀行による企業向けの貸出は3月以降に急増した。

財政規律ルールは棚上げ

欧州各国はロックダウンに踏み切ると同時に、医療体制の強化に加え、急速な景気悪化への対策をそれぞれ打ち出した。各国の状況に応じた対策であるが、二つの重点分野は共通している。一つは売上急減に直面する企業の資金繰りを支援する対策で、つなぎ資金のための低利の融資制度の拡充や、税や社会保険料の支払い猶予措置などである。もう一つは所得減少に直面する家計に向けた対策で、休業に伴う所得減少の補填に加え、住宅ローンの支払い繰り延べなどが盛り込まれた。各国政府はドイツの雇用維持制度を手本として、稼働率が急速に低下した企業が従業員を解雇するのではなく、自宅待機や短時間労働にシフトさせた場合に、従業員給与の一部を国が肩代わりする制度を採用した。この支援策の狙いは失業者の急増を回避することだった。

ところで、ユーロ圏加盟国は周知の通り単一通貨ユーロを採用し、金融政策はECBが一元的に担っている。これに対して財政政策は各国の主権とされるが、各加盟国には平時は「財政赤字をGDP比3％以内」に抑えることが要請されている。特に2009年から2012年にかけてユーロ圏の債券市場に激震をもたらしたユーロ圏債務危機を経て、加盟国に対する財政規律順守の要請は一段と強化された。ユーロ圏債務危機では、実際にはGDP比10％を超えていた財政赤字をギリシャが過少申告しており、その発覚をきっかけにユーロ建て国債への信頼が大きく損なわれ、ギリシャはもとよりアイルランド、ポルトガル、スペイン、イタリアなどの国債利回りも急上昇した。この状況下では、ユーロ圏加盟国が財政健全化に邁進し、それをEUとECBが厳格に監視していることを示すことが最優先課題だった。ただし、それは深刻な景気悪化に直面していた南欧諸国に緊縮財政を迫り、EU内の南北格差を拡大させることにつながってしまった。

コロナショックという未曽有の経済危機に直面して、2020年3月26日に開催されたEUの緊急首脳会議ではEUの財政健全ルールを一時停止することが合意された。従来、財政健全化を最も強力に（四角四面に）主張してきたドイツは、「好況時には財政収支を若干の黒字とする」方針を長く掲げてきたが、財政健全ルールの棚上げを支持し、自身も大胆な歳出拡大へと舵をきった。

4月23日にはEUレベルでの新型コロナウイルス対策として、総額5400億ユーロ規模の支援策が原則合意された。これは、欧州安定メカニズム（ESM）の予防的なクレジットラインを活用した財政支援（最大2400億ユーロ）、欧州投資銀行（EIB）による汎欧州の企業債務保証基金の設立（最大2000億ユーロの流動性供給）、欧州委員会が提案した各国の雇用維持を支援するための緊急基金（最大1000億ユーロ）という三つの柱で構成されている。ギリシャに対する財政支援を行うか行わないかの議論に数カ月を費やしたユーロ圏債務危機の際とは異なり、緊急対策としてはまずまずの規模とスピード感で対応が進められたと評価される。

一国での対応の限界

ロックダウンの段階的な解除が可能となる中で、各国政府の対策は深刻な景気後退からの回復をいかに後押しするかに重点を移した。その最初の例となったのが、ドイツ政府が2020年6月に閣議決定した1300億ユーロ規模の経済支援策である。短期的な消費喚起を目的に付加価値税（VAT）の税率を翌7月から12月の半年に限って19%から16%に、食料品などにかかる軽減税率は7%から5%に引き下げることが合意された。また、子ども1人当たり300ユーロの一時金の支給や、電気自動車やハイブリッド車の購入奨励措置の拡充、コロナ危機の打撃が大きい接客業への追加支援なども盛り込まれた。それと同時に、支援策のうち500億ユーロは未来パッケージと名づけられ、企業の研究・開発の支援、デジタル化投資や再生可能エネルギー投資の強化に充てる計画になっており、中期的な成長促進の視点も加味された。

［図表2-6］EU主要国の財政収支（GDP比）

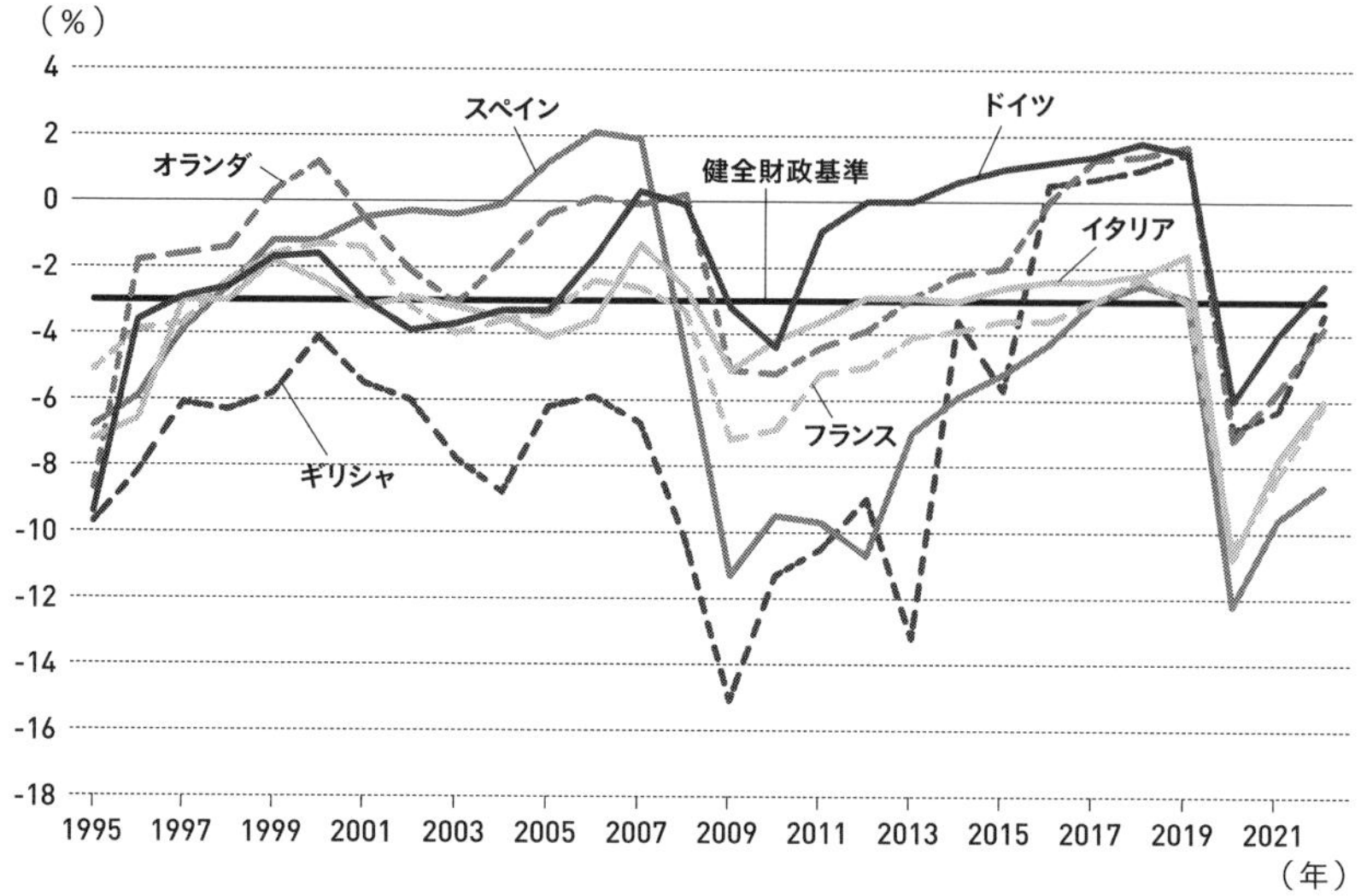

（注）2020～2022年は欧州委員会の2020年秋季予想。
（出所）Eurostat、欧州委員会データより大和総研作成

当然ながら他の国々も、消費刺激と投資の活性化を促す経済対策を強化したいところだが、ここに一つ大きな問題がある。新型コロナ感染が深刻で経済的な打撃が大きいスペイン、イタリアなどの南欧諸国は、コロナショックからの立ち直りに時間がかかっている観光業の比重が高いうえに、財政面で余裕度が乏しい。図表2－6と図表2－7に見られるようにスペインとフランスの財政赤字はコロナショック前の2019年でもGDP比3%すれすれであり、イタリア（とギリシャ）は公的債務残高の大きさが欧州内で際立っていた。コロナショック対策として、各国が財政出動を伴う対策を打ち出しているが、イタリア、スペイン、フランスの財政赤字拡大は、ドイツやオランダを大きく上回ると見込まれている。

EU域内にはもともと経済水準の高い北部

［図表2-7］ ＥＵ主要国の公的債務残高（ＧＤＰ比）

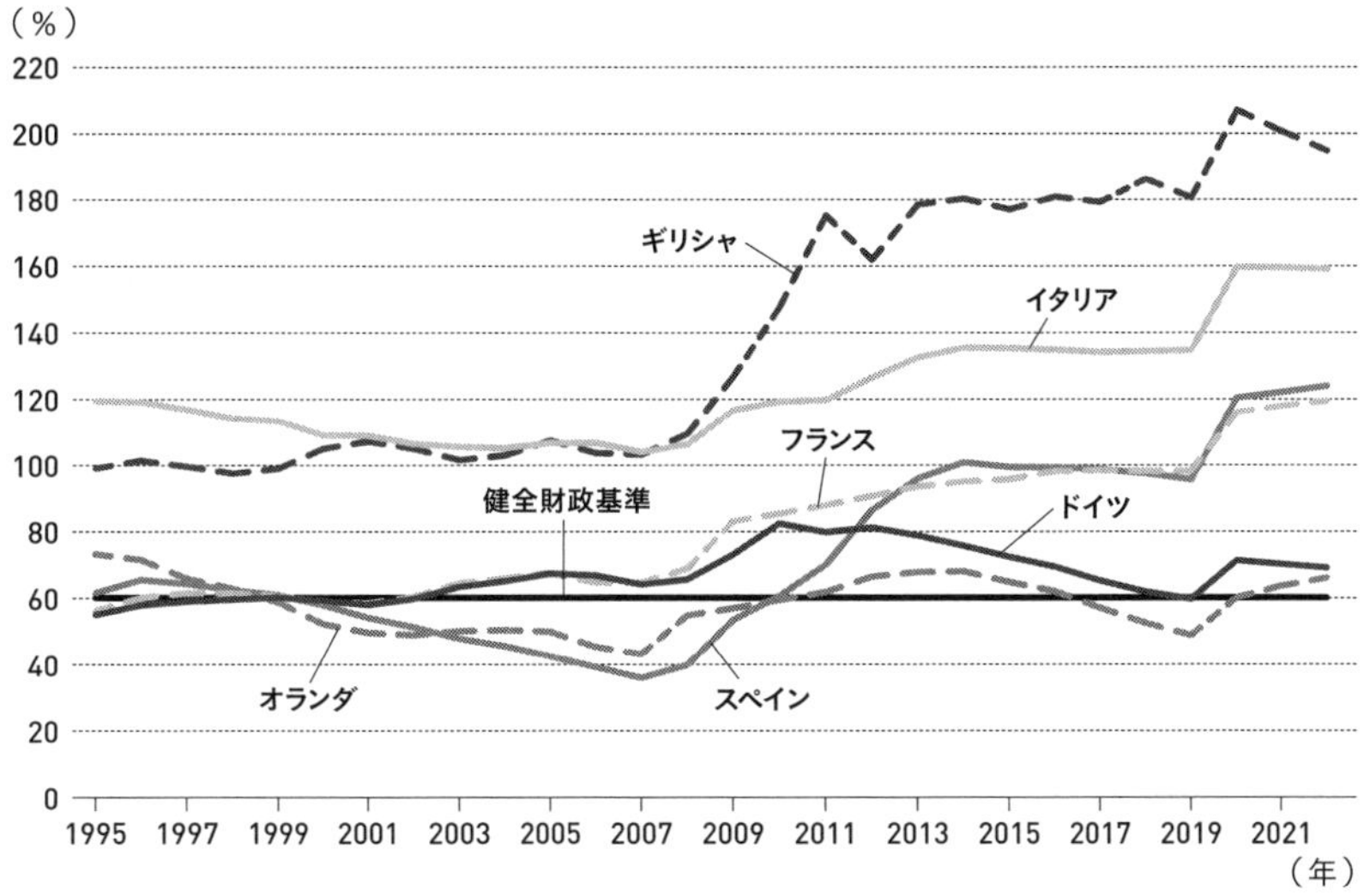

（注）2020～2022年は欧州委員会の2020年秋季予想。
（出所）Eurostat、欧州委員会データより大和総研作成

と低い南部という南北格差の問題が存在していたが、それがコロナショックによって一段と助長されてしまうリスクが生じたのである。実は感染拡大が目立ち始めた2020年2月から3月初めにかけて、ＥＵ加盟国のコロナ対応は「自国第一主義」が目についた。感染防止策として人の移動の制限する必要があったのは確かだが、各国は国境管理を厳しくして人の往来を制限した。また、最初に感染急拡大に見舞われたイタリアが医療用マスクや防護服などの支援をＥＵに要請したのに対し、ＥＵの初動は遅く、むしろドイツなどが国外へのマスクの輸出を制限するなどＥＵ内の協調に大きな疑問符がついた。

その後、コロナショックという緊急事態にＥＵとして一体的に取り組むこと、特にコロナ危機の打撃が大きい国々へ重点的に財政支援を行うことの必要性が強く認識されるよう

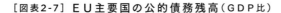

になり、4月23日のEU首脳会議は新たな財政支援の枠組みを検討することで合意した。その指示に基づいてEUの政策立案の役を担う欧州委員会は5月27日にEU復興基金の素案を作成し、紆余曲折はあったものの、7月のEU特別首脳会議で7500億ユーロの復興基金の創設が合意された。

03 危機が迫った結束

EU復興基金の創設合意

2020年7月17日に始まったEU特別首脳会議は4日半に及んだマラソン協議の末に、「次世代のEU（Next Generation EU、以下、NGEU）」と名づけたEU復興基金の創設で合意した。総額7500億ユーロのうち3900億ユーロは返済不要の補助金、3600億ユーロは融資という2本立てになっている。欧州委員会の素案では返済不要の補助金が5000億ユーロ、融資が2500億ユーロの内訳だったのだが、オランダ、オーストリア、デンマーク、スウェーデンの「倹約4カ国」と通称される国々がNGEUによる資金提供は全額を融資にするべきと主張したため、補助金と融資の配分が見直された。

ＮＧＥＵの資金の9割近くは復興・回復ファシリティー（ＲＲＦ）を通じて執行される。ＲＲＦ総額の70％については２０２１年と22年に、残り30％についても23年までに、資金配分が決定されることになった。ＲＲＦから資金を獲得するためには、ＥＵ加盟国がそれぞれに２０２１～23年の経済復興計画を策定し、提出することが要件となる。これらの復興計画は欧州委員会の審査を経て、ＥＵ閣僚理事会が特定多数決で最終決定する。なお、資金配分に際しては、２０２１年と２０２２年分については各国の人口、1人当たりのＧＤＰ、失業の状況が考慮され、２０２３年分については20年と21年のＧＤＰの落ち込み度合いが考慮される。以上の決定に基づく資金供与は２０２６年までに完了する予定である。

倹約4カ国が補助金と融資のバランスに加えて問題視したのが、ＮＧＥＵの資金が適切に活用されるかをどのようにチェックするかというガバナンスの問題だった。ＥＵ特別首脳会議における協議の過程では、倹約4カ国がＮＧＥＵの資金を受け取る国に対して構造改革の推進を義務づけ、ＥＵによる厳しい監査の実施を主張したのに対し、イタリアやスペインが強く反発する場面も見られた。最終的に、ＮＧＥＵの支援を受けた国が承認された経済復興プログラムを適切に遂行しているか、資金を他の目的に援用していないかなどに関して疑義が生じた場合、他のＥＵ加盟国がＥＵ首脳会議に審査を要請することができる仕組みをつくることが合意された。この審査の間は、ＥＵからの資金供給が最長3カ月差し止められる。

ＮＧＥＵの原資は、ＥＵが起債して金融市場から調達することになった。これは２０２０年５

月18日にドイツのメルケル首相とフランスのマクロン大統領が共同提案した復興基金案を踏襲している。この共同提案では、ＥＵが起債して５０００億ユーロを調達し、その資金を返済不要の補助金として加盟国に分配することが提案された。注目されるのは、メルケル首相の１８０度ともいえる方針転換である。同首相はこのような「ＥＵ共同債」に対して、長年にわたって非常に慎重な姿勢を示してきたのだが、「コロナ危機という未曽有の出来事に対処するための特別措置」と位置づけたうえで、今回に限って支持を表明したのである。7月のＥＵ特別首脳会議では、欧州委員会に２０２６年までの期間限定で起債の権限を付与することが合意された。当該債券の償還は２０２８年から開始され、最長で58年まで継続されることになっている。

金融市場が大いに好感

ＮＧＥＵ創設に関する合意は金融市場において大いに好感され、ユーロ高の材料となったほか、ユーロ圏でベンチマークとなっているドイツ国債と、他のユーロ圏加盟国の国債との利回りスプレッドの縮小をもたらした。金融市場が好感したのは、ＮＧＥＵの原資を確保するためにＥＵが主体となってまとまった額の債券を発行することと、コロナ危機で打撃の大きい国への返済不要の資金提供が実現し、ＥＵの求心力がなんとかつなぎ止められたことの2点と見受けられる。

ＥＵがまとまった金額のユーロ建て債券を発行するメリットは、投資家にとっては高格付けのユーロ建て債の市場が拡大し、選択肢が増えることである。過去にＥＵが発行した債券としては、ユーロ圏債務危機の際にアイルランドとポルトガルへの財政支援のために発行した実績があるが、発行残高は約500億ユーロと小さい。ユーロ建て国債は、ユーロ圏加盟国がそれぞれに発行するドイツ国債、フランス国債、イタリア国債などが大半を占める。発行体が異なるこれらのユーロ建て国債は、当然ながら各国の財政状況を反映して格付けが異なり、利回りにも差がある。

ＥＵ債の格付けは主要な三つの格付け機関のうちムーディーズとフィッチが最上位の格付けを付与しており、Ｓ＆Ｐも上から2番目の格付けとしている。ＥＵの主要4カ国のうち、最上位の格付けを付与されているのはドイツのみなのだが、ＥＵ債の格付けが最上位かそれに近い格付けが付与されているのは、ＥＵ全体として見たときの経済規模、政治的・経済的・社会的な安定感に加え、過去10年は経常収支が黒字で推移していること、財政状況も比較的健全であることなどが総合的に判断されているとみられる。なお、Ｓ＆Ｐは、ＥＵ特別首脳会議がＮＧＥＵ創設で合意したことを受けて、ＥＵ債の格付け見通しを「ニュートラル」から「ポジティブ」に引き上げた。これは今後2年間で格付けを引き上げる可能性があるということである。

一方、ＥＵ加盟国のうちコロナショックの打撃が大きい国々はＮＧＥＵから返済不要の補助金をより手厚く受け取ることができる可能性があるほか、いずれ返済が必要な融資分についても、自ら国債を発行して資金調達する場合より、低コストでの資金調達が可能となる。ＥＵ加盟国のうち財政基盤の脆弱な国ほど大きな恩恵を受けることができ、ＥＵ域内の格差是正に貢献することが期待される。

また、ＮＧＥＵの原資調達のために発行されるＥＵ債は、ＥＣＢの金融緩和にも一役買うことになると見込まれる。ＥＣＢの金融緩和では資産購入が重要な柱となっているが、ＥＵ債は国際機関債に分類されるため、ＥＣＢはその流通残高の50％まで購入することが可能で、購入可能な資産が拡大するためである。ＥＣＢの金融緩和の役割は、コロナショック初期の流動性供給から、ロックダウンが緩和されるようになってからは景気回復支援へと移行してきた。２０２０年5月から8月にかけてユーロ圏景気の持ち直し傾向は明らかだったが、消費者物価指数は前年比マイナスの伸びとなった。原油価格の低迷、ユーロ高といった外部要因も大きいものの、感染リスクがなくなっていない中で、需要回復がコロナショック前には戻っていないことも反映されている。そして、10月に入って、ユーロ圏各国で新型コロナウイルスの感染者数が再び急拡大をみせ、ＥＣＢに一段の金融緩和が求められる状況になっている。

財政統合を推進するための重要な一歩

ＮＧＥＵ創設合意は、ＥＵの財政統合を推進するための重要な一歩と受け止められている。財政統合とは欧州統合の一環でＥＵ加盟国の財政を統合することであり、その最初の試みはＥＵ共通予算だった。現在は7年を一区切りとする多年度財政枠組み（ＭＦＦ）で歳出規模や予算配分の大枠を予め決め、それに則って予算が執行されている。歳出規模が大きい項目は、地域開発と格差是正対策、共通農業政策と環境政策、研究開発支援であり、そのほか安全保障、移民対策、ＥＵ行政機構の維持費などにも活用されている。ただし、ＥＵ共通予算の規模はＥＵのＧＤＰのおよそ1％にとどまり、歳入の大半は加盟国からの拠出金で賄われている。実は、ＮＧＥＵは２０２１～27年を対象とする次のＭＦＦを補強する仕組みと位置づけられており、２０２０年７月のＥＵ特別首脳会議では２０２１～27年のＭＭＦも主要議題だった。２０２１～27年のＭＭＦの予算規模は1兆７４３億ユーロとすることが合意された。

ＥＵ共通予算の導入に続いて、１９８０年代から90年代にかけて経済通貨同盟（ＥＭＵ）が構想され、欧州単一通貨であるユーロが導入される運びになったが、ここでユーロ圏加盟国の財政政策に関して一定の協調を図る仕組みが導入された。ＥＭＵ構築に当たって、一つの通貨を共有する国々の中で財政赤字を拡大させる国があれば、単一通貨の安定性を損なうことになりかねないと懸念され、各国の財政赤字と公的債務残高に基準が設けられた。ユーロ導入を望む国は「財政赤字はＧＤＰ比３％以内」、「公的債務残高は同60％以内」という基準を満たすことが求められた。実のところ、後者に関しては多くの国が基準を達成できなかったのだが、この二つの基準はユーロ導入後も継続的に順守することが求められている。

ＥＵ加盟国の財政政策に対する規制は、ギリシャの過大な財政赤字の発覚に端を発したユーロ圏債務危機への対応策として10年から12年にかけて強化された。しかし、財政健全化のみを重視したことが、南北格差拡大といったひずみを生み出したことは先述した通りだ。景気が停滞している状況下で、ＥＵが財政健全化のための政策を迫ったことは、イタリアやギリシャにおいて、反ＥＵを掲げる政党の台頭を招くことにもつながった。

ＥＵ債を発行して金融市場から資金を調達し、返済不要の補助金を分配することを盛り込んだ

NGEUが創設されれば、財政政策に制約を課されている（ユーロ圏加盟国に関しては金融政策の自由度もない）EU加盟国にとって、緊急時のセーフティーネットが出現することになる。NGEUは今のところ、1回限りの制度であるが、このような枠組みが構築された「前例」ができることは、大きな意味を持つと考えられる。

04 EU復興基金の可能性と懸念材料

NGEU創設までのハードル

NGEUの創設合意はEUの財政統合に向けた大きな一歩だが、財政統合をさらに進めることが支持されるかは、NGEUがEUの経済復興に貢献した、南北格差の是正に貢献としたという実績なり、実感なりを獲得する必要があり、これは簡単なことではないと予想される。

最初の課題は、EU特別首脳会議での基本合意を踏まえつつ、NGEUの活用に関するガバナンスの仕組みづくりの詰めの作業を行い、欧州議会や各国議会の承認を取りつけてNGEUの創設を実現することである。実は欧州議会は、NGEUおよびMFFの予算配分に際して、EU加盟国が「法の支配」などＥＵの基本的な価値観を共有していることを条件に加えることを強く主張してきた。背景にあるのは、司法やメディアに対する国家の統制を強めているハンガリーやポーランド政府が「法の支配」を形骸化させようとしているという懸念である。２０２０年7月のＥＵ特別首脳会議では、ＥＵ予算の配分には「法の支配」の尊重が条件になるとの一文が盛り込まれたが、欧州議会からは強制力が乏しいとの批判が出た。その後、欧州議会とＥＵ加盟国の代表はＥＵの歳出と「法の支配」の尊重を関連づける仕組みについて11月に原則合意したのだが、今度はハンガリーとポーランドがこれに強く反発し、ＮＧＥＵとＭＦＦに関して拒否権を発動するとしている。本稿執筆時点でこの二国とＥＵの対立は膠着状態に陥っている。

欧州経済は２０２０年上半期にコロナショックという深刻な経済危機に陥ったあと、夏にかけて急回復をみせたが、秋以降の感染第2波の到来で再び移動制限や店舗等の営業制限に踏み切らざるを得なくなり、景気悪化が懸念されている。各国とも3月から4月にかけて行った全面的なロックダウンはなんとか回避しようとしてきたが、感染拡大のペースが速く、医療体制のひっ迫があらためて懸念される事態となり、10月末にはスペインで再び非常事態宣言が発令され、フランスやドイツもロックダウンの再実施を決定した。学校を休校にしない、製造業や建設業には操業継続を要請する、ドイツでは小売店の営業は可能など、春先に比べて制限が厳しくない分野もあるが、経済活動が抑制されることは避けられない。感染第2波の到来と景気が再度悪化するリスクが高まっていることが、ＮＧＥＵ創設の必要性を一段と意識させると考えられるが、承認手続きが難航し、ＮＧＥＵの始動が遅れる懸念は残っている。

ＥＵ債の償還問題

また、中期的な課題としては、ＥＵ債の償還に備え、ＥＵ予算の財源を拡大させることも課題である。２０２１年からリサイクルできないプラスチックに対する新たな課税が導入され、これがＥＵの財源となることが決まっている。欧州委員会はこれ以外の新たなＥＵの財源候補として、炭素国境調整メカニズムの創設、排出権取引制度（ＥＴＳ）の見直し、デジタル課税、金融取引課税の導入を挙げている。ただし、これらはいずれも簡単に実施できるものではないと考えられる。ＥＴＳを改革して航空機や船舶も対象とすれば、輸送コストが上昇する副作用が懸念される。一方、デジタル課税は経済協力開発機構（ＯＥＣＤ）の枠組みでの導入が望ましいが、その協議は米国の強い反対で２０２０年末までの合意予定が２０２１年半ばまで延期されてしまった。また、金融取引税に関してはＥＵ内で賛成派と反対派が拮抗し、広範な支持を得られていない。ＥＵ債の償還が始まるまでしばらく時間があるものの、ＥＵの結束を脅かす中期的な課題として、留意しておく必要があると考えられる。

ＮＧＥＵの資金をどう活用するか

ともあれ、ＮＧＥＵが始動した場合、最も重要なのはその資金をいかに有効に活用できるかという点だ。先述したように、NGEUの資金はEU加盟国が策定する2021〜23年の経済復興計画に基づいて配分される。資金の使い道は各国がそれぞれの事情に応じて決定できるということだが、資金配分は2026年までに完了することになっており、短期的な景気刺激ではなく、中期的に経済成長を押し上げ、雇用創出に資するような研究開発や投資に振り向けることが想定されている。NGEUの資金を有効に活用できるか、各国の経済復興計画の立案能力と遂行能力によって差が出てくる可能性がある。

EUの中期的な重点課題といえば、気候変動対策とデジタル化である。EUは2050年までに温室効果ガスの排出を実質ゼロにするという目標を掲げ、その中間目標として2030年の排出量を1990年比で40％削減する目標を掲げてきた。フォン・デア・ライエン欧州委員会委員長は2020年9月16日に行った欧州議会での所信表明演説で、この中間目標を「55％削減」と一段と野心的な目標に変更することを提案した。NGEU（と2021〜27年MFF）の予算の少なくとも30％はこの目標達成に貢献するような計画に充てることが7月のEU特別首脳会議で既に合意されている。一方、デジタル化に関して7月のEU特別首脳会議では数値目標は示されていなかったが、フォン・デア・ライエン委員長は9月の所信表明演説でNGEUの20％を充てることも提案した。デジタル化推進のためのプロジェクトも各国から様々に提出される可能性が高いだろう。

とはいえ、グリーンやデジタル化というお題目がついてさえいればよいというわけではない。気候変動対策とデジタル化推進というEUの政策目標の達成に貢献するような研究開発や投資計画を、EU加盟国がそれぞれに策定し、競うことは望まれるが、一方でその全体像を把握し、交通整理をして、NGEUで支援する投資計画を決定する作業がEUとして重要となる。また、NGEUの支援対象に選ばれた投資計画が、当初の目標通りに遂行されているかをチェックすることも重要である。前者はNGEUの資産配分決定に際してのガバナンス、後者はNGEUの執行に際してのガバナンスと言い換えることができる。特に後者に関して有効なチェック体制を構築し、運用できるかが注目される。

コロナショックに直面したEUにおいてNGEUの創設が基本合意されたことは、ユーロ圏債務危機の際の対応への反省も踏まえたポジティブな動きと考えられる。EUは未曽有の危機に対して、戦後の欧州経済の活性化に貢献してきた「欧州統合の推進」という解決策を再び使おうとしている。NGEU創設合意で注目されているEUの財政統合の推進は、EUの単一市場のメリットを最大限に引き出すために必要な取り組みである。さらに、EUはNGEUの資金をグリーンとデジタル化というEUの未来に向けた投資強化につなげる目論見を明確にしている。ただし、NGEU創設合意はEU復興のための最初の一歩にすぎない。7500億ユーロの資金をEU加盟国が有効に活用して経済復興を実現させ、ひいてはEUの求心力強化につなげることができるかが問われているといえる。

第3章

中国経済

コロナ禍からの急回復の背景とデジタル専制主義

中国は新型コロナウイルス感染症の初期段階の抑え込みに失敗したが、2020年1月下旬以降、ヒトの移動とヒトとの接触を厳格に制限する措置を講じ、3月初旬には感染拡大をほぼ収束させた。これ以降、経済活動は正常化に向かい、景気は投資主導で急回復を遂げた。世界同時不況の様相を呈する中でも、2020年の中国経済は前年比2%強のプラス成長を維持し、2021年は同7%程度の実質成長が期待できる。先進国の中では相対的に高いパフォーマンスが想定されるだろう。

中国が新型コロナウイルス感染症の収束に成功し、経済活動を再開させるのに「健康コード」が果たした役割は極めて大きい。「健康コード」によって政府はその人物に属するほとんどの情報を収集することが可能で、しかも、「健康コード」は既にほぼすべての国民が使用している。中国共産党・政府が、これを新たな統治のツールとして活用してもおかしくはない。個人のプライバシーを丸裸にして、徹底的な監視体制を築くことで一党独裁の永続化を狙う。こうした締めつけが経済・社会にどのような影響を与えるのか、注視する必要がある。

最後に第6節として、2021年から始まる第14次5カ年計画と2035年までの長期計画の基本方針について、注目されるポイントを解説した。

01

中国はコロナショックからどのようにして立ち直ったのか

失敗した初動。武漢発で全国・世界に蔓延した新型コロナウイルス感染症

中国は新型コロナウイルス感染症の初期段階の封じ込めに失敗した。

中国国務院新聞弁公室が2020年6月7日に発表した「新型コロナウイルス肺炎の蔓延に抵抗・反撃する中国の行動」白書（以下、白書）は、時系列で出来事を追い、最初に登場するのは、2019年12月27日に湖北省中西医結合病院が武漢市江漢区疾病予防管理センターに原因不明の肺炎の症例を報告したことだった。しかし、各種報道によると、武漢市で新型肺炎の発生が最初に確認されたのは12月8日だったとされる。さらに、白書では高レベルの専門家チームによって新型コロナウイルスがヒトからヒトに感染することが確認されたのは2020年1月19日深夜としているが、現地報道によれば、12月31日か、遅くとも1月3日にはヒトからヒトへの感染が確認されていたという。これがいわゆる「空白の20日間」と呼ばれる期間であり、のちの新型コロナウイルス感染症の世界的流行（パンデミック）に大きな影響を与えた可能性が高い。

中国でコロナウイルス感染症の感染拡大抑制策が本格的に講じられたのは1月20日以降だった。

1月20日に習近平総書記が重要指示を発出し、同日、李克強首相は国務院常務委員会を主宰し、感染拡大抑制を指示した。中国政府は、臨時病院の建設、マスクなどの感染予防用品の増産、軍医を含む医師の投入など、感染拡大の抑え込みを図った。

さらに、1月25日の旧正月当日、習近平総書記は中央政治局常務委員会を開催し、新型肺炎対策のために、李克強首相をトップとする専門チームの設置を決定した。旧正月当日に、こうした重要会議が開催されるのは極めて異例のことだ。

話は前後するが、武漢市は旧正月の連休が始まる前日の2020年1月23日朝10時をもって空港や駅を閉鎖し、交通運輸部は緊急通知を発出して、武漢市に出入りする道路や水路を封鎖するなど、いわゆる都市封鎖（ロックダウン）を実施した。のちに、同様の措置が湖北省全域に拡大された。さらに、中国政府は1月24日より全国民を対象に国内団体旅行を禁止し、27日より海外の団体旅行や、航空券とホテルをセットにしたパック商品の販売を禁止した。新型コロナウイルスの国内拡散を防ぎ、対外輸出を防ぐ「内防拡散、外防輸出」政策が打ち出され、極めて厳格に執行されたのである。

こうした対応が2週間早く実施されていたら、パンデミックの状況は異なっていたかもしれない。しかし、鉄道、航空機が増便される「春運」と呼ばれる旧正月前の特別輸送体制はロックダウンのほぼ2週間前の1月10日から始まり、新型コロナウイルスの感染者は全国各地、そして世界中に拡散した。

なぜ政府の対応は後手に回ったのか。湖北省では2020年1月12日～17日に省の人民代表大会が開催され[注1]、その前にことを大きくしたくなかったのではないか（地方政府による隠蔽説）、とか、中央政府から権限を与えられなかったために情報公開が遅れた（中央政府の怠慢説）、といった指摘があるが、いずれにせよ、初動における「空白の20日間」が新型コロナウイルス感染症のパンデミックに重大な影響を与えた可能性が高い。

全国的な準ロックダウン的措置の導入で2020年1月〜2月の景気は失速

2020年1月23日〜29日にかけて、各地方政府は相次いで重大突発公共衛生事件・省レベル1級緊急対応[注2]（以下、警戒レベル）を発動し、武漢市のある湖北省のみならず、全国的に準ロックダウン的な措置が講じられた。

具体的には、新型コロナウイルス感染症の拡大を食い止めるために、ヒトの移動やヒトとの接触が厳格に制限され、①感染者の入院隔離、感染の疑いのある人々や濃厚接触者に対する専用ホテルなどでの集中隔離・管理の徹底、②マンションや社区（都市の末端行政区画）、デパート、オフィス、公共交通機関などの出入りの厳格な管理（体温測定や、第4節で詳述する「健康コード」による

（注1） 当時は3月5日に全国人民代表大会（全人代）の開幕が予定され、その前に地方政府は省レベルの人民代表大会を開催する必要があった。後述のように、全人代の開幕は5月22日に延期された。
（注2） 警戒レベルは、1級（特別重大）、2級（重大）、3級（比較的重い）、4級（一般）の順に重い。

	3月	4月	5月	6月	7月	8月	9月	10月
	-6.8	-	-	3.2	-	-	4.9	-
	-1.1	3.9	4.4	4.8	4.8	5.6	6.9	6.9
	-16.1	-10.3	-6.3	-3.1	-1.6	-0.3	0.8	1.8
	-15.8	-7.5	-2.8	-1.8	-1.1	0.5	3.3	4.3
	-18.1	-9.1	-3.7	-2.9	-2.7	-1.1	2.4	4.6
	-6.6	3.4	-3.2	0.5	7.2	9.5	9.9	11.4
	-1.1	-14.2	-16.6	2.7	-1.4	-2.1	13.2	4.7
	200.6	452.0	630.3	464.2	623.3	589.3	370.0	584.4

（出所）中国国家統計局、通関統計より大和総研作成

管理。ソーシャルディスタンスを確保するため、様々な場所で人数制限も）、③生活必需品などの買い物回数・人数の制限、④学校などの一斉休校、⑤多くのレストランの休業、営業する場合でも利用者の間隔を空けるなど利用の制限、⑥映画館など文化娯楽施設の閉鎖、などの措置が実施された。このため、観光、娯楽、外食、一部小売、交通は壊滅的な悪影響を受けた。

さらに、中国政府は感染拡大防止を目的に、1月24日に始まった旧正月の連休の最終日を1月30日から2月2日に延長し、ほとんどの地方政府は生活必需品や新型肺炎蔓延防止のための財・サービスを提供する企業を例外として、2月9日（湖北省は3月10日）までの休業を要請した。加えて、旧正月で帰省した故郷から勤務地への移動によって新型肺炎が拡散することを避けるため、中国政府は農民工（農村からの出稼ぎ労働者）などに対して、段階的な離郷を求め、しかも、多くの都市では外地から戻った人々に対して、14日間の経過観察（出社停止）を求めるなどして、操業再開に遅れが出た。コロナ禍は供

［図表3-1］ コロナ禍での中国経済の最悪期は2020年1月～2月

	2019年10月	11月	12月	2020年1月	2月
実質GDP成長率（四半期、前年同期比、%）	-	-	6.0	-	-
鉱工業生産（前年同月比、%）	4.7	6.2	6.9	-13.5	
固定資産投資（前年累計比、%）	5.2	5.2	5.4	-24.5	
小売売上 名目（前年同月比、%）	7.2	8.0	8.0	-20.5	
実質（前年同月比、%）	4.9	4.9	4.8	-23.7	
輸出（前年同月比、%）	-0.8	-1.3	8.1	-17.1	
輸入（前年同月比、%）	-6.1	1.0	16.7	-4.0	
貿易収支（億米ドル）	423.1	371.8	472.5	-68.5	

給と需要の双方にショックを与えるが、2月末にかけては供給サイドに甚大な悪影響が出たといえる。

中国国家統計局によると、2020年1月～2月の鉱工業生産は前年同期比13・5％減（以下、変化率は前年同月比、前年同期比、前年比）、小売売上（名目）は20・5％減、固定資産投資は24・5％減と、いずれもかつて経験したことのない落ち込みとなった。中国通関統計によると、2020年1月～2月の輸出（米ドル建て、以下同じ）は17・1％減に落ち込み、輸入は4・0％減、貿易収支は68・5億ドルの赤字だった。2020年1月～2月がコロナ禍における中国経済の最悪期となった。

新規感染者数の激減と経済活動の正常化

徹底的な感染拡大抑制策が奏功し、湖北省を除く全国の1日当たり新規感染者数は2020年2月21日以降、2桁もしくは1桁となり、湖北省と北京市・天津市・河北省以外の地域で警戒レベルが1級（特別重大）から2

［図表3-2］新型コロナウイルス感染症の1日の新規感染者数の推移

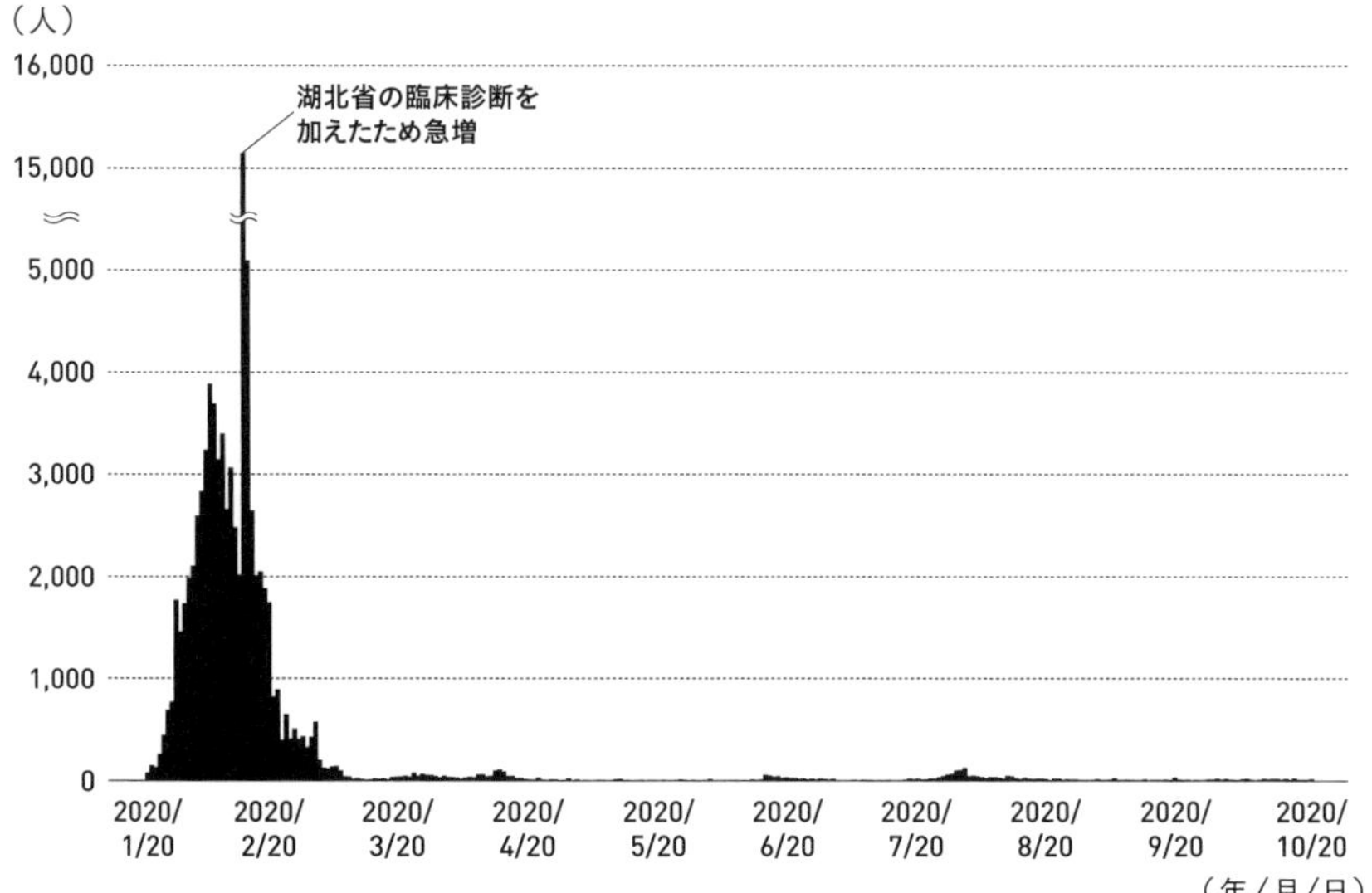

（出所）国家衛生健康委員会より大和総研作成

級（重大）に引き下げられた。湖北省でも新規感染者数は3月6日以降2桁に、同月11日以降はおおむね1桁もしくはゼロとなるなど感染拡大は収束した。3月25日に武漢市を除く湖北省のロックダウンが、そして4月8日には武漢市のロックダウンが実に76日ぶりに解除された。

ちなみに、北京市・天津市・河北省の警戒レベルが1級から2級に引き下げられたのは4月30日[注3]で、湖北省を除く他地域よりも2カ月以上遅くなった。これは全国人民代表大会という大きなイベントを控え、厳戒態勢が続いたからであり、感染状況が特に酷かったわけではない。そして、5月2日には最後まで残されていた武漢市を含む湖北省の警戒レベルが2級に引き下げられた。

感染拡大の収束を受けて、中国政府は景気浮揚に大きく舵を切ると期待されたが、その歩みは段階的、かつ慎重に進められた。①感染拡大抑制策を一気に緩めれば、ぶり返しが懸念されること、②中国国内の新規感染者数は激減した一方で、新型コロナウイルス感染症の流行は全世界に拡大し、海外からの帰国者を中心に毎日2桁の新規感染者数が続いていたこと、がその背景である。例えば、一部の観光地では省内の観光客の受け入れを再開したところ、観光客が殺到し、文化・観光部と国家衛生健康委員会は4月13日に、①感染予防を優先し、来場人数を制限すること、②再開は屋外のみであり、屋内は開放しないこと、などを通知した。一方で、外国からの帰国者の感染が増えたことから、中国外交部、国家移民管理局は、中国政府が発行したビザ、在留許可を得ている外国人の入国を3月28日より一時停止することを決定し、中国民用航空局は3月29日より外国・国内航空各社に中国を結ぶ国際線の運航を週1便に制限することを発表した。コロナ対策は、これまでの「内防拡散、外防輸出」から、3月中旬以降は「外防輸入、内防反弾」(外からの輸入を防ぎ、国内のぶり返しを防ぐ)へと重点が移っていった。

コロナショックとそこからの立ち直りの時期に、中国政府が特に重視したのは「雇用」の維持と「金融危機発生の回避」の2点だった。特に、中国共産党は政権の安定維持には「雇用」が最も重要と認識している。2018年7月31日の中央政治局会議で提示された「六穏(六つの安定)」

(注3) 北京市の場合、その後は6月6日に2級(重大)から3級(比較的重い)に引き下げられたが、食品卸売市場での集団感染を受けて6月16日に再び2級に引き上げられた。その後7月20日に再度3級に引き下げられている。

［図表3-3］都市失業率の推移

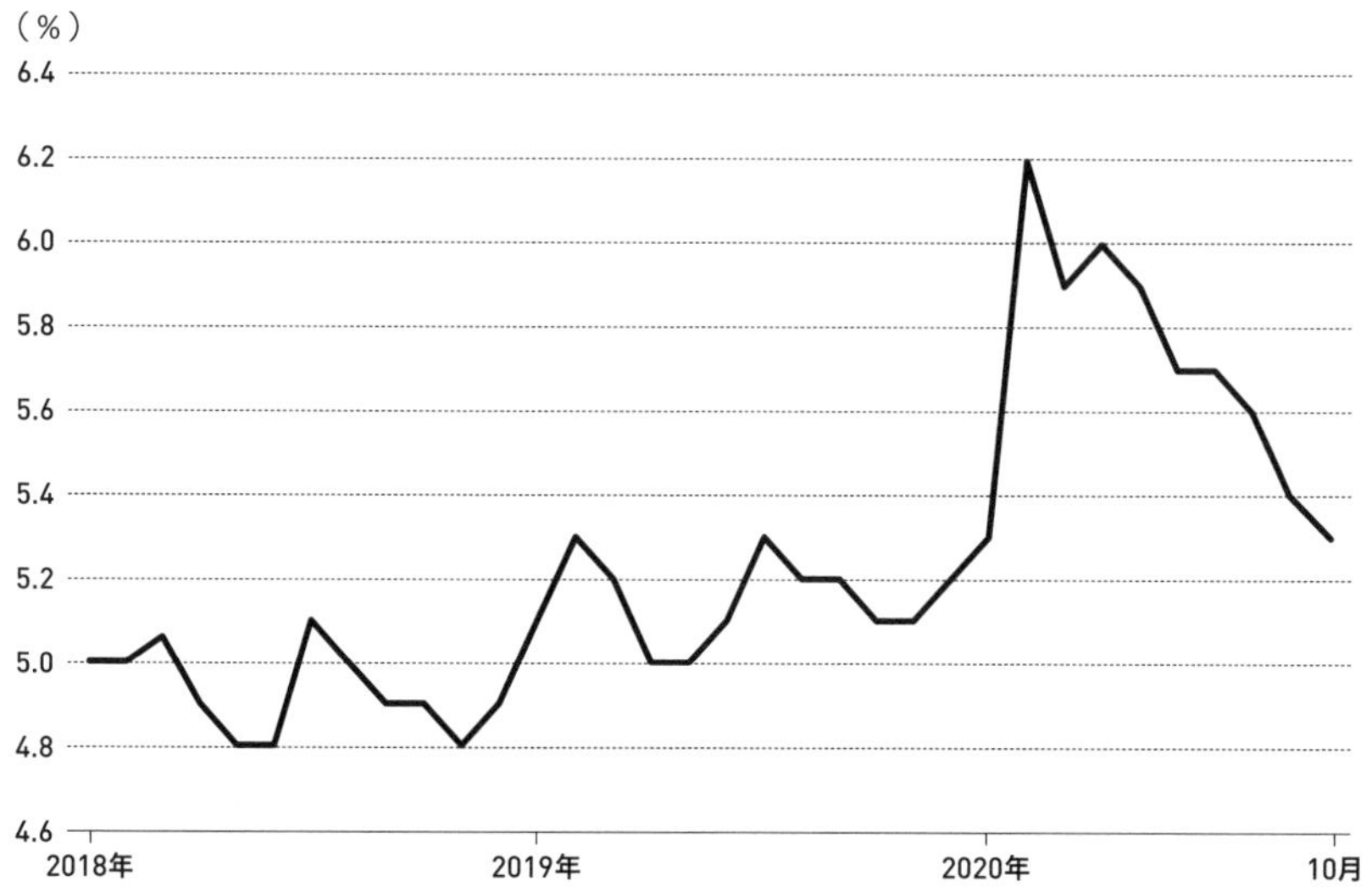

（出所）中国国家統計局より大和総研作成

（雇用、金融、貿易、外資、投資、期待の安定）にせよ、2020年4月17日の中央政治局会議で初めて言及のあった「六保（六つの維持）」（雇用、民生、市場主体（企業）、食糧・エネルギーの安全、産業チェーン・サプライチェーンの安定、末端組織運営の維持）にせよ、筆頭は「雇用」である。

都市失業率の推移を見ると、コロナショックの最悪期の2月に大きく上昇したとはいえ、感染蔓延前と比べて1%ポイントほどの上昇に「抑制」され、その後は低下傾向が続いている。以下で詳述する、企業（特に、中小・零細企業）に対するサポート強化が奏功している可能性が高い。

具体的には、中国政府は企業年金・失業・労災保険の企業負担を期限付きで減免するなど、各種減税・費用引き下げで1・6兆元分（2020年4月時点。のちに2・5兆元以上に積み

[図表3-4] 社会資金調達金額残高（前年同月比）の推移

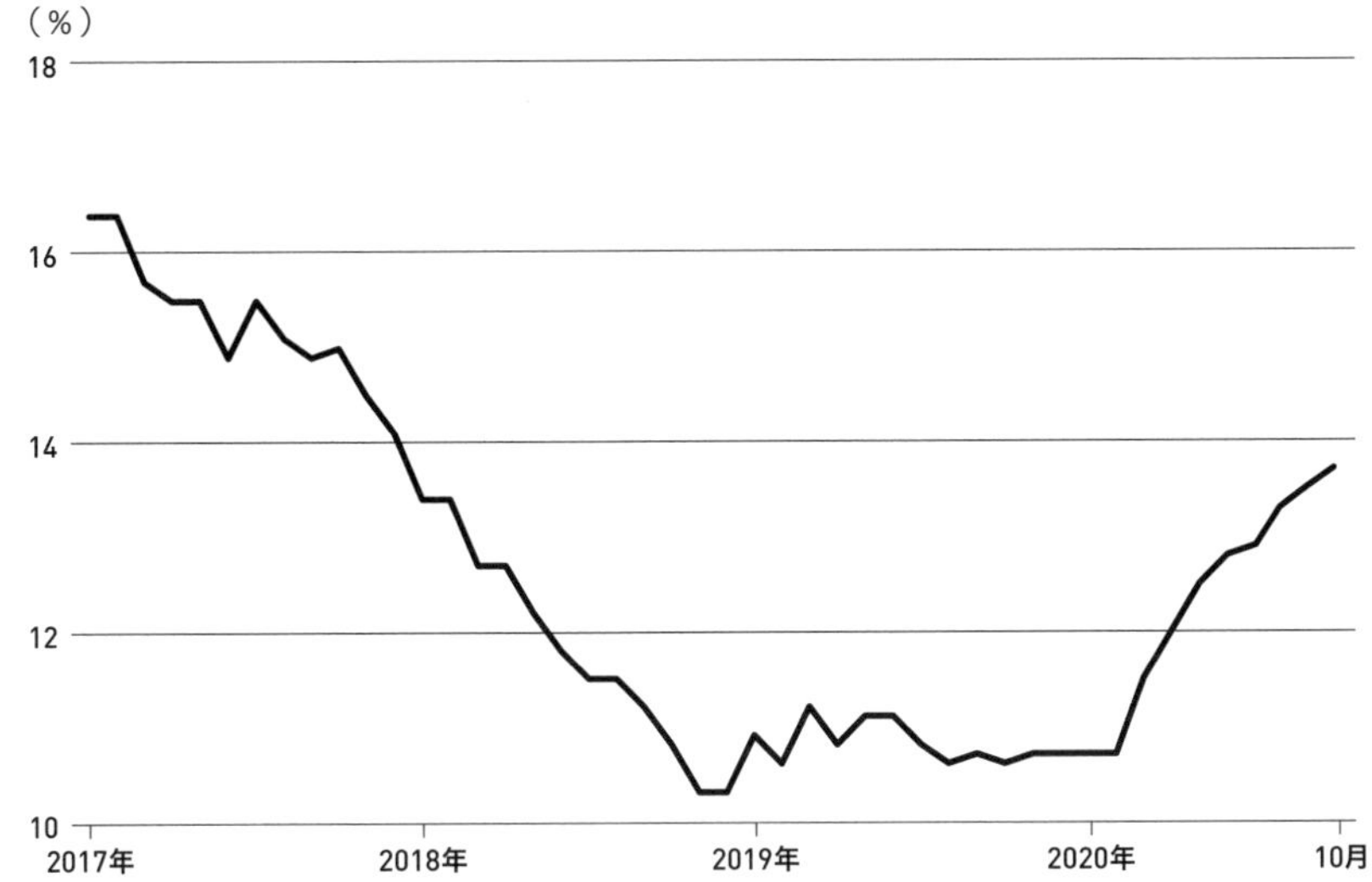

（出所）中国人民銀行より大和総研作成

増し）の企業コストを削減し、各地方政府は金融機関に対して、経営難に直面する企業向けの貸出金利の減免、返済期間の猶予、貸出の増加などを要請した。貸出増加について、中国人民銀行は3000億元の特別再貸出と、合計1兆5000億元の再貸出・再割引を実施した。政策銀行（国家開発銀行、輸出入銀行、農業発展銀行）は3500億元の特別貸出枠を設定し、小型・零細企業を中心とした民営企業、対外貿易、グローバルサプライチェーンを担う企業向けの貸出を優遇金利にて行うとした。このほか、中国政府は無担保社債の発行を1兆元増やすことや、金融機関が3000億元の小型・零細企業債券を発行して貸出に充てることなどを実行に移している。

ここで特筆されるべきは、中国政府が民営企業（ほとんどが中小・零細企業）への金融サポートを強化するために、掛け声だけでなく、実効性のある措置を講じようとしていることだ。

そもそも国有銀行と国有企業の関係は極めて密接であり、銀行貸出が国有企業に集中するのは周知の通りである。銀行員は、貸出先が経営危機などに陥り貸出が不良債権化すれば、その責任を問われる（問責制）が、国有企業向け貸出は政府の政策や指示によるところが大きく、多くは免責になるという。いざとなれば地方政府の返済が受けられるとのモラルハザードもある。こうした中で、民営企業への貸出を増やすインセンティブは極めて乏しかったのである。

しかし、こうした状況が変化するとの期待が出てきている。例えば、中国人民銀行や中国銀行保険監督管理委員会は、小型・零細企業向けインクルーシブ・ファイナンスについて、①銀行の業績考課の際に、関連指標の考課ウエイトを（100％中）10％以上に高める、②同部門の不良債権比率は、全体よりも3％ポイント高い水準を容認する、③小型・零細企業向け貸出が新型コロナウイルス感染症の影響によって不良債権化した場合でも、職責を尽くしていれば貸し手の責任は問わない、といった政策を打ち出したからだ。こうした措置によって「国進民退」（政策の恩恵を国有企業が専ら享受し、民営企業が蚊帳の外に置かれる）問題が解決される、という簡単な話ではないが、貸出を増やすための実効性を高めようとしていることは一歩前進といえる。

習近平総書記は、かつて「民営経済は税収の50％以上、国内総生産の60％以上、科学イノベーション成果の70％以上、都市就業の80％以上、企業数の90％以上を占める」などとし、民営企業の重要性を指摘した。民営企業のほとんどが中小・零細企業であり、コロナ禍とその立ち直りという極めて重要な時期に、「雇用」の面からもその重要性はますます高まっているのだろう。

この節の締め括りとして、社会資金調達（経済全体の資金調達）金額残高の推移を見ると、2020年3月以降は伸び率が加速しており、金融がコロナ禍からの経済の立ち直りをサポートしていることが示唆される（図表3－4）。

02

2カ月半遅れで開催された全人代、プラス成長に自信

全人代、政府成長率目標は提示せずプラス成長を想定

このように中国の新型コロナウイルス感染症の流行は収束し、経済活動も正常化に向かった。これを象徴したのが、全国からの代表が北京に集結する第13期全国人民代表大会（全人代）第3回会議の開催であり、同会議は当初予定の2020年3月5日から2カ月半遅れの5月22日に開幕に漕ぎ着けた。

李克強首相の政府活動報告で示された2020年の主要な政府目標は図表3－5の通りである。いくつかの点について、コメントしたい。

第一に、注目された政府成長率目標は提示されなかった。これは「新型コロナウイルス感染症

［図表3-5］全人代で示された主要目標

	2019年目標	2019年実績	2020年目標
実質GDP成長率	6.0%～6.5%	6.1%	提示せず
都市新規雇用増加数	1,100万人以上	1,352万人	900万人以上
都市調査失業率	5.5%前後	5.2%	6.0%前後
都市登録失業率	4.5%前後	3.6%	5.5%前後
消費者物価上昇率	3.0%前後	2.9%	3.5%前後
農村貧困人口	1,000万人以上減少	1,109万人減少	ゼロにする
財政赤字	2.76兆元	2.76兆元	3.76兆元
財政赤字のGDP比	2.8%	2.8%	3.6%
地方政府特別債券発行額(ネット)	2.15兆元	2.15兆元	3.75兆元
企業の税・費用負担の軽減	2.0兆元	2.3兆元	2.5兆元

（出所）中国政府、中国国家統計局より大和総研作成

と経済・貿易の情勢において不確実性が非常に高く、わが国の発展がいくつかの予測困難な要因に直面しているため」とされた。とはいえ、全人代で示された主要数値目標や政府高官の発言からは、中国政府が2020年もプラス成長を想定していることは明らかだ。

まず、2020年の都市新規雇用増加数の政府目標は900万人以上とされた。かつては実質GDP成長率1%当たりで100万人の新規雇用が創出されるというのが定説だったが、経済規模の拡大、特に雇用吸収力の大きいサービス産業の発展により、ここ数年は実質成長率1%当たりで200万人前後の新規雇用が生まれている。2019年は222万人であり、これを基に計算すると、2020年は4%程度の実質成長を想定していることになる。

次に、全人代では2020年の財政赤字を3・76兆元、GDP比は3・6%に設定した。ここか

ら計算される2020年の名目GDPは104・4兆元となり、2019年の99・1兆元から5・4%増が見込まれている。仮にGDPデフレーターの上昇率が昨年と同程度（+1・6%）とすると、実質GDP成長率は3・7%程度が想定される。

最後に、5月22日に行われた国家発展改革委員会の何立峰主任（大臣）の記者会見では「今年1%しか成長しなければ2020年のGDPは2010年の1・91倍となり、3%成長すれば1・95倍となり、5%成長すれば1・99倍になる。いずれも（2020年にGDPを2010年比で実質2倍にするという）目標に非常に接近する。1人当たり所得は2020年に1・75%増加すれば、（同2倍の）目標を達成できる」との言及があった。2020年にGDPを2010年比で実質2倍にする目標を達成するには今年は5・6%成長が必要だが、何主任の発言は「おおむね達成できればよい」という認識を示したことになる。

このように中国政府は内心では2020年もプラス成長を想定し、あわよくば3〜4%程度の実質成長を期待している可能性が高い。これはいささかハードルが高いとはいえ、大和総研は、2%台の成長は可能だと見ている。

企業の大量倒産回避と貧困脱却

全人代の第二のポイントは、コロナ禍からの立ち直りにおける政策的重点の確認である。第1節で述べたように、コロナ禍に直面した中国政府は、企業の大量倒産や金融危機的な状況の発生を回避することに政策運営の主眼を置いてきたが、李克強首相による全人代の政府活動報告ではそれを一段と強化することが確認された。中小・零細企業の年金・失業・労災保険の負担免除期間や、交通運輸・レストラン・宿泊・観光・娯楽・文化・スポーツといったコロナショックで壊滅的な悪影響を受けた産業に対する増値税（付加価値税）の免除期間などは、従来の2020年6月末から同年12月末まで延長された。こうした措置により、企業の年間の負担額は当初予定の1・6兆元の減少から2・5兆元（GDP比2・5％）以上の減少になるとした。企業向け金融支援について、中小企業・零細企業向け貸出の元利払いが困難な場合は、その猶予期間を2021年3月末まで延長することも決定した。金融機関は、経営難に直面する中小・零細企業向けを中心に貸出金利の減免、返済期間の猶予、手数料減免などの措置を講じることで、企業の負担を年間1・5兆元軽減することが求められている。

第三のポイントとしては、貧困脱却に極めて高い優先順位を与えたことが特筆される。政府活動報告では、「雇用安定・民生改善に優先的に取り組み、貧困脱却という堅塁攻略戦に断固勝利し、小康（ややゆとりのある）社会の全面的完成の目標・任務の達成に努める」とした。中国共産党は2020年を「小康社会の全面的完成」を達成する年と位置づけ、その重点として、貧困脱却、環境汚染対策、金融リスクの防止・解消の三つを掲げた。中国は2010年基準で年間収入が2300元以下の人々を貧困人口としており、その人数は2010年末の1億6567万人から2019年末には551万人にまで減少した。統計上は2020年末にこれをゼロとすることはそう難しくない。いざとなれば貧困層に限った補助金の支給によって、貧困人口からの一時的な脱却が可能だからだ。貧困脱却を2021年の中国共産党結党100周年の大きな成果としてアピールしようとしているのだろう。

03 急回復を遂げた中国経済

投資が景気の急回復を主導

中国経済の最悪期は2020年1月～2月であり、3月初旬以降、新型コロナウイルス感染症の拡大が収束し、経済活動も正常化していった。中国国家統計局によると、1月～3月の実質GDP成長率は▲6・8%と大幅なマイナス成長を余儀なくされたが、4月～6月は3・2%へと急回復し、7月～9月は4・9%に加速した。1月～9月の実質GDP成長率は0・7%となり、累計でもプラス転換を果たした。

2020年1月～9月の0・7%成長に対する需要項目別寄与度は、最終消費支出▲2・5%ポイント、総資本形成3・1%ポイント、純輸出0・1%ポイントだった。1月～3月からの変化を見ると、回復度合いが最も大きいのは総資本形成であり、今回の景気回復を主導していることが

［図表3-6］ 中国の実質GDP成長率（四半期）の推移

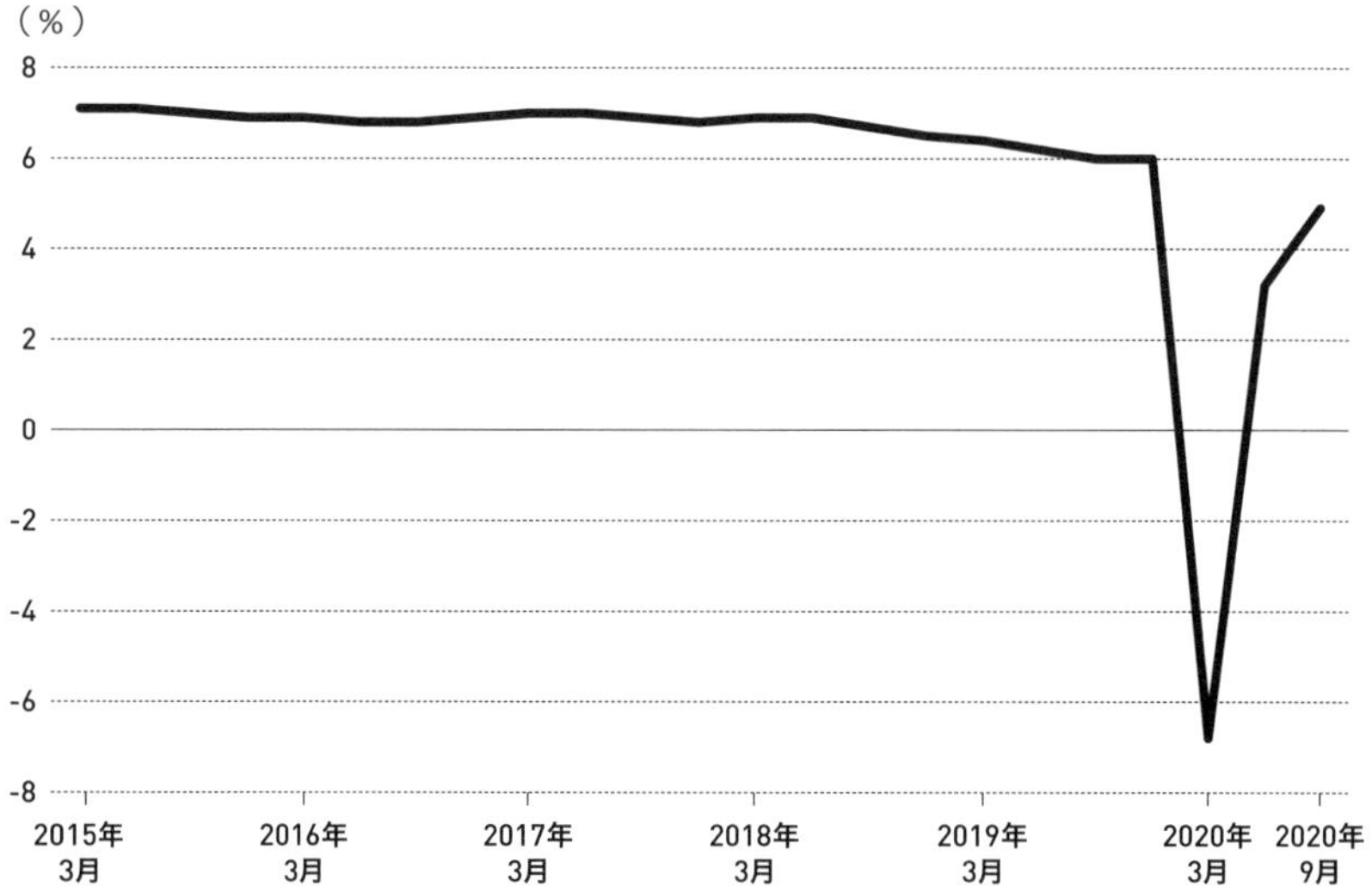

（出所）中国国家統計局より大和総研作成

わかる。

固定資産投資（累計ベース、以下同）は2020年1月～2月の24・5％減から1月～9月にプラス転換を果たし、1月～10月は1・8％増だった。分野別に見ると、不動産開発投資は1月～6月に、電気・水道・ガスを含むインフラ投資は1月～7月に増加に転じており、1月～10月はそれぞれ6・3％増、3・0％増だった。

不動産開発投資は当面、堅調な伸び率が続くだろう。①コロナショックへの対応のための金融緩和資金の一部が住宅市場に回っていること、②地方政府にとって土地使用権売却収入は主要な財政収入の一つであり、コロナショックからの立ち直りというタイミングで地方政府が住宅価格抑制策を強化するとは考えにくく、むしろ適度な上昇が期待されていること、などがその背景である。

[図表3-7] 実質GDP成長率(前年比)需要項目別寄与度(%、%pt)

	実質GDP成長率	最終消費支出	総資本形成	純輸出
2015	7.0	4.9	1.6	0.6
2016	6.8	4.6	3.1	▲0.8
2017	6.9	4.0	2.6	0.3
2018	6.7	4.4	2.8	▲0.5
2019	6.1	3.5	1.9	0.7
2020.1-3	▲6.8	▲4.4	▲1.5	▲1.0
1-6	▲1.6	▲2.9	1.5	▲0.2
1-9	0.7	▲2.5	3.1	0.1

(出所)CEIC、中国国家統計局より大和総研作成

さらに、当面はインフラ投資への依存を高める可能性が高い。5月下旬に開催された全人代では、インフラ投資の原資の一つとなる2020年の地方政府特別債券の発行枠が、前年実績比1・6兆元増(74・4%増)の3・75兆元とされ、9月末までに3・4兆元分が発行された。調達された資金は順次、重要プロジェクトを中心に投下されており、これが当面のインフラ投資を支えるだろう。

インフラ投資で特に注目されるのは、「両新一重」と呼ばれる、新型インフラと新型都市化に関連する投資、それに交通インフラや水利など重要インフラへの投資だ。新型インフラとは、5G(第5世代移動通信システム)、モノ・自動車・産業のインターネット(IoT)、AI、ビッグデータセンター、都市高速・軌道鉄道、新エネルギー車充電ポールなどを指す。新型都市化は習近平政権が2013年に打ち出した政策であり、農村から都市への単なる人口の移動(出稼ぎ)にとどまらず、都市インフラ建設、環境保護、戸籍制度改革(農村戸籍から都市戸籍への転換)、移住者の職業訓練や社会保障などを含めた都

市化を推進するものとなっている。

壊滅的な悪影響を受けた接触型消費にも明るさ

小売売上は2020年1月〜2月の20・5％減から1月〜10月は5・9％減にマイナス幅が縮小した。単月では8月以降、前年の水準を上回るようになり、10月は4・3％増だった。ただし、1月〜9月の1人当たり可処分所得は3・9％増（1月〜3月以降、四半期ごとには0・8％増、4・5％増、6・9％増）であり、所得の改善ペースほど消費は戻っていない。

こうした中で2020年4月以降は、自動車販売が比較的堅調な推移となったことが特筆される。これは、①不動産開発投資やインフラ投資関連の需要増加を受けて、大型トラックなど商用車の販売が4月以降急増したこと、②完成車メーカーを有する都市では、当該地域の地方政府が自動車購入に補助金を支給し、それが購入意欲を刺激したこと、③非接触型移動手段として乗用車の需要が増加したこと、などがその背景にある。

今回のコロナ禍で最も大きな悪影響を受け、回復も鈍かった、いわゆる接触型の消費についても、2020年7月以降、明るい材料が増えつつある。映画館など文化娯楽施設の一部は2020年1月下旬からほぼ半年の閉鎖期間を経て、ようやく営業再開に漕ぎ着けた。さらに、感染リスクの大幅低下を受けて、その後の再開ペースは加速している。具体的には、映画館の入場人数は、7月20日以降は定員の30％以下、8月14日以降は50％以下、9月25日以降は75％以下

［図表3-8］重点医療物資の生産状況

	2020年4月末の日産量	2020年1月末比
医療用マスク（非N95）	2億枚	34.1倍
医療用マスク（N95）	500万枚	38.5倍
医療用防護服	80万枚	90.6倍
手指用消毒薬	308万トン	2.6倍
非接触式電子温度計	3,400台	23.3倍
ウイルス検査試薬	760万人分	58.0倍

（出所）「新型コロナウイルス肺炎の蔓延に抵抗・反撃する中国の行動」白書（国務院新聞弁公室）より大和総研作成

にまで制限が緩和された。さらに、国内観光は7月下旬に省をまたぐ団体旅行が解禁され、10月1日～8日の国慶節の連休中の国内観光客数は前年の8割、観光収入は同7割の水準まで戻した。

堅調な輸出、「世界の工場」の光と影

中国通関統計（ドル建て）によると、2020年1月～10月の輸出は0・5％増、輸入は2・3％減、貿易黒字は14・2％増の3846億ドルとなった。四半期ごとの増減率は、輸出が1Q13・3％減、2Q0・1％増、3Q8・8％増、輸入は1Q3・0％減、2Q9・7％減、3Q3・2％増となっており、4月以降は輸出が相対的に堅調だった。貿易黒字も大きく増え、1月～9月の実質GDP成長率需要項目別寄与度の純輸出はプラスに転換した。

輸出回復の背景には、①中国の生産は3月以降、正常化に向かった一方で、他の主要国では新型コロナウイルス感染拡大抑制策が強化された結果、中国が他国の生産・供給を一部

代替したこと、②特にマスクや防護服などを中心に紡織品や、医療機器・器械、在宅勤務のためのパソコンなどの輸出が急増したこと、などがある。

図表3−8は主要な医療物資の2020年4月末時点の1日当たり国内生産量と、1月末時点からの増加幅（倍）を見たものであり、短期間のうちに生産能力が大きく増強されていることがわかる。これこそが世界の工場たる所以であり、その一部は全世界に輸出されている。ただし、これは同時に、主要国での生産能力拡張、あるいはパンデミック収束後に訪れる過剰生産能力の削減問題と、それと表裏をなす調達資金の返済問題などを考え合わせると、諸刃の剣であることに注意が必要だ。

このように、コロナショックにより世界同時不況の様相を呈する中、中国経済はいち早く最悪期を脱し、投資主導で回復過程をたどっている。2020年の実質GDP成長率は2・2％程度となるだろう。2021年の実質GDP成長率は7・1％程度と予想するが、これは2020年が低成長にとどまる反動によるものである。2020年、2021年の実質成長率は平均で4・6％と、コロナ前に当面の巡航速度とされた6％程度を下回るが、主要国の中で相対的に高いパフォーマンスが想定される。

04

「健康コード」の役割とデジタル専制主義

「健康コード」による感染拡大の抑制

第1節で詳細に見たように、中国は国内の新型コロナウイルス感染症の収束に成功した。2020年6月中旬には、北京市最大の食品卸売市場「新発地」で集団感染が発生したが、市場関係者とその濃厚接触者はすべて特定され、感染が確認された複数の市場の近隣エリアの住民を含めた1000万人以上のPCR検査と感染者の隔離が実施されるなど、短期間での抑え込みに成功した。7月には新疆ウイグル自治区、遼寧省大連市で同様の事案が発生したが、いずれも短期間で収束している。

中国の感染症拡大抑制策は、早期発見、早期報告、早期隔離、早期治療の「四早」と呼ばれ、これを可能にしたのが、1日当たり最大で500万件（2020年9月末時点）の検査が可能なPCR検査能力だ。さらにこの「四早」に決定的に重要な役割を果たしたのが、AIやビッグデータを活用した「健康コード」であるといえる。

「健康コード」とは、スマートフォンのアプリケーション（以下、アプリ）であり、個人が最初に記入する実名、身分証番号、携帯電話番号、顔認識、健康に関する質問に対する回答などの申告内容や、アプリが収集した行動・接触履歴などと政府・企業が保有する様々なデータを照合・分析し、個人の感染リスクを3段階で表示する。赤は危険度が高く、14日間の隔離など集中観察が必要で、黄は中程度の危険度で7日間の自宅待機が要請される。緑は危険度が低く、異常なしとされる。

中国ではマンション、公共交通機関、オフィス、学校、ショッピングモール、スーパー、コンビニエンスストア、レストランなど、一歩外に出るとあらゆる場面で「健康コード」が必要とされ、これがなければ生活ができないといわれている。いたるところでこのアプリを開いて、2次元バーコード（QRコード）をスキャンすると感染リスクが3段階で表示され、異常なし（緑）の表示で通行が可能となり、同時に行動・接触履歴が蓄積されていく。

さらに、この「健康コード」は、①公安部が掌握する個人情報データベース、②通信会社の位置情報、③Alipay（支付宝）やWeChat Pay（微信支付）といった決済システムや銀行など金融機関の支払いデータ、④公共交通機関に関連するデータ、など政府や企業が保有する様々なデータと連動しており、これが「健康コード」の精度を大きく高めている。ちなみに、①の公安部が掌握する個人情報データベースには、顔認証技術が活用されており、街角に設置された無数の監視カメラによって、瞬時に人物を特定できるという。

この「健康コード」によって、自らの新型コロナウイルスの感染リスクを日常的に把握することが可能になり、赤や黄の表示により、隔離、もしくは自宅待機をすることで周囲への感染リスクを大きく減らすことができる。一方で、緑は、通勤や通学、さらには様々な経済活動のゴーサインであり、「健康コード」が経済活動の再開を後押しした部分も大きい。

この「健康コード」の活用は任意とはいえ、使わないという選択肢は実質的にはない（子どもや年配者は親族などのスマートフォンで代行）。感染者や濃厚接触者の追跡は本人の特定が前提であり、実効性は極めて高い。この節の冒頭で触れた北京市や新疆ウイグル自治区、遼寧省大連市の例でも明らかなように、局所的な集団感染が発生したとしても、それを短期間で抑え込むことは可能であり、広範囲にわたる再流行的なものは今後も回避できそうである。

「健康コード」が共産党による統治ツールになる可能性

もちろん、「健康コード」は万全ではない。その理由の一つは、個人情報やプライバシーの保護の問題である。今回も感染者の氏名、写真、勤務先、学校、住所、携帯電話番号、身分証番号などが流出し、WeChat（微信、中国版ＬＩＮＥ）、WeiBo（微博、中国版ツイッター）などによって拡散され、感染者に嫌がらせの電話やメールが殺到するといった事件が発生した。

当然、中国でもプライバシーや個人情報は保護の対象である。例えば、個人情報の収集・使用・加工・伝達・売買・提供・公開は法に則ることや本人の同意を得ることが求められている。その一方で、２０１７年に施行された国家情報法は第５条で「国家安全部ならびに公安部の情報部門および軍の情報部門（以下、国家情報活動機関）は、職責分担に基づき相互に協力して、情報活動を適切に実施・展開する。各関係国家機関は、それぞれの職能および任務分担に基づき、国家情報活動機関と緊密に協力しなければならない」として、個人情報なども政府内で共有することが想定されている。よって、最大の問題点はこうした個人情報や様々なビッグデータを中国共産党・政府がどう使うのか、ということだろう。

「健康コード」は情報量が豊富でその人物に属するほとんどの情報を当局が収集することができ、既にほぼすべての国民が活用している。新型コロナウイルス感染者と濃厚接触者の特定と同様に、中国共産党・政府に対する不満分子をあぶり出すことがいとも簡単に行えるかもしれない。中国共産党・政府は既に様々な監視体制を構築しているが、これを新たな統治のツールとして活用してもおかしくはない。

COLUMN

金融分野で先行して進む「社会信用システム」

多種多様なデータの収集・公開・利用を促進する政策に「社会信用システム構築計画概要」(2014年~2020年)がある。これは、①政務、②ビジネス(生産、流通、金融、税務、価格、建設、政府調達、入札、交通・運輸、電子商取引、統計、仲介サービス、広告など)、③社会(医薬・衛生、社会保障、雇用、教育、科学技術、文化・スポーツ、旅行、知的財産権、環境保護・省エネルギー、社会組織、個人、インターネット)、④司法、の4分野で、様々な信用データベースを蓄積し、信用システムを構築することを目的としている。単純化していえば、企業や個人が違法行為をしたり、信用・評判を下げたりする行為をすれば評価は下がり、信用・評判を上げる行為をすれば評価が上がる仕組みをつくり、これを企業であれば補助金支給や貸出の際の参考などにする。

この信用システムで先行しているのが金融分野である。これは企業や個人の返済遅延・不能といった不良情報を含む与信・返済状況などの信用記録を蓄積したものであり、中国人民銀行の征信中心(情報収集・提供センター。2019年末で10・2億人、2834万社の信用情報を収録)と、百行征信(インターネット金融などに関わる8500万人分の信用情報を収録)の2本立てとなっている。百行征信はアリババグループの芝麻信用(セサミ・クレジット)など8社(残りの7社はインターネット大手のテンセントの騰訊征信、公共料金支払い端末のLaKaLaの考拉征信、中国平安保険集団の子会社の前海征信、信用情報機関の中誠信国際、鵬元征信、華道征信、中智誠征信)がそれぞれ8%、残りの36%を中国インターネット金融協会が出資して、2018年1月に設立された。百行征信は公安部の身分証情報、通信会社の携帯電話情報(通話・位置記録)、銀行のカード情報、航空機・電車の利用情報、最高裁判所の「失信被執行人(義務の不履行、証拠の偽造などで信用を失った人)」情報なども連動している。

「健康コード」はこうしたノウハウや情報の蓄積を礎としているのである。

05 アフター／ウィズコロナの中国経済・社会が抱えるリスクと香港問題

このように、アフター／ウィズコロナの中国経済は、世界に先駆けて力強く回復し、世界経済の牽引役を果たしそうだ。「健康コード」は新型コロナウイルス感染症の拡大抑制や経済活動の再開に、重要な役割を果たした。さらに今後は、中国共産党・政府が健康コードを政治利用することで、統治の実効性が上がるかもしれない。

しかし、こうした状況にリスクが潜んでいることに留意する必要がある。コロナ禍からの回復の過程で投資依存度が高まるのは仕方がない。ただし、中国にはそれが長期化する懸念がある。2022年秋には5年に一度の党大会が開催される予定であり、通常であれば年齢の関係で引退するはずの習近平総書記の三選の成否が明らかになる。政治的な思惑で成長率が押し上げられ、その牽引役は政府による裁量の余地が大きい投資となる公算が大きい。

しかし、収益性の低い過剰な投資は金融リスクの増大につながりかねず、要注意だ。図表3－9は、かつて金融危機が起きた国の非政府非金融部門債務残高のGDP比と、中国のそれとを比較したものである。これを見ると、①中国の債務残高のGDP比は、過去に金融危機が発生した国と比べても高水準だが、デレバレッジ（負債比率の低下）の推進によって、2017年～2019年にかけては上昇に歯止めが掛かっていた、②それが直近2020年3月末には再び上

［図表3-9］金融危機が起きた国と中国の非政府非金融部門債務残高のGDP比

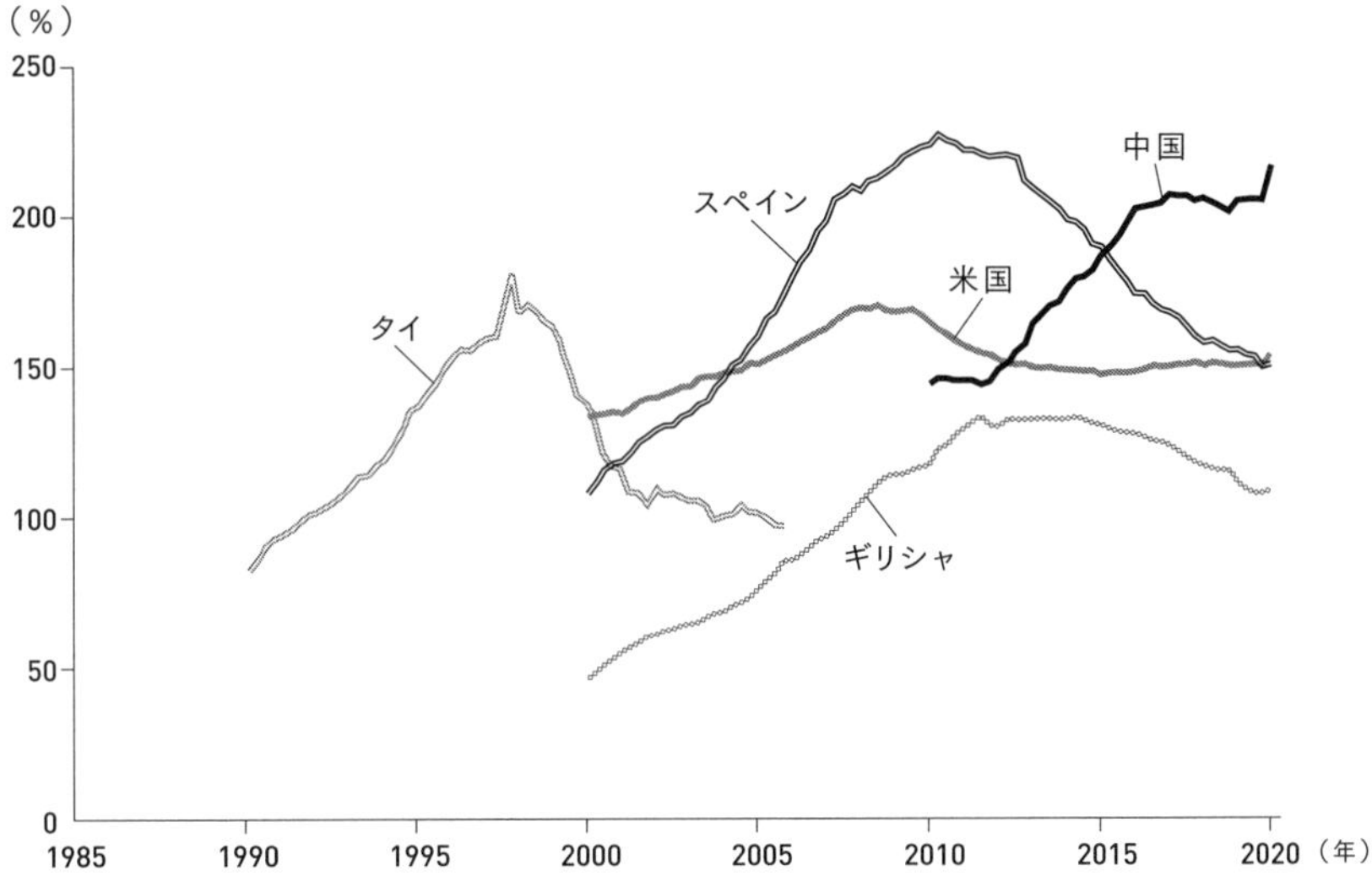

（出所）BIS（国際決済銀行）より大和総研作成

昇傾向を強めたことがわかる。今後もこの比率が高まるほど金融リスクは増大し、デレバレッジの再開が遅れるほどソフトランディングの難しさが増すと認識する必要がある。

次に指摘しておきたいのは、ＡＩやビッグデータの活用が中国における新型コロナウイルス感染症の収束に大きく寄与したことを既に述べたが、その初期の段階で感染に関連するデータは公表されず、中国政府が初動に失敗した点だ。データは広く公表され、活用されるべきだが、それを決めるのは党もしくは政府のさじ加減次第ということになる。今回は軌道修正がうまくいったように見えるが、いつもうまくいくとは限らない。

最後に、既に指摘したように、中国共産党・政府による統治の強化の手段として、「健康コード」が利用される可能性も懸念されるところだ。個人のプライバシーを丸裸にして、徹底的な監視体制を構築することで、一党独裁の永続化を狙おうとしているのだろうか。筆者は、「いわゆる『デジタル専制主義』によって中国は繁栄し続けることができるのか」「こうした締めつけが経済・社会にどのような影響を与えるのか」という問いに、現段階で明確な答えを持ち合わせていない。しかし、明らかなことは、ヒト（や資本）は強権や圧政が本当に嫌ならば、外（海外）に出ることができるということだ。「デジタル専制主義」からは外れるが、政治的な締めつけが経済・社会にどのような影響を与えるのかについては、香港の行方が参考になるかもしれない。

2020年6月30日、中国の全人代常務委員会が香港国家安全維持法を可決・施行した。同法は、国家分裂、政権転覆、テロ行為、外国勢力と結託して国家の安全に深刻な危害をもたらす行為を取り締まることを目的とし、最高刑は無期懲役である。その内容は、①国家安全維持委員会の活動は非公開であり、司法による点検を受けない、②処罰された者は被選挙権を失う、③同法に基づく案件は行政長官が裁判官を指名する、④同法の対象は香港以外の居住者にも及ぶ、などとなっている。極めて恣意的な運用が可能で、いわゆる民主派と呼ばれる人たちは、選挙への立候補の機会さえ奪われかねない。香港では、外交や軍事を除く高度な自治を認める一国二制度は形骸化し、報道の自由や言論の自由も大きく制約され、中国の強権による統制強化が進む可能性が高い。国家安全維持法施行後の香港で何が起きるのか、ヒトや資本は流出・逃避するのか。中国の未来を占ううえでも注目される。

06

第14次5カ年計画と2035年までの長期計画の注目点

ポスト習近平は習近平？

中国共産党第19期中央委員会第5回全体会議（5中全会）が2020年10月26日〜29日に開催された。中国共産党は最重要会議である党大会を5年に一度開催し、直近は2017年10月の第19回党大会だった。ここからの5年間が第19期であり、党大会直後に開かれた中央委員会第1回全体会議（1中全会）で習近平政権2期目の党の主要人事が決定された。一般的に、中央委員会は1中全会をスタートに、年に1〜2回、5年間に7回程度全体会議を開催する。ちなみに、1995年9月に開催された第14期5中全会以降の5中全会は、翌年から始まる5カ年計画が主要なテーマとされてきた。

さらに、5中全会の歴史を紐解くと、重要な共産党人事が発表されたことがあった。1989年の第13期5中全会では、鄧小平氏が党中央軍事委員会主席から退き、江沢民総書記（当時）が後任に就き、江氏への権限の委譲が完成した。2010年の第17期5中全会では習近平氏が党中央軍事委員会副主席に就任し、ポスト胡錦濤が習氏であることが内外に宣言された経緯がある。

今回もポスト習近平を占ううえで、後継を示唆する重要人事が発表されるとの観測が一部にあったのだが、議題には上がらなかった。

少し解説を加えると、中国共産党には、「七上八下」、すなわち5年に1度の党大会時に67歳以下の人物は指導部入りする可能性があるが、68歳以上の人物は引退するという内規があるとされる。2017年の第19期1中全会では、習近平総書記の信頼が厚い陳敏爾・重慶市書記（当時57歳）の中央委員から政治局常務委員への2階級特進も、胡錦濤・前総書記の後ろ盾があるとされる胡春華・広東省書記（当時54歳、現在は副首相）の政治局委員から政治局常務委員への昇格も見送られた（現在、両氏はともに政治局委員）。当時、両氏は年齢的には5年間政治局常務委員を務めたのちに、総書記を2期10年務めることが可能だったが、「ポスト習近平」に名乗りを上げることはできなかった。今回の5中全会前には、この両氏の政治局常務委員への昇格を軸に、様々な憶測が飛び交っていたが、ふたを開ければ人事は発表されなかった。ポスト習近平はやはり習近平氏であり、2022年秋に開催されると目される第20回党大会では、内規の年齢制限にかかわらず習近平氏が最高指導者として続投する可能性が高い。

14次5カ年計画の基本方針

5中全会で採択され、2020年11月3日に発表された「第14次国民経済・社会発展5カ年計画および2035年長期目標の策定に関する中国共産党中央による提案（全文）」（以下、「提案」）

では、いつも通り、期間中の政府成長率目標などは発表されなかった。成長率目標は2021年3月に開催されるであろう全国人民代表大会（全人代）で発表される。5％から6％の間を軸に議論が展開されるだろうが、成長の速さではなく、発展の質を重視するのであれば、より下限に近いほうが債務の膨張などを招きにくい。

さらに「提案」によると、第14次5カ年計画では、①イノベーション、②産業システム、③国内市場、④改革深化、⑤農業・農村、⑥協調、⑦文化、⑧グリーン（エコ）、⑨対外開放、⑩生活の質、⑪国家の安全、⑫国防、を特に重視するとしている。

①のイノベーションについて、「提案」では、「我が国の現代化建設の大局におけるイノベーションの核心的な地位を堅持し、科学技術の自立・自強を国家発展の戦略的支柱とする」などとした。注目されるのは、「核心」という言葉を使ってイノベーションを政策的に最重要視する方針が示されたことだ。米中摩擦、特にハイテク覇権争いが激化する中で、イノベーションについては、自主開発や自力更生の動きが強まり、補助金を含む産業政策でも一段と重要視されるだろう。

前記③の国内市場では、「国内大循環を主体に、国内国際双循環を促進する」というフレーズが注目される。国内大循環と双循環は、2020年5月に初めて言及のあった言葉で、中国の巨大市場と国内需要の潜在力という強みを生かして、国内（国内需要と国内調達）と国際（技術や投資導入と貿易）という二つの循環に基づく発展パターンを確立することが意図されている。内需と外需はともに重要だが、内需シフトをより鮮明にしたと言い換えることができるかもしれない。内需重視は従前からのテーマであり、目新しさはないが、このキャッチーな言い回しは、習近平氏の権威を高める「習近平の新時代の中国の特色のある社会主義（経済）思想」の柱の一つとして扱われる可能性がある。

2035年までの長期計画の基本方針

2017年10月に開催された第19回党大会では、2050年前後までの期間を2段階に分けて、最終的に中国を富強・民主・文明・調和の美しい社会主義現代化強国に築き上げる、との構想を発表した。2035年までが第1段階であり、今回の5中全会では、それまでに社会主義現代化を基本的に実現するとの目標があらためて確認された。

注目されるのは、2035年までに1人当たりGDPが中等先進国のレベルに達するとの目標を掲げたことである。2019年の1人当たりGDPは1万ドルを少し超えたレベル（1万162ドル）だった。具体的な目標値は発表されていないが、仮に2.5万ドルとするなら、2035年までは名目で平均5.8%、3万ドルとするなら同7%の増加が今後必要となる計算だ。

このほか、習近平総書記は「提案」に関する説明で、「第14次5カ年計画が終わる2025年末までに高収入国の仲間入りをし、2035年までにGDPや1人当たり収入を（2020年の）2倍にすることは完全に可能である」としたうえで、「中長期計画の目標は経済構造の最適化や、発展の質・効率の向上に重点を置く」と続けた。かつて中国は、2020年にGDPや1人当たり収入を2010年比で2倍にする目標を掲げたが、これは実質ベースであり、年平均で7.2

%弱の成長が必要とされた。今回は2021年からの15年間は年平均4・7%強の成長が必要となる計算だ。ある程度の成長は確保しつつ、発展の質的向上をより重視する基本方針が示されたといえるだろう。

果たして習近平氏は、2035年の中国を82歳の最高指導者として見届けるつもりなのだろうか。今回の5中全会の直前に、シンガポールのストレーツ・タイムズ紙が、中国共産党は2022年の党大会で最高指導者ポストである「党主席」を復活させ、習近平氏が就任する見通しであると報じた。「党主席」ポストは1945年に設置され、毛沢東氏が1976年に没するまでその地位にとどまり、1982年に廃止された経緯がある。「党主席」で連想されるのは毛沢東氏であり、その晩年には文化大革命という大混乱が生じた。これは毛沢東氏が権力に固執したことが要因の一つであり、そのトラウマもあって権力の永続化につながり得る「党主席」ポストの復活には反発が大きいと予想される。

仮に、「党主席」ポストが復活し、権力の永続化が図られる場合は、それが暴走しないのか、腐敗しないのか、第5節で指摘した「デジタル専制主義」の行方と相まって、大きなリスク要因となり得る。2022年の党大会前後の中国の政治情勢にも大いに注目したい。

第4章

新興国経済

政策運営能力が試される

２０２０年、全世界に広がった新型コロナウイルス感染症は、新興国に大きな影を落とした。感染拡大に苦慮する国々も多く、経済への影響も大きかった。

不幸中の幸いであったのが、コロナ禍による市場の初期の動揺が、短期間で済んだ点である。２０２０年春先に一気に高まったリスク・オフの動きは、リーマン・ショックを彷彿させるような、新興国からの資本流出を引き起こしたが、４月には落ち着いた。先進国が打ち出した緩和的な金融政策によって安心感が広がったため、新興国は、先進国の「非常時の政策」に助けられ、想定されたよりも軽症で済んだのだ。

２０２１年の新興国は、経済活動の再開や各国による財政出動が奏功し、回復傾向をたどるだろう。高水準の財政赤字・公的債務残高は免れないが、拙速な財政出動の終了・財政健全化への動きは、景気回復にとって足かせとなる。

また、コロナショックがきっかけとなって生じた社会の歪みには注意が必要だ。例えば、失業者の増加と格差の拡大が社会不安を呼び起こし、政治リスクへとつながるシナリオだ。これが市場の動揺を誘い、資本流出・為替減価圧力となり得る。２０２１年は、各国の政策の運営能力がコロナ禍からの回復にとって一段と重要になるだろう。

01

コロナショックと新興国

感染拡大と行動制限が2020年前半の経済に影響

ＩＭＦによると、２０２０年の実質ＧＤＰ成長率は１９８０年の統計開始以降初めて、先進国と新興国・途上国ともにマイナス圏に落ち込む予測である（図表４－１）。大半の国々において、２０２０年前半の落ち込みは大きく、特に２０２０年第２四半期の実質ＧＤＰ成長率は、「統計史上最悪」ともいわれる数字が多く並んだ。

経済の落ち込みに大きく影響したのは、感染の拡大とロックダウン（都市封鎖）をはじめとした行動制限である。図表４－２を用いて、それぞれが経済に与えた影響を見たい。なお、行動制限の程度を測る手段として、その厳しさを指数化した「厳格度指数[注1]（Stringency Index）」を使う。

（注1） 厳格度指数は、英国オックスフォード大学ブラバトニック公共政策大学院が算出。学校閉鎖、職場閉鎖、イベントの中止、集会の禁止、公共交通機関停止、ステイホーム要請、国内移動の制限、国際移動の制限、公共情報発信の九つのカテゴリーから指数化したもの。

［図表4-1］地域別実質GDP成長率

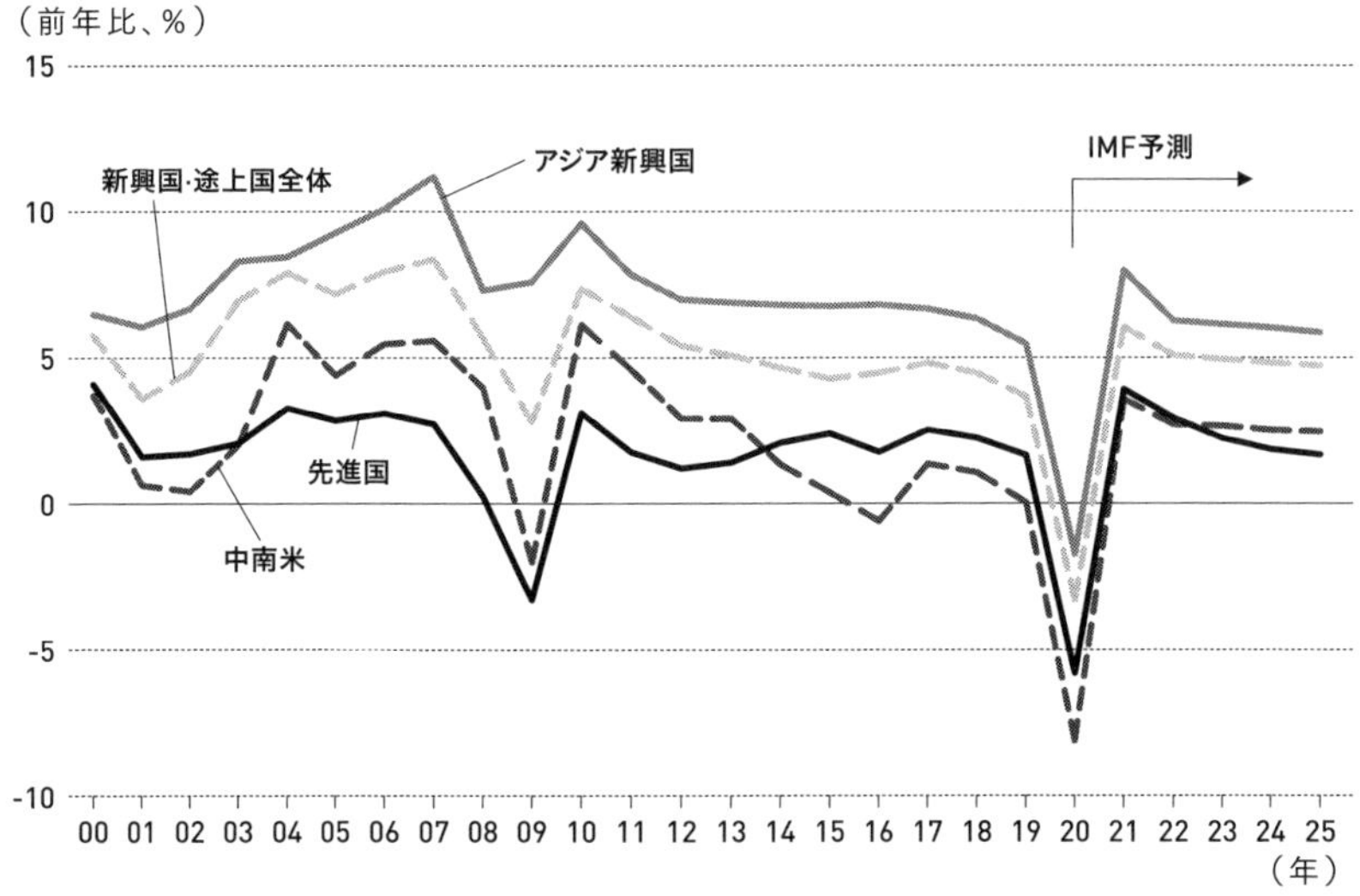

（出所）IMF "World Economic Outlook, October 2020" より大和総研作成

図表4−2の上図は、主な新興国における、2020年3月末から6月末にかけての人口100万人当たり感染者増加数（対数）と第2四半期の実質GDP成長率の関係を表している。これを見ると、感染者の増加と経済の減速には逆相関があることがわかる。3月末から6月末にかけて感染者数抑制に成功した中国やベトナムは、第2四半期にプラス成長となった一方、感染拡大が顕著であったインド、メキシコ、チリ、ブラジルなどは、二桁の落ち込みとなった。

次に、下図は3月から5月の間に行動制限を強化した度合い（厳格化指数の最小値と最大値の差）と第2四半期の実質GDP成長率をプロットしたグラフである。こちらも緩い逆相関が見られ、厳格な行動制限で経済活動を止めたことが、成長率にネガティブなインパクトを与えたことがわかる。特に、非常に厳格

［図表4-2］ 新規感染者増加数（上）と行動制限強化（下）の実質GDP成長率への影響

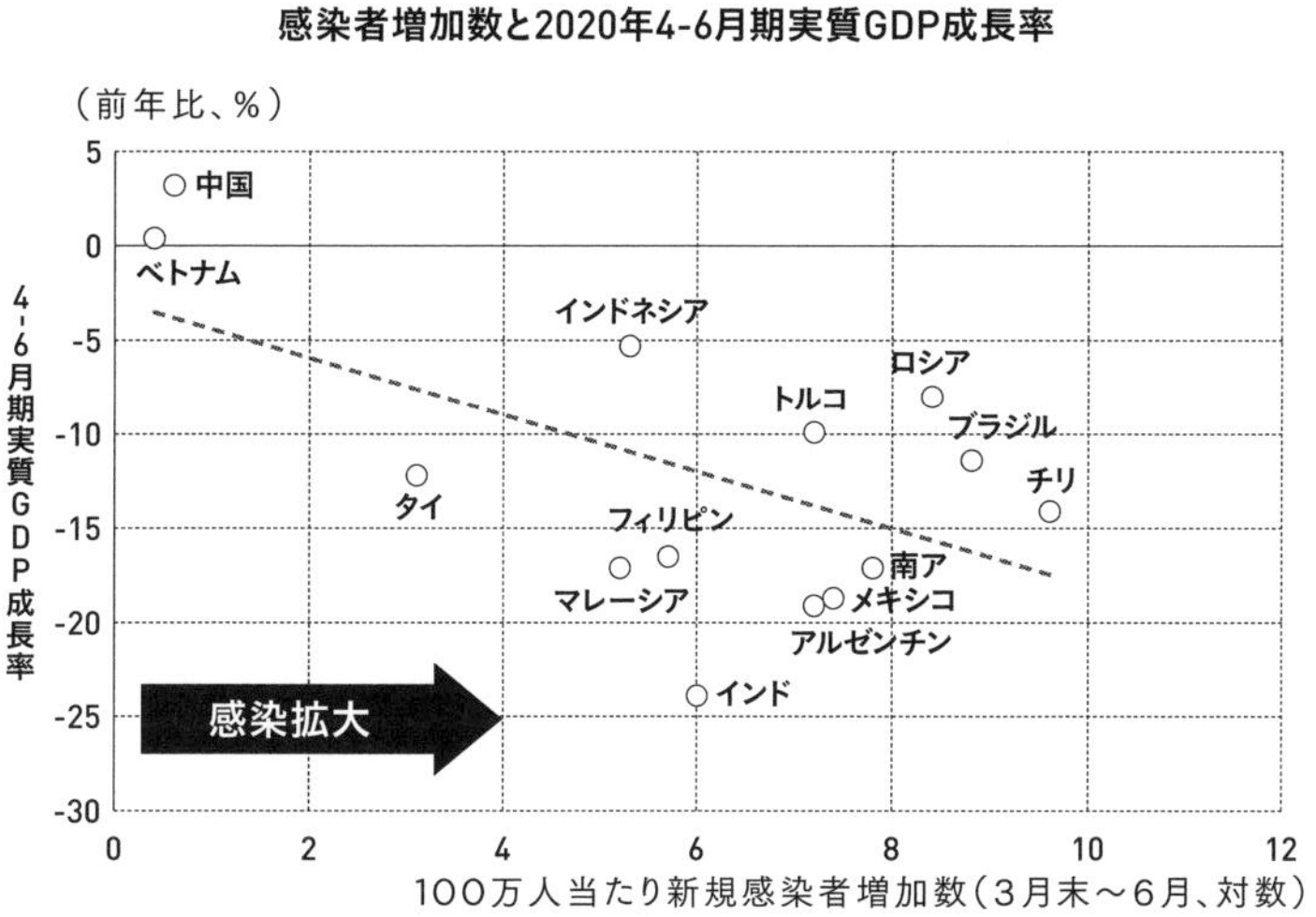

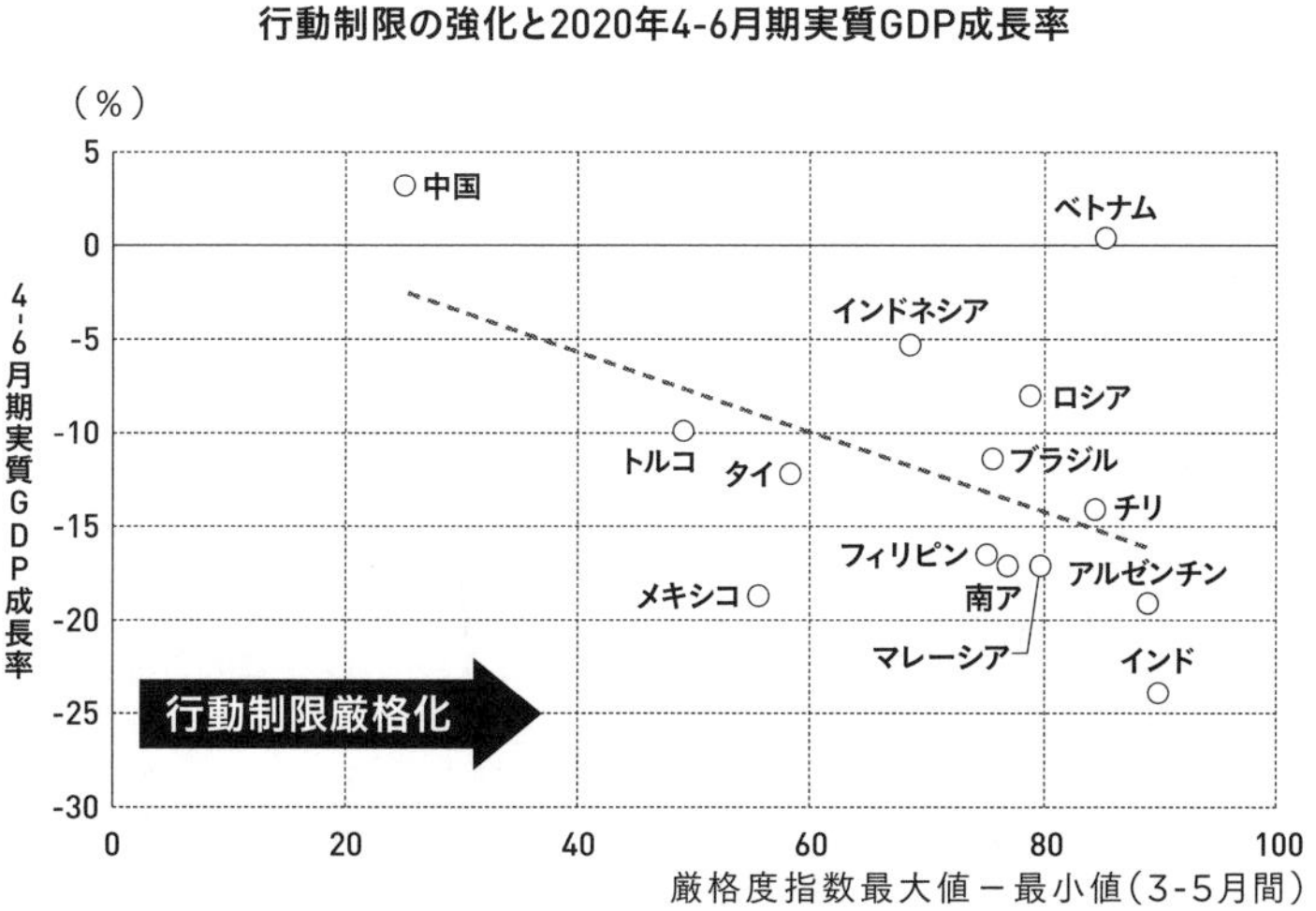

（出所）Our World in Data. https://ourworldindata.org/grapher/covid-stringency-index（オックスフォード大学）、COVID-19 Government Response Tracker（オックスフォード大学ブラバトニック公共政策大学院）、各国統計より大和総研作成

[図表4-3] 新規感染者数(平滑化値)と厳格度指数

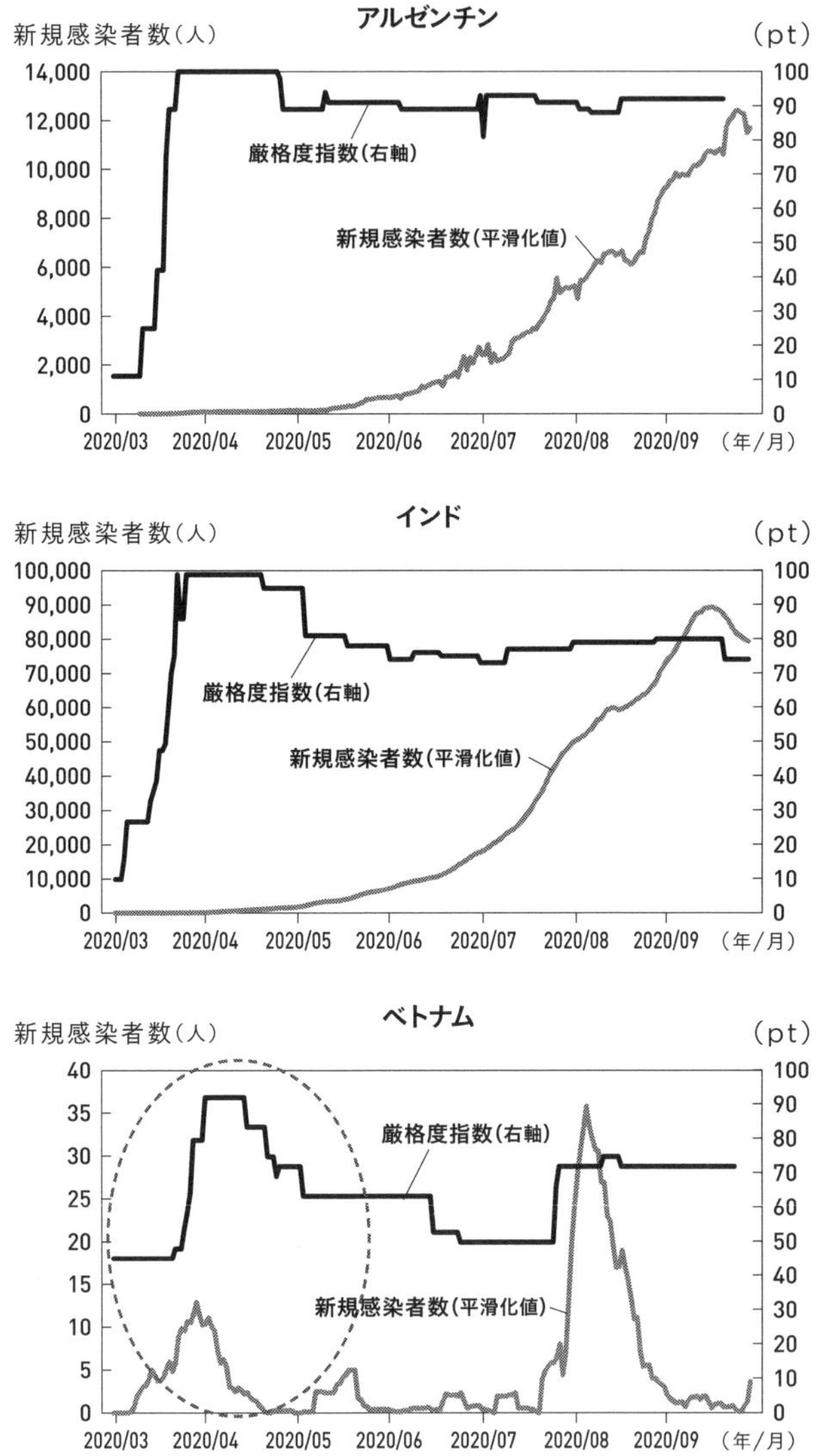

(出所)Our World in Data. https://ourworldindata.org/grapher/covid-stringency-index(オックスフォード大学)、COVID-19 Government Response Tracker(オックスフォード大学ブラバトニック公共政策大学院)、各国統計より大和総研作成

な行動制限を設けたアルゼンチンやインドの景気悪化は顕著である。これら2カ国では、政府が3月に事実上の外出禁止令を発出して以来、制限の段階的な緩和を実施しながらも、何カ月にもわたって経済活動を抑制した(注2)(図表4－3)。その結果、第2四半期以降も経済活動が停滞し、IMFは10月に出した予測で、これら2カ国の2020年の経済成長を6月から大きく下方修正した(アルゼンチン▲9・9%→▲11・8%、インド▲4・5%→▲10・3%)。この2カ国とは対照的なのがベトナムである。3月に厳格な行動制限を実施したが、早期に感染拡大に歯止めをかけることに成功し、短期間で行動制限を引き下げた。その結果、経済へのインパクトは最小限に済んだようだ。

(注2) アルゼンチンでは、2020年3月20日に外出禁止措置が実施されて以降、14回にわたって延長が繰り返され、2020年10月23日には、同11月8日までの延長が発表された。当初は、一部の職業を除き、経済活動は止められ、一般市民による買い物以外の外出は禁止された。その後、ロックダウンの延長を繰り返す中で、地域ごとに行動制限の内容を変更している。インドでは、2020年3月25日に事実上の外出禁止令が発出された。6月以降、「封じ込めゾーン」と呼ばれる感染者の多い地域を除いて行動制限が緩和され始め、9月にはメトロ・一部学校の再開が発表された。「封じ込めゾーン」に関しては、同11月30日までロックダウンが継続されると発表があった(2020年10月27日)。日本貿易振興機構ビジネス短信(アルゼンチン、インド)参照。

財政金融政策の後押しで、2020年央には回復の兆し

感染の拡大と行動制限により、2020年第2四半期に大きな落ち込みを見せた新興国経済だが、年央には回復の兆しが見え始めた。オランダ経済政策分析局によると、先進国・新興国ともに鉱工業生産は同年6月頃を底に回復していることがわかる（図表4−4）。比較的早期に底を打ち、なだらかながらも景気回復を始めた点で、世界金融危機と状況が異なる。原因の一つには、大半の国々で、5月半ば頃からロックダウンの解除・緩和が進み、経済活動が再開した点がある。そしてもう一つ、さらに重要な点として、先進国が早期に打ち出した金融財政政策の効果が大きい。これによって、2020年4月には市場におけるリスク・オフの動きが弱まり、新興国も金融緩和と財政出動を実施することが可能となった。本節では、新興国が金融緩和を実施することが可能となった経緯と、新興国による財政出動の内容を詳しく見ていきたい。

① 緩和的な金融政策

通常、国際金融市場においてリスク・オフの動きが強まると、程度の違いこそはあれ、新興国市場は売りの対象となる。そのきっかけは、先進国発の外部イベントであることが多い。近年では2009年のユーロ圏債務危機、2013年のいわゆる「テーパー・タントラム」とその後の

[図表4-4] 地域別鉱工業生産

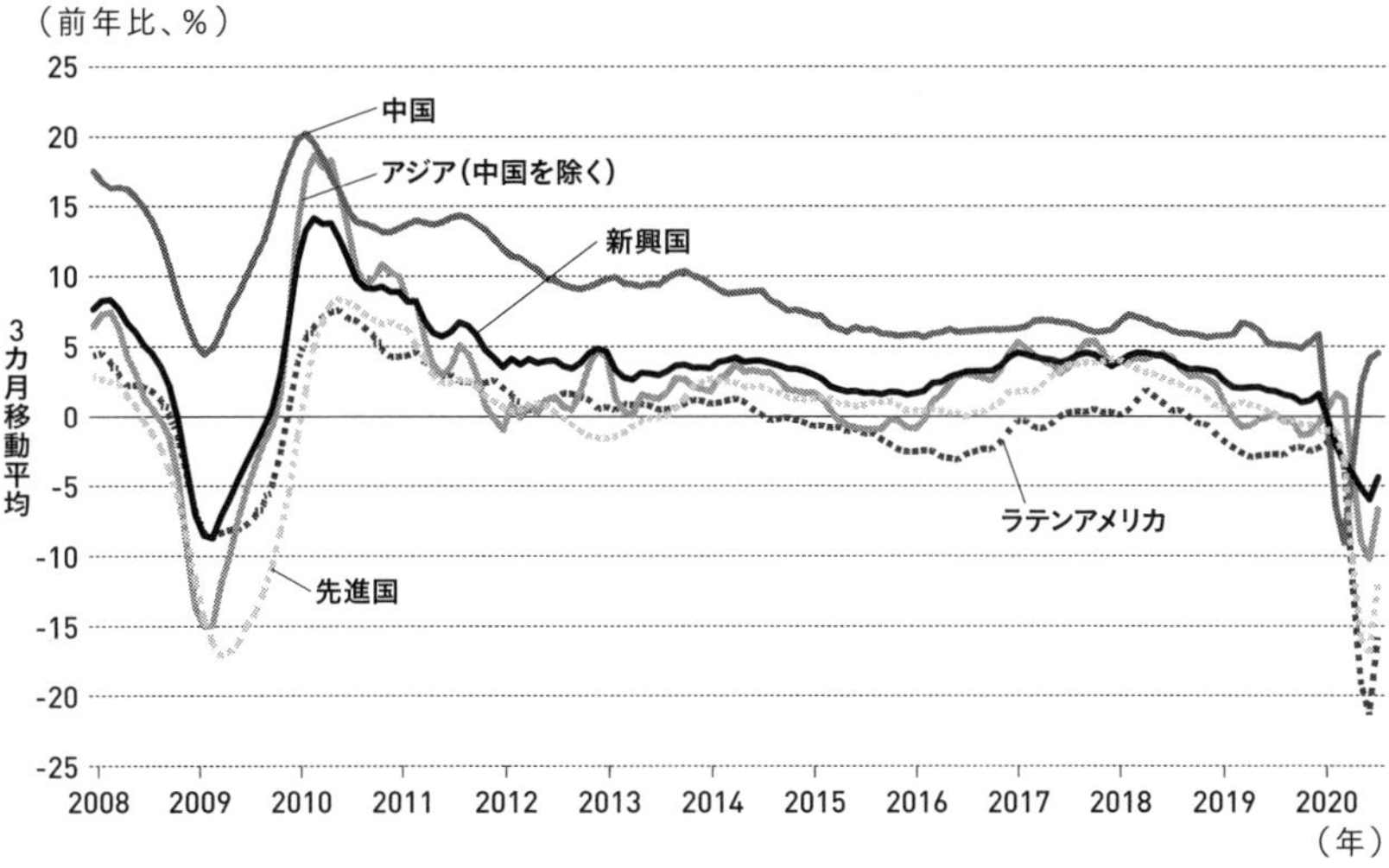

(出所)オランダ経済政策分析局より大和総研作成

米国FRBによる利上げが挙げられる。新興国は資本流出を阻止すべく、状況によっては景気鈍化の中でも利上げを迫られるケースもあった。新興国の金融政策は時に自律性に欠けるということだ。

コロナ禍による金融市場の動揺も例外ではなく、新興国市場からは一部の国々を中心に、大規模な資本流出・為替の下落が生じた。為替に大きく下落圧力がかかった国としては、2013年当時「フラジャイル5」と呼ばれたインド、インドネシア、ブラジル、南アフリカ(以下、南ア)、トルコ、さらに原油価格の下落が嫌気されたロシア、債務問題の渦中にあるアルゼンチンが挙げられる。

「フラジャイル5」と呼ばれた国々は、国内の貯蓄不足を海外からの資金フローでファイナンスし、対外債務残高を積み増してきた特徴がある。その中でも、「証券投資」や銀行

[図表4-5] 各国の対外債務残高と外貨建て割合(2019年)

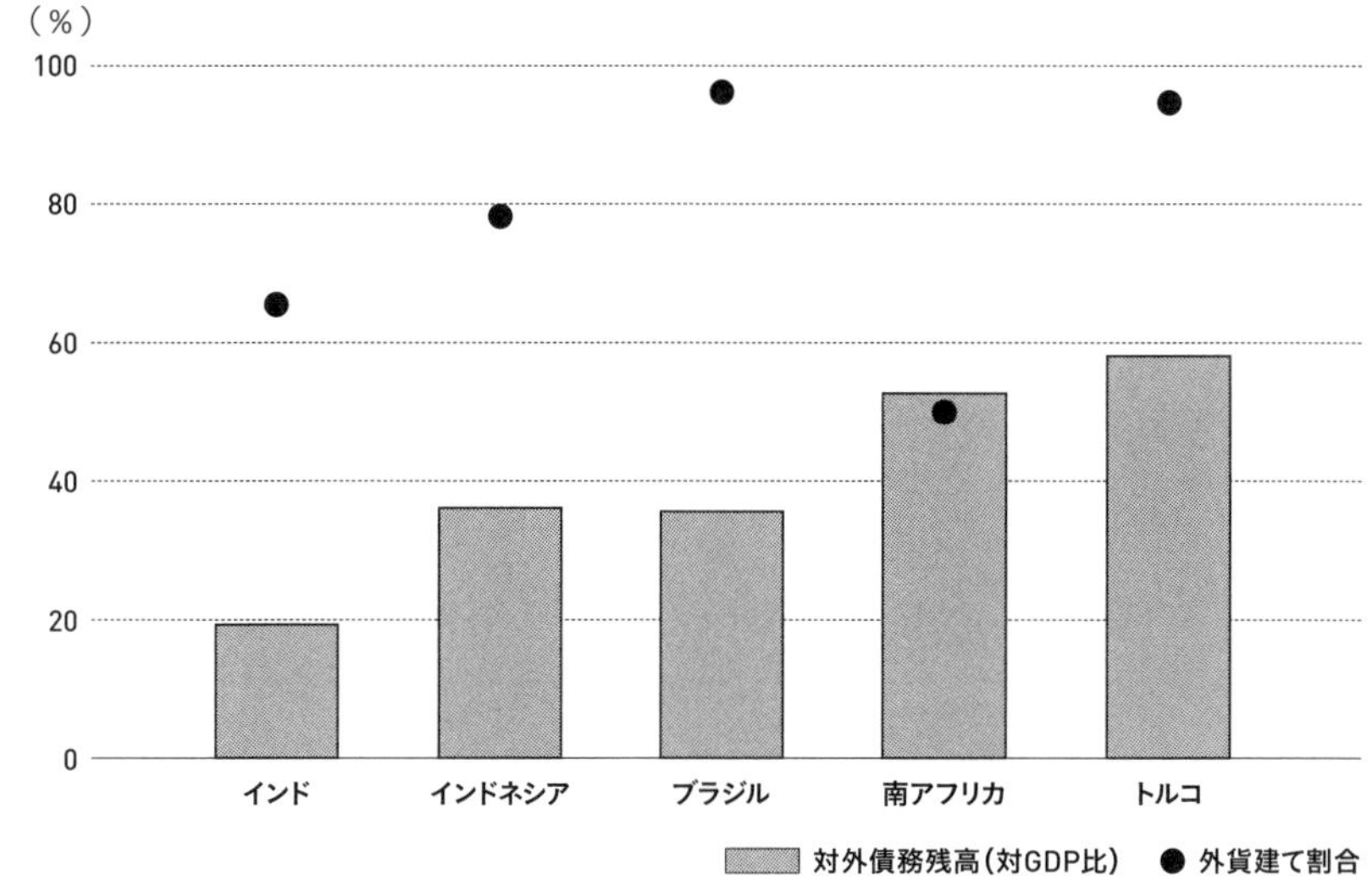

(注)ブラジルの対外債務残高に企業間貸付は含まれるが、外貨建て割合には含まれない。
(出所)各国統計より大和総研作成

からの借入を中心とした「その他投資」といった短期的な資金を中心に経常赤字をファイナンスしてきた国々は、資本流出の影響を大きく受けることとなった。例えば、「証券投資」の割合の高いインドネシア、「その他投資」の割合の高いトルコがその例だ。また、為替レートの下落は、対外債務の実質的な返済負担を増加させる。対外債務残高に占める外貨建て割合が高いトルコへの影響は非常に大きかった(図表4-5)。

今回のコロナ禍において新興国からの資本逃避という大きな流れを止めたのは、先進国による大規模な金融緩和政策だった。特に、米国が各国とスワップラインを締結したことは、ドル供給不足の懸念を払拭することに役立ち、市場の安定化に大きく貢献した。これまで、新興国からの資本流出は、先進国によ る金融政策の変更によって引き起こされるケ

［図表4-6］各国の経済対策規模

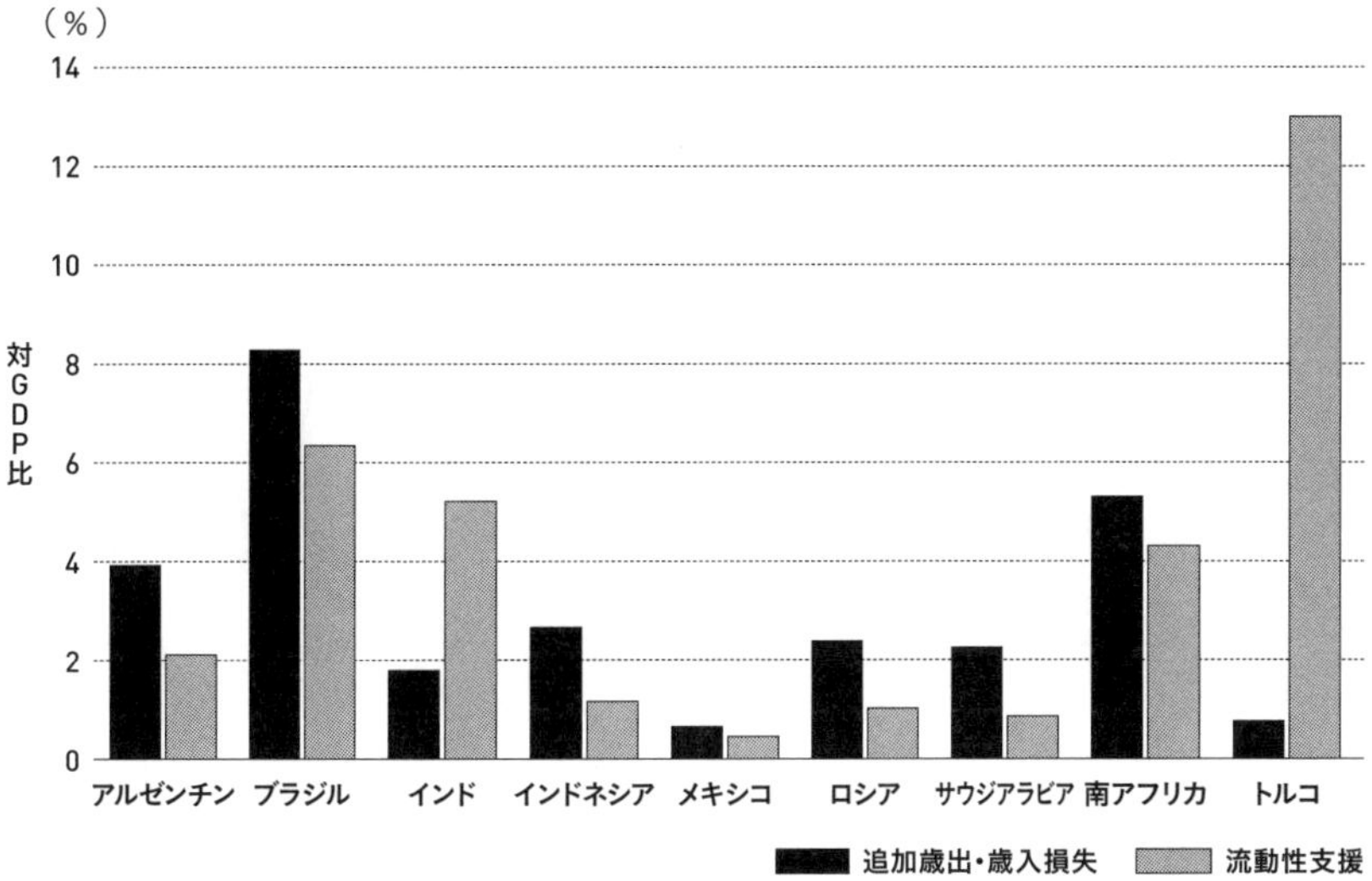

（注）新型コロナウイルス感染者が確認されてから、2020年9月11日時点までに各国で発表された経済パッケージ。
（出所）IMFより大和総研作成

ースが多かったが、今回は先進国の政策に助けられる形となった。これをきっかけに、新興国も為替レート下落を気にすることなく、景気下支えのための利下げを相次いで実施することができた。

② 大規模な経済パッケージの実施

金融緩和とともに、先進国・新興国は、景気下支えのための大規模な経済パッケージを発表した。図表4－6は、G20に属する新興国が打ち出した経済対策とその規模を表している。

グラフ中の「追加歳出・歳入損失」には、低所得者への現金支給や食料配布、失業補償、雇用維持のための支援や減税が含まれ、緊急性の高い対策が中心となっている。特にブラジルの規模はGDP比約8％と大きい。その

[図表4-7] ブラジルの消費者信頼感指数と企業景況感指数

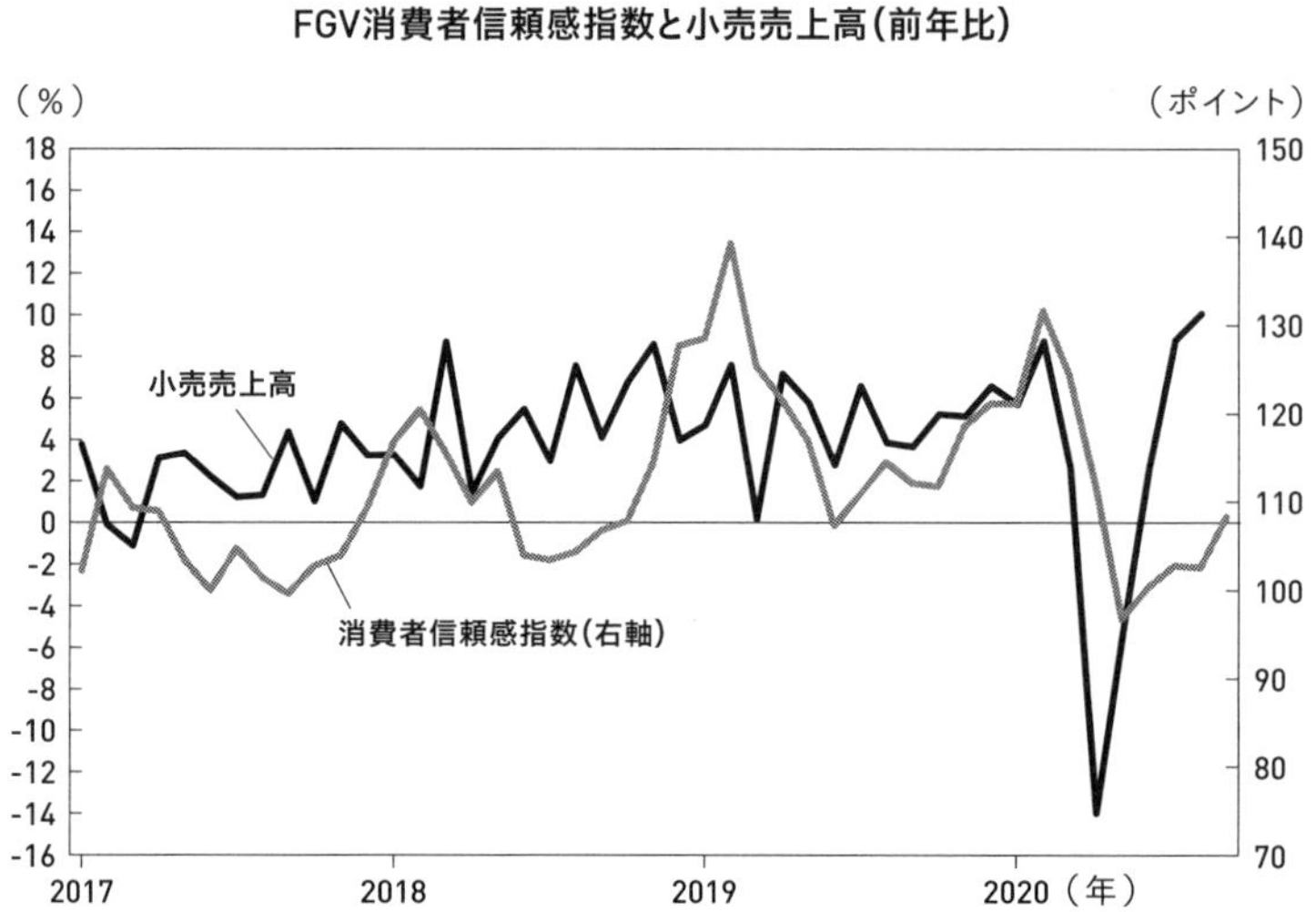

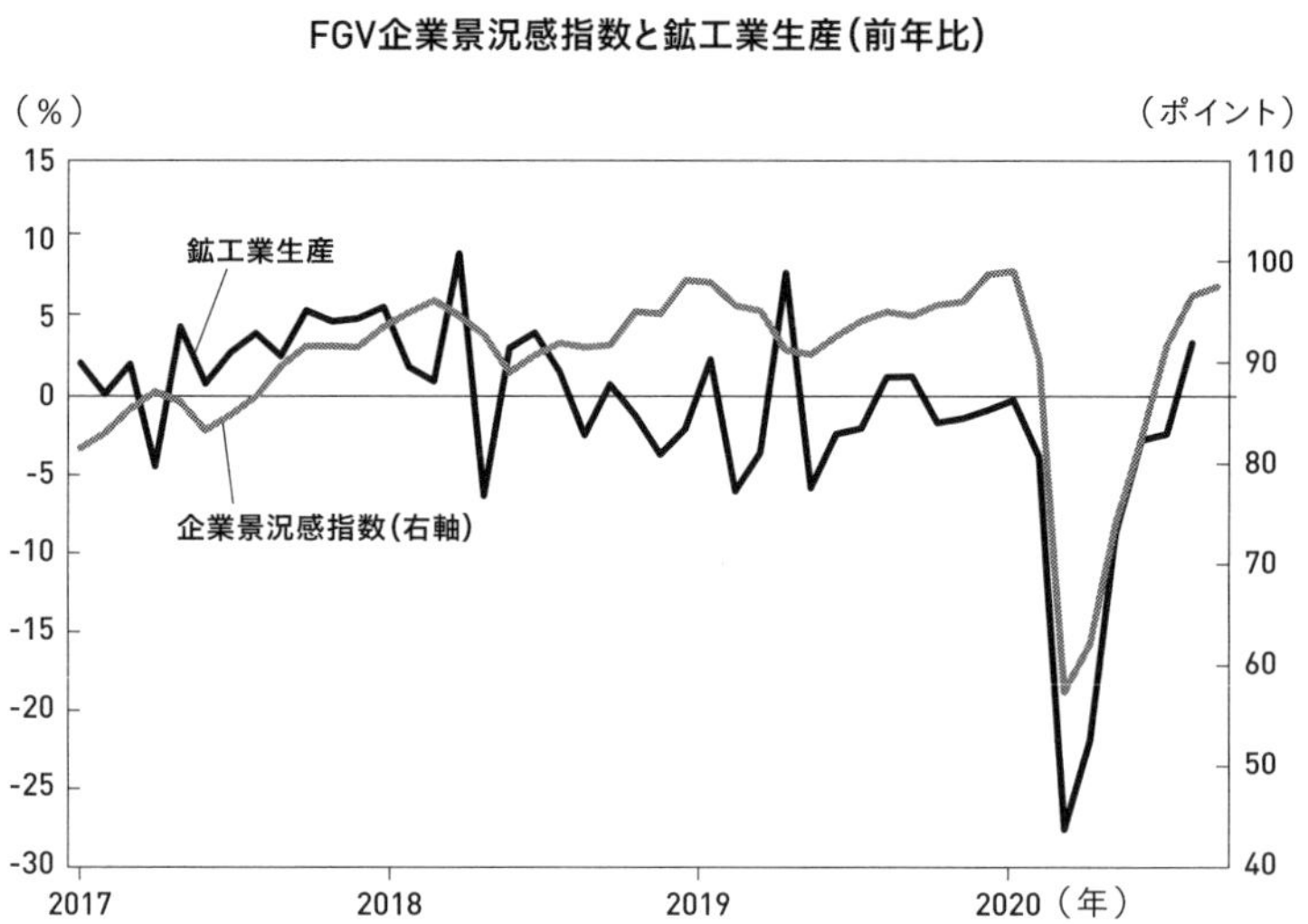

(出所)FGV、IBGEより大和総研作成

内訳は、低所得者に対する現行の現金給付制度である「ボルサ・ファミリア」の拡充、失業者・インフォーマルセクター従事者への緊急現金給付、一時的に雇用を停止または労働時間を削減した労働者への給与補償、地方政府に対する医療分野への予算配分の増加が主である。ブラジルでは、コロナ禍でも経済を回し続けたいという大統領の強い意向により、全土的なロックダウンの代わりに、手厚い所得保証が実施された。他方、「流動性支援」には、企業への融資のほか「信用保証制度」拡充が含まれる。トルコにおいては流動性支援の規模が圧倒的に大きい。

以上のような経済対策は、景気の下支え役として一定の効果を表している。その一例が、ブラジルである。ブラジルでは2020年2月末に初めての感染者が確認されて以降、急速に感染が拡大し、9月に入ってもその抑制に目途がつかない状態だった。しかし、それとは対照的に、小売売上高と鉱工業生産はともに同年4月を底に回復しており、消費者・企業の景気に対する見方も楽観的だ（図表4－7）。

02

2021年の新興国経済は、プラス成長の見通し

回復ペースに、ばらつきあり

2021年の新興国経済は、プラス成長となる国々が大半となる見通しだ。需要項目別でみると、公共投資の増加により総固定資本形成が経済を下支えする国が増えるだろう。公共投資が雇用の創出、家計の可処分所得の増加という流れを生み出せば、民間消費も刺激されると予測される。2020年9月の米国FOMCによると、当面の間、低金利を継続することがコンセンサスとなっていることから、米国の利上げによって新興国が金融政策を見直す必要性は、2021年においてはほとんどないと考えられる。新興国は2020年に引き続き、内需下支えのための低金利を維持できる環境にある。

新興国全体で景気は回復傾向にあるが、国別に見ると、回復のペースにはばらつきが見られる可能性が高い。感染の第2波・第3波により、ヒトの移動がコロナショック前の水準に戻る見通しは立ちにくいため、観光業に依存した国の景気回復のペースは相対的に遅くなるだろう。例えば、タイやトルコがそれに当てはまる。また同様に、海外送金の回復にも時間がかかる見通しだ。

コロナショックを機に、海外での職を奪われ、本国に帰国した労働者が多いためだ。海外送金への依存度が比較的高いウクライナ（2019年GDP比10・5％）やフィリピン（同9・9％）、エジプト（同8・9％）においてインパクトが大きいだろう。また、原油価格の見通しが軟調であるため、資源国の経済回復もそれほど力強いものでないと予測される。

新興国は、2021年になだらかな回復を見せる見通しだが、その際に考えられるリスクはどのようなものか。貿易の足かせとなりやすい保護主義・自国第一主義への動き、新興国における資金調達、金融市場の変調の3点を見ていきたい。

リスクファクター① 保護主義・自国第一主義への傾倒

各国におけるロックダウンの解除と経済活動の再開を受けて、2020年央からは世界貿易に回復の兆しが見られた。オランダ経済政策分析局のデータでは、各国における内需の大規模な収縮に一定の歯止めがかかり、2020年央を底に世界全体で貿易数量が回復したことがわかる（図表4－8）。

貿易の回復にとってのリスクとなり得るのは、各国による保護主義的な政策への傾倒である。トランプ政権発足をきっかけに悪化した米中貿易摩擦の例に見るように、反自由貿易に傾倒した政策は、世界経済成長の足かせとなる。コロナ禍では、医療品や食料品などの一部品目に輸出規制がかけられたりするケースが見られた。今後、このような動きが他のセクターに波及すると、

[図表4-8] 世界貿易数量

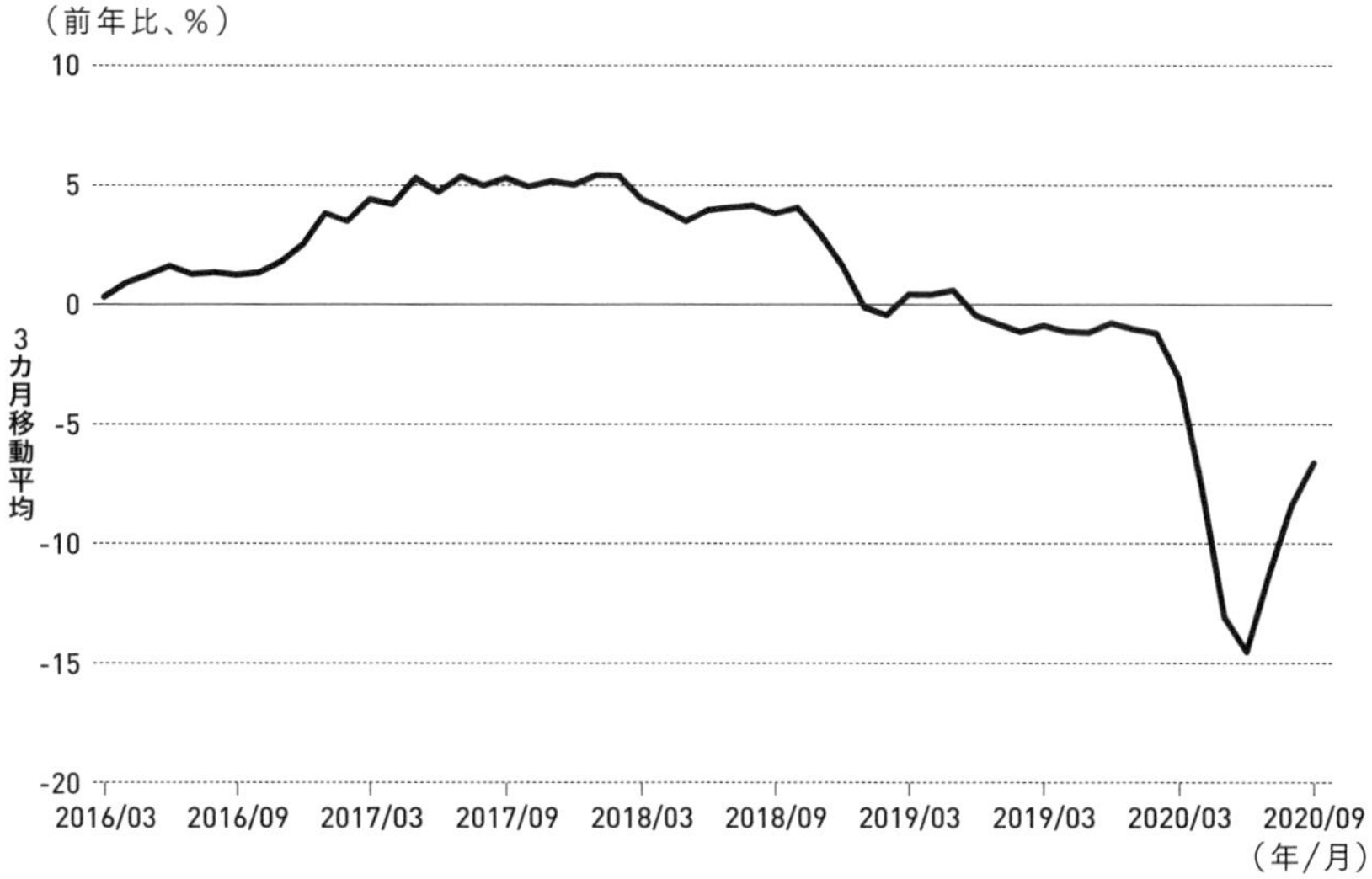

（出所）オランダ経済政策分析局より大和総研作成

回復基調にある貿易に水を差すこととなる。

また、世界で生産拠点を国内に回帰させようとする動きが強まる点も懸念される。これが問題視されやすいのは、自国生産回帰が自国第一主義となり、国内産業保護のような規制強化につながる場合があるからだ。輸入増税などが一例であり、そのような動きは、世界貿易の足かせとなりやすい。

リスクファクター②
新興国の資金調達

図表４‐９は、ＩＭＦが発表した財政赤字、一般政府債務残高の２０２０年と２０２１年の予測である。２０２１年の財政赤字は、２０２０年と比較して縮小すると予測される国々が大半だが、コロナ前の水準に戻るにはまだ時間を要する。２０２０年に引き続き、税収が大きく落ち込む一方で、景気下支えの

ための支出を大きく減らすことが難しいためだ。とはいえ、財政健全化を目指し、拙速に財政出動を終わらせることは、経済活動を再び低迷させ、税収を減らし、財政を悪化させることとなる。各国における、コロナショックからの景気回復がなだらかになると予想されている中、財政出動の出口戦略はまだ見通しにくい。

図表4-10は、G20各国が2020年に打ち出した経済対策の規模を表している。新興国は、財政余力が限られている国々が多いため、その規模は先進国と比較して小さい。その中で、先進国と遜色ない規模の政策を打ち出したのがブラジルである。その影響で、ブラジルの財政赤字は2020年に大幅に拡大し、一般政府債務残高もGDP比100%を超える見通しである。ブラジルが大胆な財政出動に動けた背景には、自国の成熟した金融市場において国内投資家の厚みを有し、自国通貨建て債券の発行が比較的容易であることから、資金調達がスムーズであるためである。

新興国政府の財政余力が限られている中、経済対策に必要とされる資金を調達できるのか、そしてどのように調達するのかは重要な課題だ。ブラジルのように自国に成熟した金融市場が存在しない場合、新興国は、国外での外貨建て資金調達を余儀なくされる。その場合、相対的な信用力の低さから、借入コストが上昇することが多い。また後述の通り、金融市場でリスク回避の動きが強まれば、さらに資金調達が困難となるため注意が必要だ。

［図表4-9］財政赤字（上）と一般政府債務残高（下）

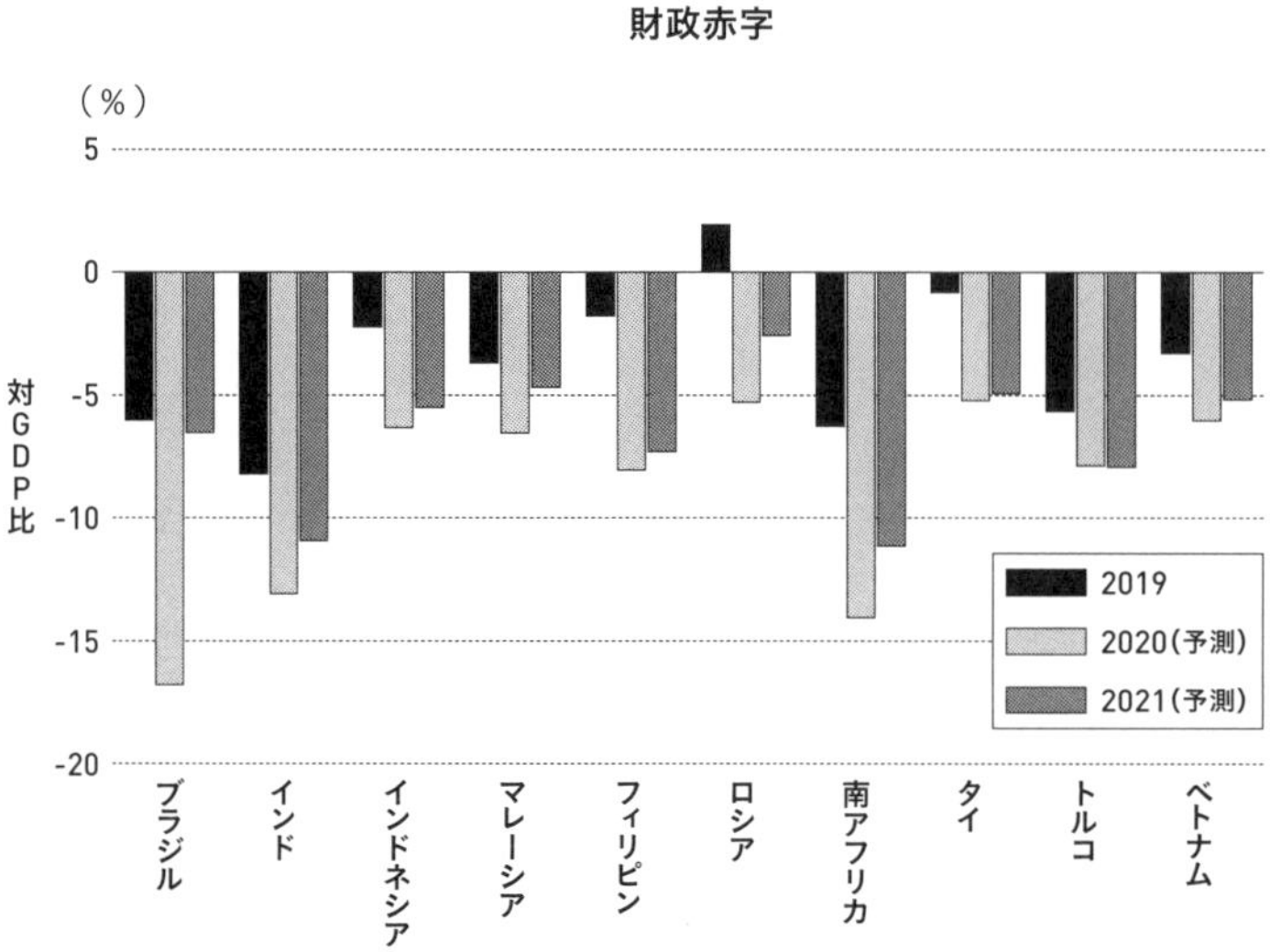

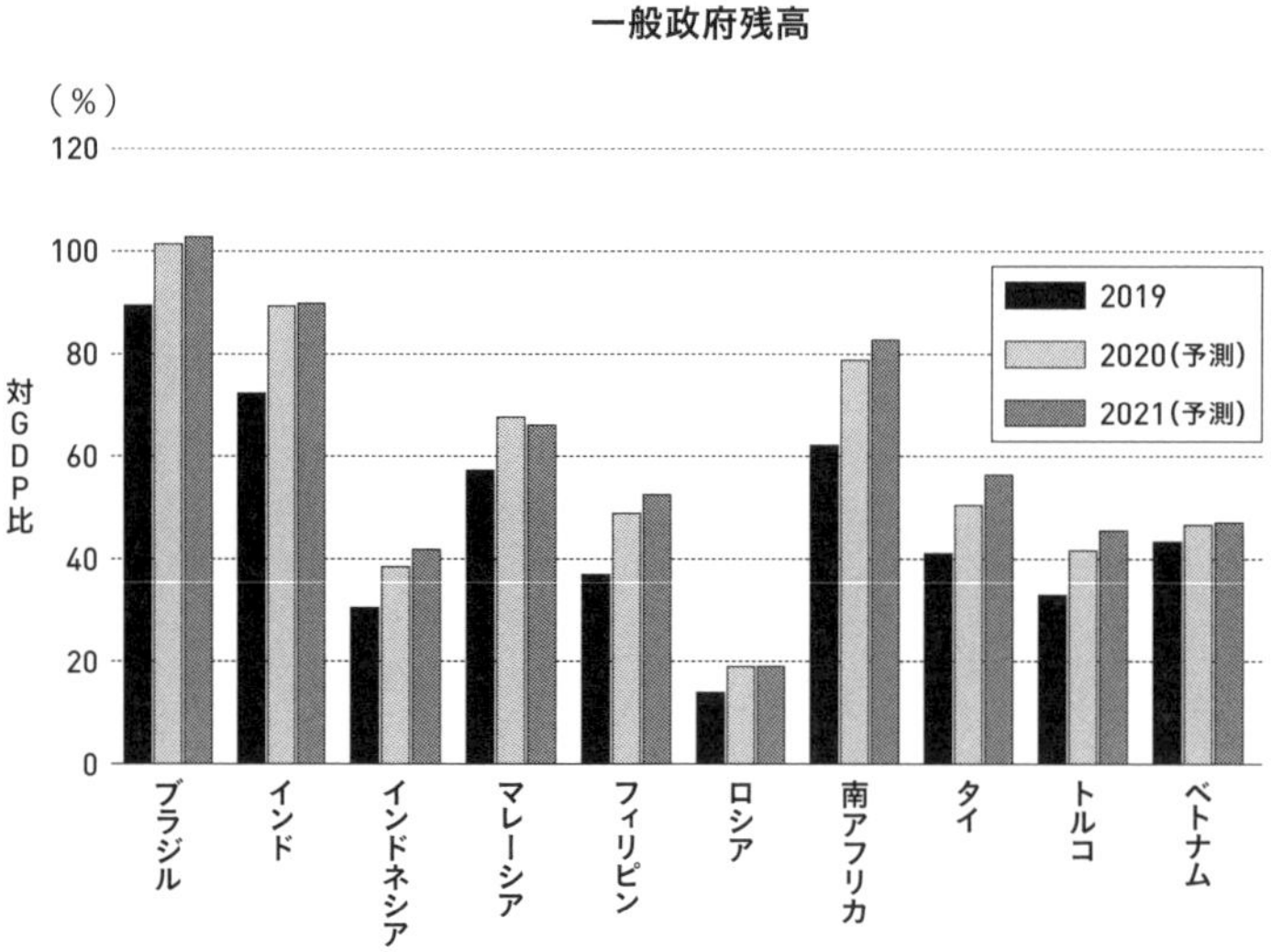

（出所）IMF "World Economic Outlook, October 2020" より大和総研作成

［図表4-10］ G20の経済対策規模

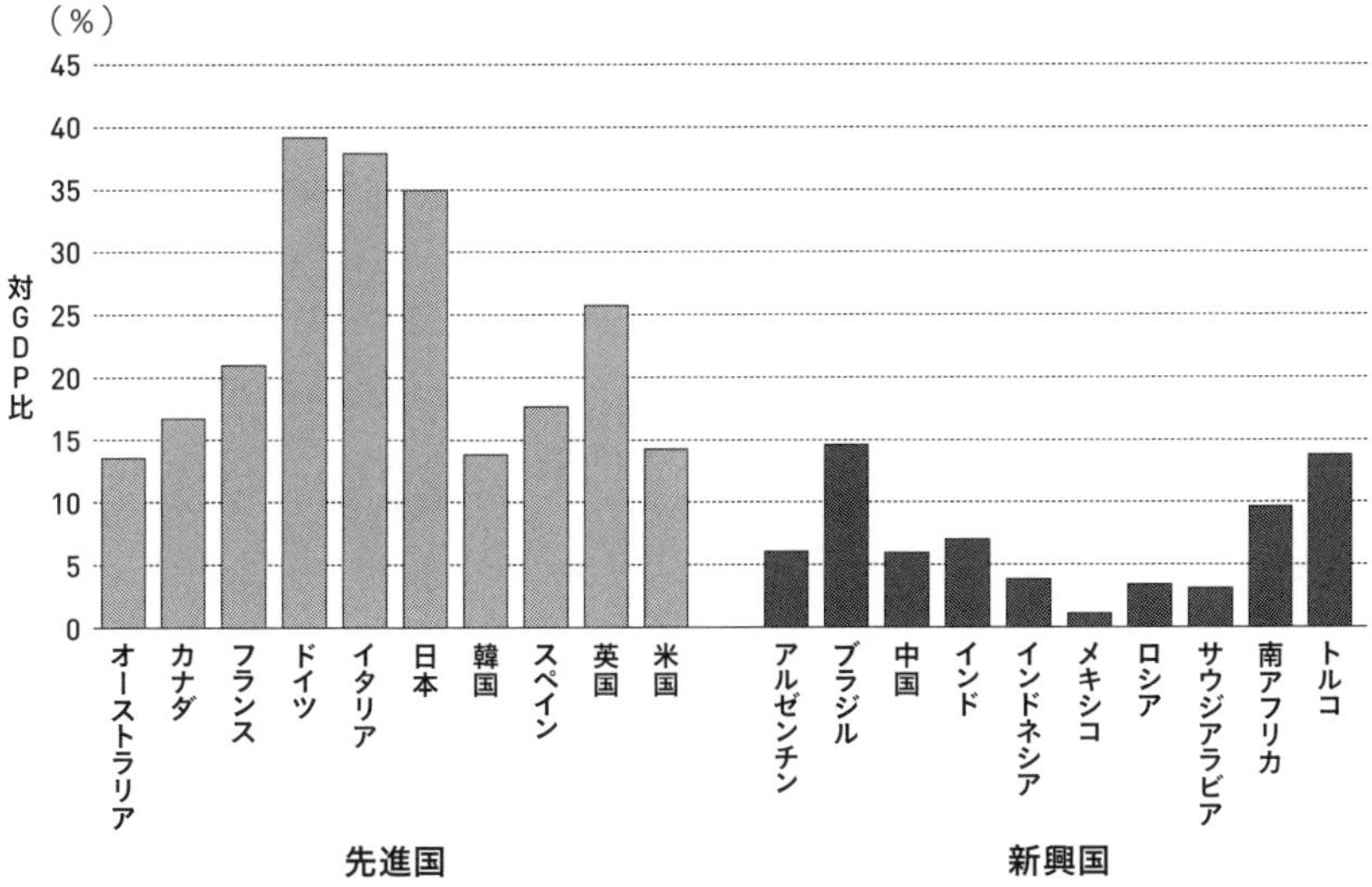

（注）各国の数値は「追加歳出・歳入損失」と「流動性支援」を足したもの。
（出所）IMFより大和総研作成

リスクファクター③
金融市場の変調

2021年に注意すべき3点目は、市場の変調が、新興国の金融緩和を終わらせ、景気回復の腰を折る可能性である。例えば、国際金融市場で再び「リスク・オフ」の動きが強まれば、新興国は再び為替下落・資本逃避に気を揉むこととなり、利上げが回復途上の景気に悪影響を及ぼすこととなる。市場の動揺が再び高まるきっかけは、先進国・新興国における感染再拡大や、世界各国でのロックダウンの再実施、政治不安などが挙げられるだろう。

特に、ガバナンスが未熟である新興国では、コロナショックで生じた社会の歪みがきっかけとなり、反政府デモが発生しやすい。その一例は、失業問題である。中でも、海外で職を失って帰国した人々や、レジャー・レストランなどのサービスセクターに従事する人々、若年層やインフォーマルセクターの従事者などの失業率が高い。コロナショックは、「持たざる者」をさらに持たざる状態にし、国内の格差を拡大させた。これらの社会不安が政治リスクにつながり、それを市場が嫌気した場合、資本退避や為替の下落リスクが高まりかねない。

03

各国編——トルコとインド

ここまでコロナ禍による新興国経済への影響と各国政府による金融財政政策の効果、さらに2021年の見通しとそのリスクを述べてきた。各国編では、コロナ禍で「国際収支危機」に陥る可能性が浮上したトルコと、感染の拡大が特に深刻で、想定されていたよりも大きく経済が落ち込んだインドの例を取り上げたい。

①トルコ——2021年も困難なときは続く

ここ数年、トルコへの逆風は強かった。2016年のクーデター未遂事件に始まり、米国との対立を背景とした2018年のいわゆる「トルコショック」、そしてコロナ危機と続いた。

［図表4-11］トルコの外貨準備高と為替レートの推移

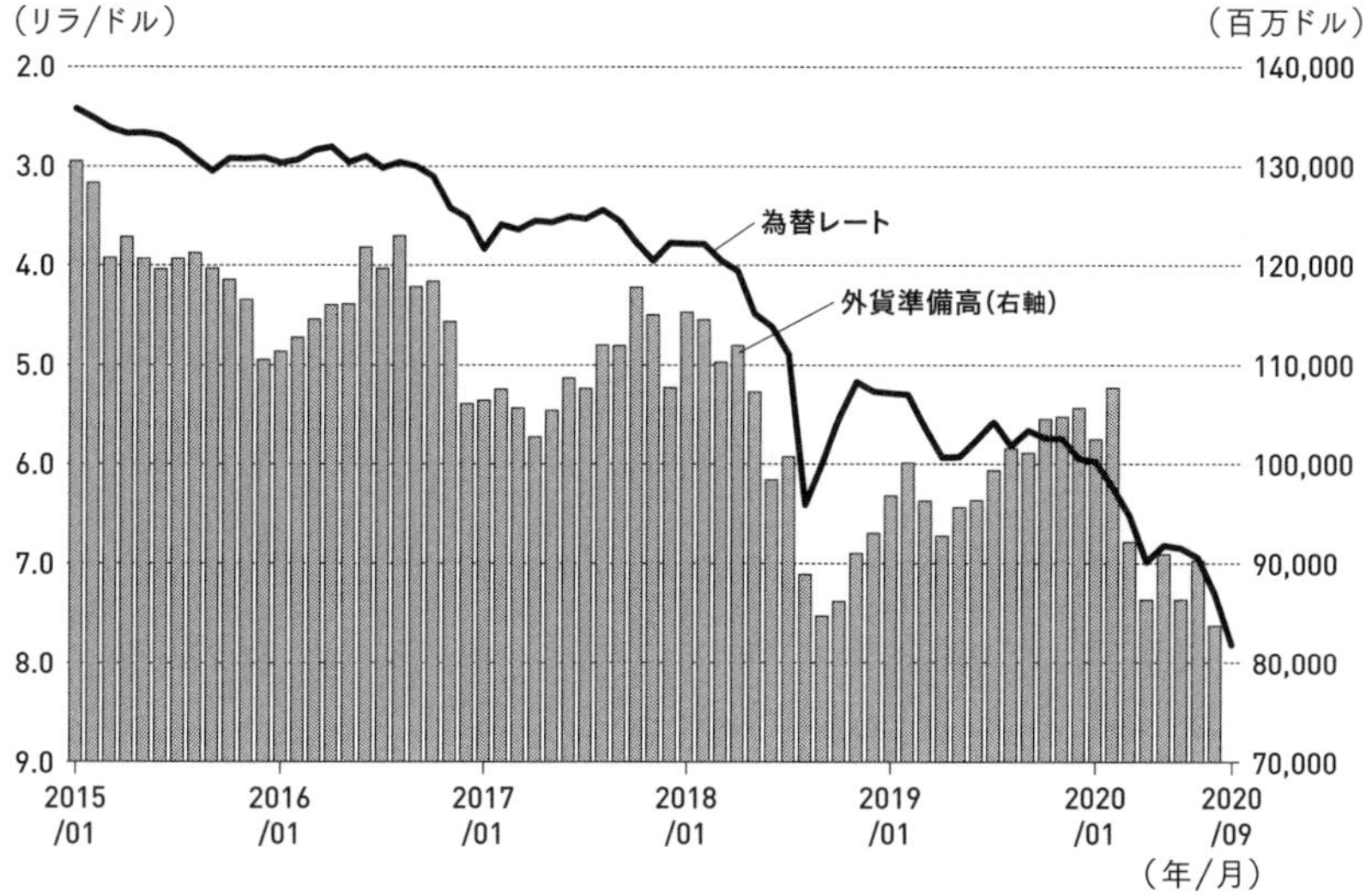

（出所）トルコ中央銀行より大和総研作成

２０２０年４月以降、コロナ危機に対する国際金融市場の動揺が落ち着き、安定的な推移を見せた新興国通貨も多い中、トルコリラは８月以降、再び下落圧力にさらされた。トルコ中銀は、リラ安に歯止めをかけるべく為替介入を繰り返したが、その効果は限定的だった。外貨準備は大きく減少し、市場では、トルコが「国際収支危機」に陥るのではないかとの危機感が高まった（図表４－11）。

トルコからの資本流出・通貨安のきっかけとなっているのは、高いインフレ率と経常赤字、そしてそれに対する政策の機能不全である。その点で、トルコ固有のリスク自体は２０１９年から特に変化していない。しかし、「新型コロナウイルス」という収束までの予測が困難な感染症によるリスクが高まる中、外部環境変化への耐性が低く、さらにそれに対する政策対応機能が麻痺しているトルコが標的となったのである。また、権威主義的な色合いを強めたエルドアン大統領が強気な外交姿勢で地政学的リスクを高めたことも追い打ちをかけた。そのような状況下で、中銀の介入による通貨防衛は外貨準備高を急減させ、リラ売りの投機を活発化させた。今後、トルコがたどる道はどのようなものなのだろうか。

・不安定な債務構造

トルコの貯蓄投資バランスを見ると、貯蓄が投資を下回る貯蓄不足である。そのため、海外からの投資を必要とする経常収支赤字国である。対外純資産統計によると、対外負債残高の約50％を「その他投資」が占めている。この大半が、トルコの金融機関や民間企業への海外からの貸付である。トルコは、ここ数年、国営銀行を中心に、海外からのファイナンスを原資とした与信の拡大を通して経済成長を促してきた。市場でリスク回避の動きが強まった際に、この構造が問題となる理由は2点ある。

まず、「その他投資」の流動性の高さである。例えば、トルコ危機（注3）といわれた2018年第3四半期には、GDP比約9％もの「その他投資」が流出超となった。今後も、リスク回避の動きが強まると、「その他投資」が大規模に流出する可能性がある。そして2点目は、これら貸付の大半が、外貨建てで占められている点である。対外債務残高を通貨ごとの内訳で見ると、約6割がドル建て（外貨建ては全体の約95％）である。これは、トルコリラの対ドルでの下落が、海外から資金調達をしている国内銀行・企業のバランスシートに影響を及ぼす可能性が高いことを意味している。トルコ国内銀行の不良債権比率は4・1％（2020年9月）で、その水準は危機的な状況ではないが、景気悪化に伴い、今後一段と上昇する可能性もあるため、注視する必要がある。

・政治リスクが悪化させる、通貨下落とインフレ率上昇のスパイラル

恒常的な経営収支赤字体質である中、トルコは通貨安とインフレ率上昇のスパイラルに悩まされてきた。トルコの消費者物価は、2017年以降10％を超えて上昇し、2020年に入ってもそれが続いている。通貨安による輸入物価上昇のほか、国内の緩和的な金融環境が期待インフレ率を上昇させている点が背景にある。トルコはインフレ目標制度を導入し、2020年はその基準を前年比5％（＋－2％）としているが、実際はそれを大きく上回る物価上昇が続いている。

物価のコントロールがうまく機能していない最大の理由は、エルドアン大統領による金融政策への圧力がある。大統領は、中銀に対し再三の利下げ圧力をかけ、金融政策機能を麻痺させた。それがリラ売りに拍車をかけ、輸入物価の上昇を通じた物価上昇の圧力とそれによる通貨安というスパイラルに陥った。リラの信認低下は、個人による「非公式のドル化」という形となっても表れている。「非公式のドル化」は、政府が米ドルを自国の公式な通貨と認めていないにもかかわらず、家計や企業が貯蓄や投資にドルを利用する状態をいう。トルコ国内では、個人のドル預

（注3）　トルコで拘束されていた米国人牧師の釈放を巡り、米国がトルコに報復措置を発動したことをきっかけに、トルコリラが対ドルで下落した。

金が急増している。

この通貨下落とインフレ率上昇のスパイラルを断ち切るには、利上げが最も効果的と考えられる。実際、2020年9月24日の金融政策決定会合で、市場の予想に反して2%ポイントの利上げを発表した際は、リラ安に一時歯止めがかかった。しかし、コロナ禍からの景気回復への配慮と、大統領からの圧力を背景に、中銀は継続的な利上げに動けずにいる。2020年10月の金融政策決定会合では、市場の利上げ予想に反して、金利の据え置きが決定し、市場に失望が広がった。

・トルコ経済の回復は遅い

2021年のトルコ経済がたどる道はどのようなものか。2000年代に、高インフレ・自国通貨ドンの急落といった事態に直面したベトナムと比較したい。当時のベトナムでは、自国通貨の信認の低下で、ドルのタンス預金と金の保有が進んだ。中銀に当たるベトナム国家銀行は、通貨防衛のために為替市場への介入を頻繁に繰り返し、外貨準備高は2011年末に輸入額の1・5カ月分にまで落ち込んだ（同3カ月分以下となると危機的な水準とされる）。さらに、幾度となく通貨の切り下げを実施したが、管理フロート制を採用していることから、切り下げの実施が、市場にさらなる切り下げ期待を生じさせ、民間に外貨を抱え込ませる結果となってしまった。

この状況を打開したのが、政府によって打ち出された「マクロ経済安定化法」だ。これによって、政府は、あらゆる手段を使って高成長を促す政策から、緊縮財政・金融引き締めを行い、成長スピードを落としながらも、物価のコントロールや金融セクターの健全性を確保する「安定性」を重視した政策に舵を切った。これが通貨の安定に寄与したのである。

翻ってトルコの置かれている状況に鑑みると、コロナ禍により緊縮財政・継続的な金融引き締めには動きづらい。さらに、エルドアン大統領は、建国100周年を迎える2023年の次期大統領選挙まで、これまでの権威主義的な政策を緩める方向には動かない可能性が高い。コロナ禍と政治の両者が重石となることで、資本流出・通貨下落に歯止めをかけることが困難な状況に追い込まれている。海外からの資本流入が見込めなければ、残る道は為替レートの急落と内需の減退で経常収支を均衡させることになる。それは、他の新興国と比較して、トルコの景気回復が大幅に遅れることを意味するが、その可能性は小さくないだろう。

② インド——コロナ禍以前から抱える構造的課題への着手が不可欠

IMFによると、新興国アジア経済は他の地域と比較して、2020年の落ち込みが小さく、2021年の回復も早くなりそうだ。爆発的な感染拡大を阻止できた国々が多かったことや、中国経済の早期回復で輸出の持ち直しが比較的早かった点が背景にある。しかし、その中でも、特に目を引く経済の落ち込みとなりそうなのが、インドである。IMFによると、4月時点における2020年の経済成長率予測は▲4・5％であったが、10月には▲10・3％にまで下方修正された。インド政府は、長期にわたる厳格なロックダウンを実施したにもかかわらず、爆発的な感染拡大を阻止できず、2020年9月末の感染者総数は、米国に次ぐ世界2位となった。

インド経済の2018年までの年平均成長率は＋7・4％と高成長を遂げていた。しかし、コロナ前の2019年には、前年比＋4・9％と経済が既に減速していた。背景の一つには、近年、貸出を増加させてきたノンバンクにおいてデフォルト問題が生じ、信用不安が広がった点が挙げられる。コロナ以前からインド経済が抱えていた脆弱性にコロナ禍が追い打ちをかけることで、インド経済は大減速した。

2020年のインド経済に、コロナ禍が及ぼした影響を見ていきたい。まず、インドの2020年4－6月期の実質GDP成長率は、前年比▲23・9％と大きく落ち込んだが、特に民間消費の落ち込みは大きかった（同▲26・7％）。消費者心理を冷やした最大の原因は、長引いたロックダウンの影響である。インドでは、2020年3月25日にロックダウンが実施されて以降、延長が繰り返され、ようやく行動制限の緩和が始まったのは2020年6月になってからだった。長期化した行動制限は消費者心理を冷やし、2020年9月時点でも消費者信頼感指数は下げ止まりの様子を見せていない。また、それに対する政府の経済対策も後手に回った。インドでは、最初の経済対策が出されたのが、ロックダウンが開始したあとだった。5月にさらに規模の大きい経済対策第二弾が発表されたが、財政余地が限定されていることから、実質的な支援規模は比較的小さく、その内容も流動性支援が大半を占めていた。これに対し、直接的な現金給付など社会的弱者に対する支援が不十分との指摘もある。（注4）このように、経済パッケージ発出のタイミングの遅れと、その消極的な内容が消費の落ち込みに大きく影響したと考えられる。

2020年の景気大失速の背景にある2点目は、インドの経済構造が挙げられる。インドは、産業別付加価値のうち約54%(2019年)をサービスセクター(金融・不動産・小売・ホテル・レストランなど)が占めている。世界的に見て、コロナ禍による経済への影響は特にサービスセクターで大きく、インドもその例外ではなかった。ここ数年、モディ政権は「Make in India」を提唱し、労働集約的な製造業の振興を進めてきた。農村の余剰労働力を活用することが目的である。しかし、その政策は道半ばで、農村居住者は依然として全人口の65%と高く、世界的に競争力のある労働集約的産業の確立、製造業による農村労働力の吸収には至っていない。そのような中、経済の主翼であるサービスセクターに大きな打撃を受けたことがインドにとって痛手となった。

2021年の成長率は、2020年の反動で大きく回復するとみられる。ただし、中長期的に高成長を遂げるには、コロナ禍以前からインドが抱えていた、金融システムの安定化などの構造的な課題に対応することが不可欠となるだろう。また、コロナ禍で影響の大きかった労働市場の支援策として、公共事業を実施することによる雇用創出などの政策が期待される。

(注4) 湊一樹『世界最大のロックダウン』はなぜ失敗したのか:コロナ禍と経済危機の二重苦に陥るインド」、日本貿易振興機構アジア経済研究所、2020年7月。

おわりに

コロナ禍は、以前から一部の国が有していた脆弱性をさらに際立たせ、各国政府に早急の対応を迫っている。例えば、インフォーマルセクター従事者など、セーフティーネットから漏れる社会的弱者の支援や雇用創出は、大半の新興国にとって共通する課題である。コロナ禍をきっかけに、反政府デモの動きが増えるなど、社会不安が市場の動揺を誘う事態は避けたい。そのためには、財政出動の終了・財政健全化への動きは、慎重に行われるべきだ。

財政余地が限られる新興国にとって、今後資金調達のバッファーとして機能するのは、国際的な支援の枠組みである。その一つは、IMFの緊急融資制度(RFI=Rapid Financing Instrument)である。内戦や天災といった緊急事態下で、市場での資金調達が困難な場合、通常の支援の際に必要とされるような経済改善プログラムなしで支援要請をすることができる。コンディショナリティー(融資の前提となる経済再建の要件)が課されないという点で、比較的敷居が低く、10月19日時点で100カ国以上の申請があり、76カ国が承認されている。同制度は引き続き、資金調達が困難となる国にとって有効なツールになるだろう。また、別の支援の形として、既存債務の借り換えが困難となる場合に適用される、債務支払い猶予のための国際的な枠組みがある。G20とパリクラブ(主要債権国会議)は、2020年4月に、最貧国の有する公的債務の支払いを一時的に猶予する「債務支払い猶予イニシアチブ(Debt Service Suspension Initiative)」の実施で合意した。これにより、債務国が要請を行えば、２０２０年５月１日から２０２０年末（２０２０年10月に２０２１年６月までの延長が決定）までの期間に支払期限が到来する元本および利子が猶予される。コロナ禍では、今まで以上に、このような枠組みが重要となっており、２０２１年も引き続きその役割が期待されるだろう。

第5章

SDGs

「行動の10年」が始まった

01

なぜSDGsに対応しなければならないのか

SDGsとは何か

SDGsは2015年に国連総会で採択された、2030年までに世界全体で持続可能な社会の実現を目指すための国際目標である（図表5－1）。目標は17種類にわたり、貧困（目標1）や飢餓の撲滅（目標2）など社会・開発関係から、経済成長（目標8）や産業（目標9）等の経済関係、気候変動（目標13）などの環境関係など、持続可能性を構成する3本柱と呼ばれる「社会」「経済」「環境」が統合された目標となっている。さらに、ガバナンス（目標16）やパートナーシップ（目標17）といったSDGs達成のための手段も目標に含まれている。

SDGsは17目標の下に、目標を細分化した169のターゲットがあり、さらにその下の244（重複を除くと232）指標によって目標の進捗が把握できる仕組みとなっている。例えば、目標1「貧困をなくそう」の下には、貧困が撲滅された状態を定義した七つのターゲット（極度の貧困の撲滅や相対的貧困の半減など）、その下に定量的にターゲットの進捗を測るための指標（極度の貧困の撲滅については、国際的な貧困ラインを下回って生活している人口の割合）が設定されている。各

[図表5-1] SDGsの17の目標

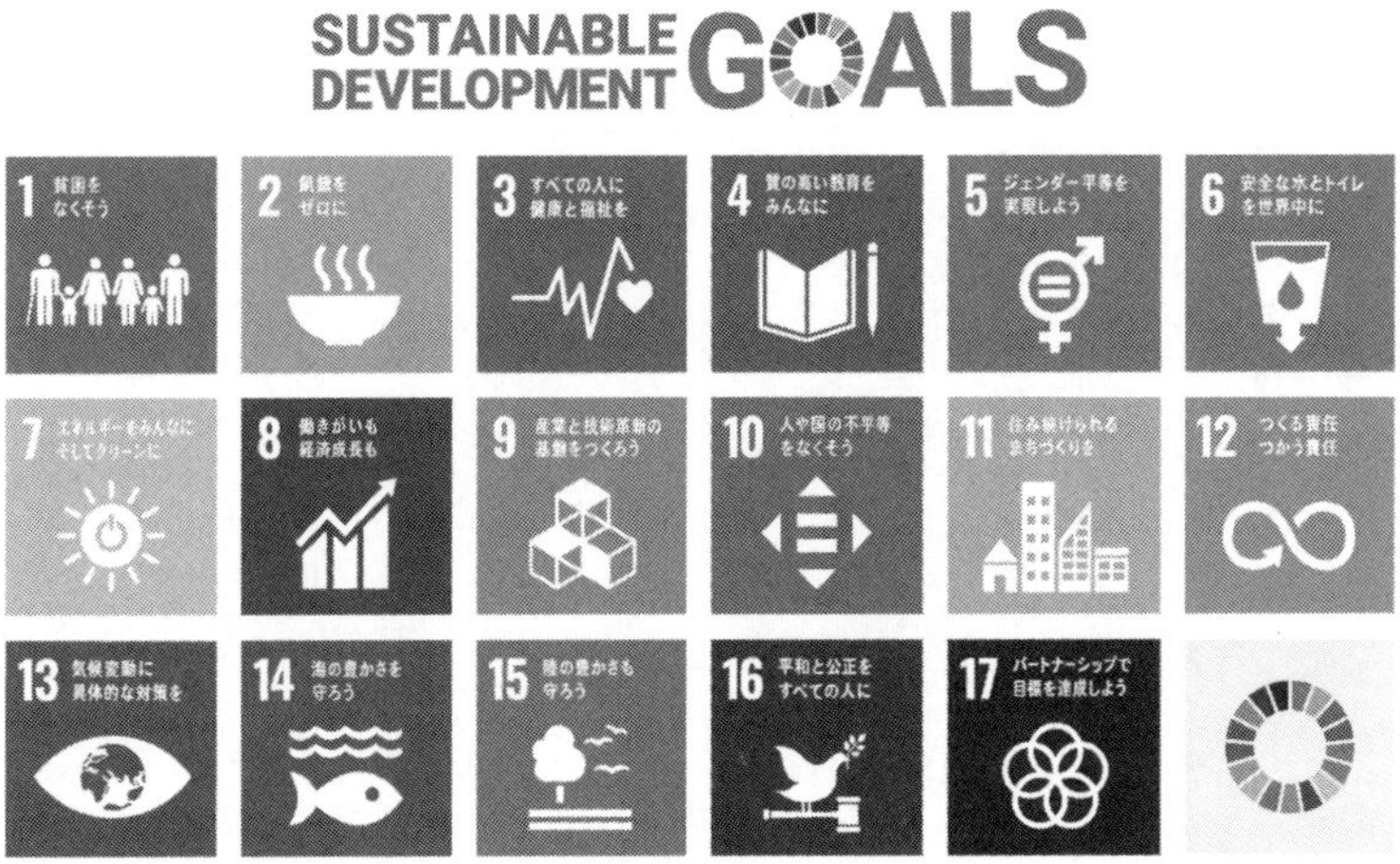

（出所）国連広報センター

国の状況によって、SDGsの各目標の優先順位やアプローチは多岐にわたるだろう。そのため指標で成果を測り、進捗を比較可能な仕組みとすることで、目標を共有しつつ、達成のための手段は各主体に委ねる仕組み（目標ベースのガバナンス）が採用された。

日本でもSDGsの達成に向けた取り組みは進んでおり、本章では第2節で政府と地方公共団体、第3節で企業の取り組みに着目した。ほかにも、市民社会や労働組合、教育機関など様々な主体が取り組みを進めている。

SDGsは各主体の目標達成に向けた行動の実効性を高めていくための仕組みを備えている。中でも特徴的な仕組みは、「2030年のあるべき姿を設定し、バックキャスティングで検討する仕組み」「17目標の視点から持続可能性を確認する仕組み」「世界共通のコミュニケーションツールとしての仕組み」

の3点だ。順に見ていこう。

一つ目は、「2030年のあるべき姿を設定し、バックキャスティングで検討する仕組み」。SDGsは2030年のありたい社会の姿を提示している。しかし、現状ベースの積み上げで検討する「フォアキャスティング型」のアプローチでは、2030年までにSDGsのすべての目標を達成することは不可能だと考えられる。そこで、将来のあるべき姿から逆算していつまでに何をするべきかを検討する「バックキャスティング型」のアプローチが提案されている。

二つ目は、「17目標の視点から持続可能性を確認する仕組み」。SDGsは環境・社会・経済の3側面を統合した目標であり、17目標はいずれも持続可能な発展のためには必要不可欠である。例えば、SDGsには「誰一人取り残さない」という理念があり、すべての目標を達成しなければ、社会の中で取り残される人が出てしまう懸念がある。そのため、政策立案・実行において、17目標の要素がすべて考慮されているか、見落としている視点はないかなど、17目標をチェックリストとして活用することが有効だ。さらに、目標やターゲット間にはシナジー(相乗効果)やトレードオフ(何かを得ると別の何かを失う関係)がある。活用の際は、単に一つひとつの項目をチェックするのではなく、インターリンケージ(課題間の相互関係)も意識しながら見ることで、政策や活動のより詳細な持続可能性分析が可能となるだろう。

三つ目は「世界共通のコミュニケーションツールとしての仕組み」。SDGsはそれを通じて世界各国とコミュニケーションが取れるようにデザインされている。SDGsにはどの国にとっても重要な社会問題が含まれており、世界中で共有された価値観である。さらに、一目で目標を把握できるＳＤＧｓのアイコン（図表５－１）は世界共通のため、(注1) 国際的な「共通言語」として活用できる。ＳＤＧｓの目標ごとのデータベースやプラットフォーム、交流の機会が整備され、国を越えて同じ課題を持つ人・団体とパートナーシップを結ぶことが可能だ。また、国や地方公共団体、民間企業や市民社会など、様々な主体がＳＤＧｓに取り組んでいるため、同じ課題を持つ主体同士がセクターの枠を越えたパートナーシップを結ぶことで、目標達成に向けた進捗を加速させることも考えられる。

ＳＤＧｓ達成に向けて行動を加速するための「行動の10年」

２０１９年までを振り返ると、ＳＤＧｓは一定程度広まったと評価できるだろう。先進国・開発途上国ともに、ＳＤＧｓ達成に向けた取り組みを表明した国は多く、ＳＤＧｓの進捗確認を行う国連会議「持続可能な開発に関するハイレベル政治フォーラム」では、２０１９年までに１２９カ国が自国の取り組み状況のレビュー（自発的国家レビュー）を発表した。さらにＳＤＧｓの認知度も上がっており、日本では今や、国民の約４人に１人がＳＤＧｓを認知している。(注2)

しかし、ＳＤＧｓを知っている層や関心がある層は増えた一方で、それがＳＤＧｓを達成する

（注１）　ターゲットのアイコンも存在する。
（注２）　持続可能な開発目標（ＳＤＧｓ）推進本部「ＳＤＧｓ実施指針改定版」（２０１９年12月）

ための取り組みに結びついていないという課題もある。国連副事務総長は2019年12月に行ったスピーチの中で、SDGsは前任のミレニアム開発目標（MDGs）(注3)よりも広く認識されている一方、若者ですらSDGsと自分たちの関心事項との間につながりを感じていないと指摘した。(注4)2019年までの4年間は、SDGsという新しい社会課題への取り組み方を全世界で試行錯誤した期間であり、世界中の人のSDGsの認知度向上が優先課題だった。ただし今後、2030年までにSDGs達成に向けた取り組みを加速させるためには、SDGsに対する行動を一段とステップアップしなければならない。また、SDGsの達成に向けて必要な資金が世界的に足りておらず、2019年末に国連事務総長は「持続可能な開発に向けた歩みは、達成への軌道から外れている(注5)」とコメントを出した。

そこで、2019年の国連会議にて、国連加盟国は2030年のSDGs達成に向けて行動を加速させるために、2020年からの10年を「行動の10年」とし、この間にSDGsの実施主体がSDGsを実行するペースやスケールを拡大することを決定した。そして、各国政府は期間中の資金の拡大や、SDGsの達成に向けた制度の強化を行う方針を表明した。

コロナ禍はSDGsの達成を困難にしたが、SDGsは景気回復に役立つ

「行動の10年」が始まった2020年、新型コロナウイルス感染症が世界的に拡大した。世界の教育、健康、生活水準を総合した尺度である人間開発指数は、測定を開始した1990年以来初

めて、前年を下回る可能性があると予測されている。[注6]

現在の社会・経済システムが持続可能でないことは、コロナ禍前から指摘されていた。これらの持続可能性の確保を目指すＳＤＧｓの取り組みは、「持続可能な開発目標（ＳＤＧｓ）報告２０２０」[注7]で示された通り、コロナ禍により進捗が後退したとみられる。例えば、目標１（貧困）に含まれる「極度の貧困の撲滅」[注8]に関して、２０１０年以降低下傾向にあった極度の貧困層の割

（注3）２００１年から２０１５年にかけて実施された開発分野における国際目標。開発分野の目標であるＭＤＧｓの対象国は開発途上国に限定されたが、持続可能性を追求するＳＤＧｓはすべての国を対象としている。

（注4）国連広報センター（２０１９年12月27日）「『行動の10年』に関する加盟国への非公式ブリーフィングにおける アミーナ・Ｊ・モハメッド副事務総長の開会の辞（ニューヨーク、２０１９年12月19日）」(URL:https://www.unic.or.jp/news_press/messages_speeches/36112/)（２０２０年９月25日閲覧）。

（注5）国連広報センター（２０１９年11月14日）「寄稿『持続可能な開発に向けた歩みは、達成への軌道から外れている』アントニオ・グテーレス国連事務総長」(URL:https://www.unic.or.jp/news_press/messages_speeches/sg/35526/)（２０２０年９月24日閲覧）。

（注6）United Nations Development Programme [2020]: "COVID-19 and Human Development: Assessing the Crisis, Envisioning the Recovery".

（注7）United Nations[2020]: "The Sustainable Development Goals Report".（タイトル和訳は国連広報センターによる）。

（注8）１日１・９ドル未満で生活する人々。

[図表5-2] 人間開発指数

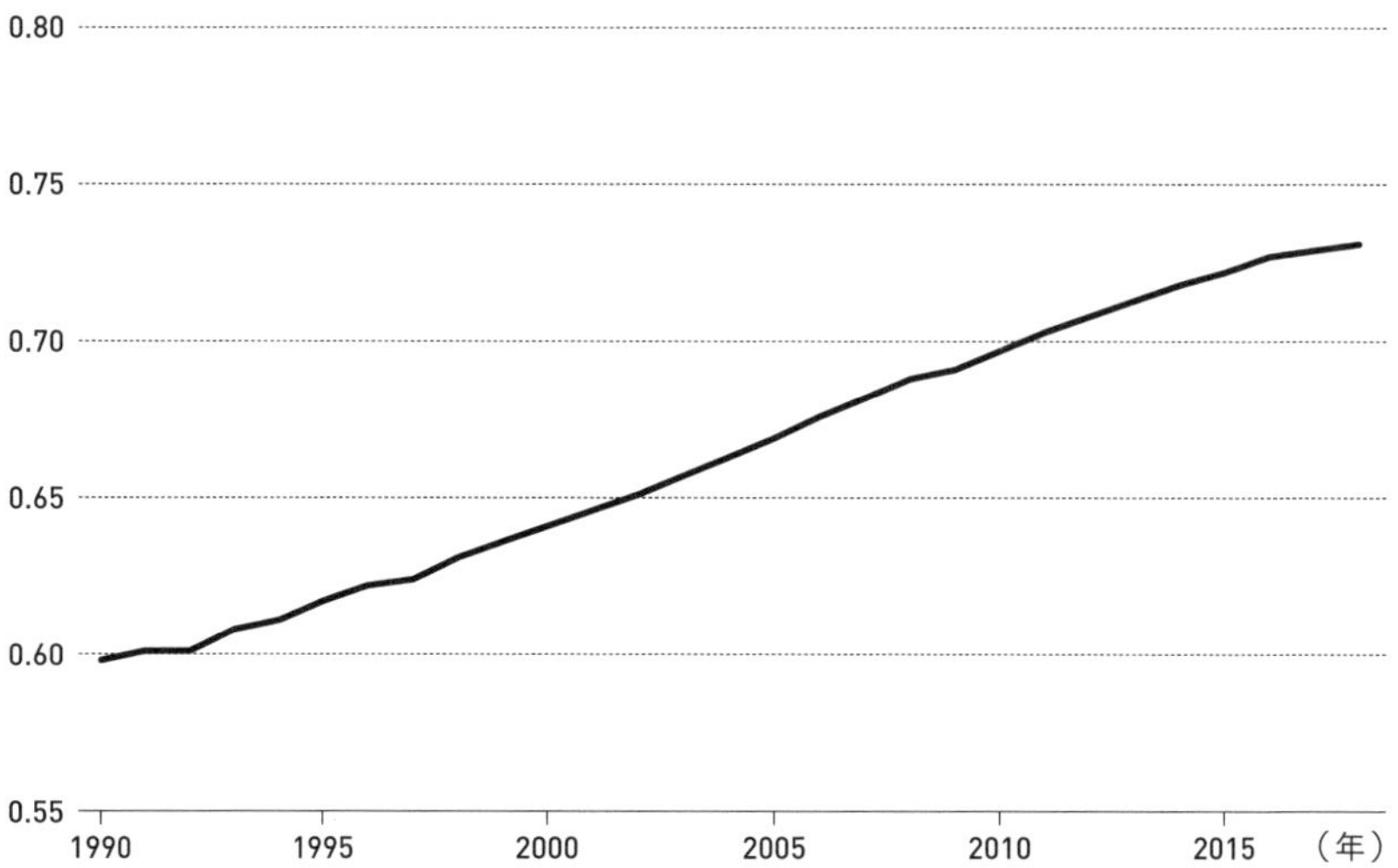

(注)最新値は2018年。指数は0から1の間のスケールであり、1に近いほど豊かな社会とされる。
(出所)United Nations Development Programmeより大和総研作成

合は、2020年にこの10年で初めて上昇に転じると見込まれている。コロナ禍と密接に関わる目標3(健康と福祉)では、医療の混乱によりおよそ70カ国で子どもの予防接種プログラムが中断するなど、数十年間の健康に関する進歩が逆戻りすることが懸念されている。目標4(教育)に関しては、世界全体で9割の児童・学生が学校閉鎖の影響を受けた。リモート学習システムが導入されたものの、貧困地域などの脆弱な立場に置かれた人々は学習にアクセスできず、教育機会の格差が生じた。目標8(経済)では、2020年4−6月期を中心に世界大恐慌以来の大幅な景気悪化を経験し、4億人相当の雇用が失われたと推計されている。環境に関する目標13(気候変動)では、工場などの経済活動がほぼ停止したため温室効果ガスの排出量が減少し大気汚染も改善したが、短期的な現象とみられている。

このようにＳＤＧｓで掲げられている様々な社会課題はコロナ禍で顕在化・深刻化しており、ＳＤＧｓを主流化した(注9)行動の必要性が高まっている。ＳＤＧｓを「知る」ことで一歩踏み出し、「行動」につなげることで、持続可能な社会を実現する取り組みを加速させなければならない。

日本でもＳＤＧｓ達成に向けた進捗は遅れている。政府内のＳＤＧｓ推進本部によって設置されたＳＤＧｓ推進円卓会議のメンバーによる提言(注10)では、「コロナ禍は特に、脆弱な状況にある人々に打撃を与え、社会・経済のひずみや貧困・格差の存在をさらけ出している」とされ、家庭における家事や育児、介護などのケア労働の女性への集中や教育格差の拡大、非正規雇用者を中心とした失業による生活困窮など、ＳＤＧｓにつながる多くの課題が生じたと指摘した。

世界も日本もコロナ禍によりＳＤＧｓの進捗は後退したが、コロナ禍からの回復においてはＳＤＧｓの要素を最大限反映していくことが望ましい。今後の経済回復は、コロナ禍以前の社会に戻るのではなく、環境問題や社会課題の解決と経済成長を両立させた「より良い復興（Build Back Better）」あるべきだ。それを実現した社会こそが、２０３０年のあるべき姿を示したＳＤＧｓの目指す姿だろう。ＯＥＣＤによると、加盟30カ国とその他の主要国（ブラジル、中国、

（注9）行動にＳＤＧｓの要素を最大限反映すること。

（注10）ＳＤＧｓ推進円卓会議構成員（２０２０年7月30日）「ＳＤＧｓでコロナ危機を克服し、持続可能な社会つくるためのＳＤＧｓ推進円卓会議構成員による提言」。

インド、インドネシア、南アフリカ）が、コロナ禍からの回復戦略において環境に配慮した経済への転換を後押しする措置を組み込んでいる。（注11）

さらに、ＳＤＧｓへの取り組みは、次の感染症の予防にもつながる。例を挙げると、先述の「持続可能な開発目標（ＳＤＧｓ）報告２０２０」では、野生生物の違法取引が生態系を混乱させ、感染症の蔓延を助長することが指摘されており、目標15（陸域生態系）に取り組むことは、将来の人獣共通感染症（動物から人へ、人から動物へ伝播可能な感染症。新型コロナウイルス感染症もその一つとされている）の予防につながり得る。また、手洗いは最も簡単で効果的な感染症対策の一つだが、２０１７年時点では、30億人の家庭で水と石鹸を使った手洗い設備が不足している。さらに、基本的な手洗いのための設備のある小学校は世界の65％にすぎないとみられる。そのため、目標6（水と衛生）分野では、特に途上国や脆弱な地域における衛生設備の導入に取り組むことが必要不可欠だろう。

02 日本政府のＳＤＧｓへの取り組み

前節ではＳＤＧｓの必要性について論じたが、本節と次節では日本国内のＳＤＧｓの取り組みを主体別に紹介する。まず本節では、政府の取り組みを中心にＳＤＧｓの方針や進捗状況について具体的に示す。さらに地方公共団体のＳＤＧｓへの取り組みを概観し、地方創生とＳＤＧｓの関係を整理する。

政府は八つの優先課題を策定

政府はＳＤＧｓに係る施策の実施のために、内閣総理大臣を本部長とし、全国務大臣をメンバーとする持続可能な開発目標（ＳＤＧｓ）推進本部を２０１６年に設置し、ＳＤＧｓを達成するための中長期的な国家戦略となる「持続可能な開発目標（ＳＤＧｓ）実施指針」を策定した。２０１９年12月に改定された同実施方針には、２０３０年に向けたビジョンと日本の「ＳＤＧｓモデル」および、その達成に向けた取り組みの柱となる優先課題が示された。

日本の「ＳＤＧｓモデル」は「ビジネスとイノベーション～ＳＤＧｓと連動する『Society5.0』(注12)の推進」「ＳＤＧｓを原動力とした地方創生」「ＳＤＧｓの担い手として次世代・女性のエンパワーメント」を3本柱とし、その実現のために、ＳＤＧｓのゴールとターゲットを日本の文脈に即して再構成した八つの優先課題がある（図表5－3）。さらに、その下にアクションプランがあり、

（注11）OECD (2020/10/6):"OECD Policy Responses to Coronavirus (COVID-19) Making The Green Recovery Work for Jobs, Income and Growth".

（注12）革新技術を最大限活用し、人々の暮らしや社会全体を最適化した未来社会。

［図表5-3］日本の八つの優先課題

優先課題	関連する目標
①あらゆる人々が活躍する社会・ジェンダー平等の実現	1,4,5,8,10,12
②健康・長寿の達成	2,3
③成長市場の創出，地域活性化，科学技術イノベーション	2,8,9,11
④持続可能で強靱な国土と質の高いインフラの整備	2,6,9,11
⑤省・再生可能エネルギー，防災・気候変動対策，循環型社会	7,12,13
⑥生物多様性，森林，海洋等の環境の保全	2,3,14,15
⑦平和と安全・安心社会の実現	5,16
⑧SDGs実施推進の体制と手段	17

（出所）首相官邸資料より大和総研作成

この八つの優先課題それぞれについて、政府が行う具体的な施策やその予算額が整理されている。

改定版に明記されたステークホルダーの役割

SDGs実施指針の初版（2016年）と改定版（2019年）の違いから、3年間で日本にSDGsがどのように広がったのかを概観してみよう。

改定版の注目すべきポイントの一つは、ステークホルダーの役割が明記されたことだろう。初版では、「ステークホルダーとの連携」というタイトルのもと、政府がステークホルダーそれぞれに対して行うべき内容、すなわち政府目線での連携について主に記載されていた。一方、改定版では「ステークホルダーの役割」と題し、主体別に期待される取り組みが設定された。さらに、記載されたステークホルダーの数が増えており、初版の6セクター（NPO・NGO、民間企業、消費者、地方自治体、科学者コミュニティ、労働組合）から、改定版ではファイナンス、新しい公共(注13)、次世代、教育機関、議会が追加されて11セクターとなった。[注14]改定版のステークホルダーの役割の一例を挙げると、ビジネスセクターにはＳＤＧｓの経営への統合、ジェンダー平等や女性のエンパワーメントのための公正な労働市場の促進、中小企業のＳＤＧｓへの取り組みの後押し、人権、責任あるサプライチェーンなどの持続可能な生産と消費などが求められている。

言及されたステークホルダーの数が増えた理由は、ＳＤＧｓ実施指針の初版策定から3年が経過し、日本のＳＤＧｓ達成に向けてあらためて重要だと認識された主体が新たに出てきたためとみられる。さらに、ＳＤＧｓに取り組む主体が増える中で、各々の主体が目指す指針を明記し共有する必要性をステークホルダー自身が感じていたと考えられる。日本政府も取り組みを表明している「行動の10年」においては、ＳＤＧｓ実施指針をもとに、様々なステークホルダーが参画しながら２０３０年のＳＤＧｓ達成に向けて行動を加速することが求められる。

日本のＳＤＧｓの達成度は世界17位

日本のＳＤＧｓの進捗率は、現在どの程度なのだろうか。ドイツのベルテルスマン財団と世界

(注13) 協同組合をはじめとする、地域の住民が共助の精神で参加する公共的な活動を担う民間主体。
(注14) ＮＰＯ・ＮＧＯは市民社会に、民間企業はビジネスに、科学者コミュニティは研究機関にそれぞれ変更された。

的なネットワークである持続可能な開発ソリューションネットワークは、比較可能な数値を用いて各国のＳＤＧｓ達成度を毎年公表している。[注15] ２０２０年６月に公表された最新版を見ると、日本は世界１６６カ国中17位で、目標達成度は79・２％という評価だった。ちなみに1位はスウェーデン（84・7％）、2位はデンマーク（84・6％）、3位はフィンランド（83・8％）と北欧諸国が上位を独占し、15位まではすべてヨーロッパ諸国だ。

日本の達成度を目標別に見ると、目標４（教育）や目標１（貧困）などはほぼ達成済みで、目標７（エネルギー）、目標９（産業）、目標16（ガバナンス）の進捗も順調だ。一方、芳しくないのは目標14（海洋）や目標５（ジェンダー）などであり、上位国と比較したとき、特に目標５（ジェンダー）の達成が遅れている。世界経済フォーラムが２０１９年末に発表したジェンダーギャップ指数[注16]では、日本は１５３カ国中１２１位で、Ｇ７の中では最下位だったことが話題となった。国会議員や企業の経営層などで女性割合が低いことが大きな要因だ。企業の役員に占める女性割合の少なさは経済界でも問題視されており、ＴＯＰＩＸ１００の取締役会に占める女性割合を２０３０年に30％まで引き上げることを目標に掲げる「30% Club Japan」が、２０１９年5月に発足した。２０２０年7月末の時点で、女性役員の登用は前年から増えているが、割合で見ると12・9％にとどまる。[注17] 一見、ＳＤＧｓの達成に向けて良い成績である日本だが、達成率をさらに上げ、世界の上位を目指すには大きなチャレンジが必要だ。

地方創生にも寄与するＳＤＧｓ

中央政府だけではなく、地方創生の担い手である地方公共団体でもＳＤＧｓ達成への取り組みが広がっている。ＳＤＧｓの目標11はまちづくりをテーマとしており、地方公共団体に密接に関わる課題だ。地方公共団体は市民の生活に密着した行政組織であるため、ほかの16目標についても実効性の高い政策を打ち出す役割が期待されている。先述のように、地方創生は日本政府の「ＳＤＧｓアクションプラン」の３本柱の一つに位置づけられている。さらに、地方創生を推進するための第２期「まち・ひと・しごと創生総合戦略」にもＳＤＧｓは含まれており、「地方創生ＳＤＧｓの実現などの持続可能なまちづくり」が掲げられた。具体策としては、ＳＤＧｓの達成に取り組む地方公共団体の増加や、地方創生ＳＤＧｓ金融の推進などが盛り込まれている。

地方公共団体がＳＤＧｓに取り組むことで、市民生活の質を上げ、さらに対外的な連携も生み

（注15） Sachs, J., Schmidt-Traub, G., Kroll, C., Lafortune, G., Fuller, G., Woelm, F. (2020) "The Sustainable Development Goals and COVID-19. Sustainable Development Report 2020" Cambridge University Press.

（注16） World Economic Forum (2019) "Global Gender Gap Report 2020".

（注17） 30% Club Japanのニュースリリース月「ＴＯＰＩＸ１００ 企業の女性役員割合12・９％（前年比＋２・４ポイント）30% Club Japan 加盟企業は21・３％と変化を牽引」（２０２０年９月17日）。

出し、地方創生につながることが期待される。既に複数の地方公共団体がSDGsへの取り組みを表明しており、その手法は様々だ。筆者は、地方公共団体それぞれの取り組みが、「包括的なまちづくりの実現」と「外部とのパートナーシップの構築」の2点に資するものになっているかが注目される。

1点目のSDGsの理念である「誰一人取り残さない」を実現する「包括的なまちづくり」については、地方公共団体は自分たちの政策をSDGsの17目標の視点から見ることで、今まで取り残されていたステークホルダーや課題を顕在化させる手助けとなるだろう。実際にこの考え方で政策を策定した地方公共団体もある。SDGs推進本部による第1回ジャパンSDGsアワードで内閣総理大臣賞（最高位）を受賞した北海道下川町は、総合計画の作成過程で、取り残した視点や市民がいないかを確認するというプロセスを踏んだ。

2点目の「外部とのパートナーシップの構築」については、世界共通の「ものさし」と呼ばれるSDGsを用いることで、世界と比べた際の地方公共団体の課題と強みを把握できることが役立つ。その強みを活かすことが、魅力的な独自のまちづくりにつながるだけでなく、同じSDGsの課題を抱える域外の企業や団体と連携しやすくなり、取り組みの強化や交流人口の増加も期待できるからだ。一部の地方公共団体では、国が国連に進捗を報告する自発的国家レビューの都市版「自発的ローカルレビュー」を作成し、国連で発表するなど、SDGsをコミュニケーションの手段として、世界に向けて強みや魅力の発信を通じたパートナーシップの拡大に取り組んでいる。

地方公共団体の取り組みを後押しする制度として、内閣府によるＳＤＧｓ未来都市および自治体ＳＤＧｓモデル事業がある。ＳＤＧｓ未来都市は、ＳＤＧｓの達成に向けた優れた取り組みを提案した地方公共団体であり、自治体ＳＤＧｓモデル事業には、その中からさらに先導的な取り組みを行う地方公共団体が選出される。２０１８年から２０２０年までの3年間で、ＳＤＧｓ未来都市には93都市、自治体ＳＤＧｓモデル事業には30都市が選出されている。

03 企業がＳＤＧｓに取り組む意義

近年、ＳＤＧｓへのコミットメントを表明する日本企業が増えている。ＳＤＧｓは国連総会で採択された国際目標のため、取り組みの主体は政府と思うかもしれないが、企業などにもＳＤＧｓに貢献する取り組みが求められている。企業の役割や存在が社会の中で大きいことはもちろん、企業の行動を求めているＳＤＧｓのターゲットもあるなど、ＳＤＧｓの達成には企業も大きく関連しているためだ。

企業・団体を対象に２０１９年に実施されたアンケート調査を見ると（図表5－4）、ＳＤＧｓが国連総会で採択された２０１５年に比べて、多くの企業でＳＤＧｓの認知度が高まっている。ＣＳＲ（企業の社会的責任）担当者は早くからＳＤＧｓを認識していたが、経営陣への定着率も

［図表5-4］ SDGsの認知度（複数回答）

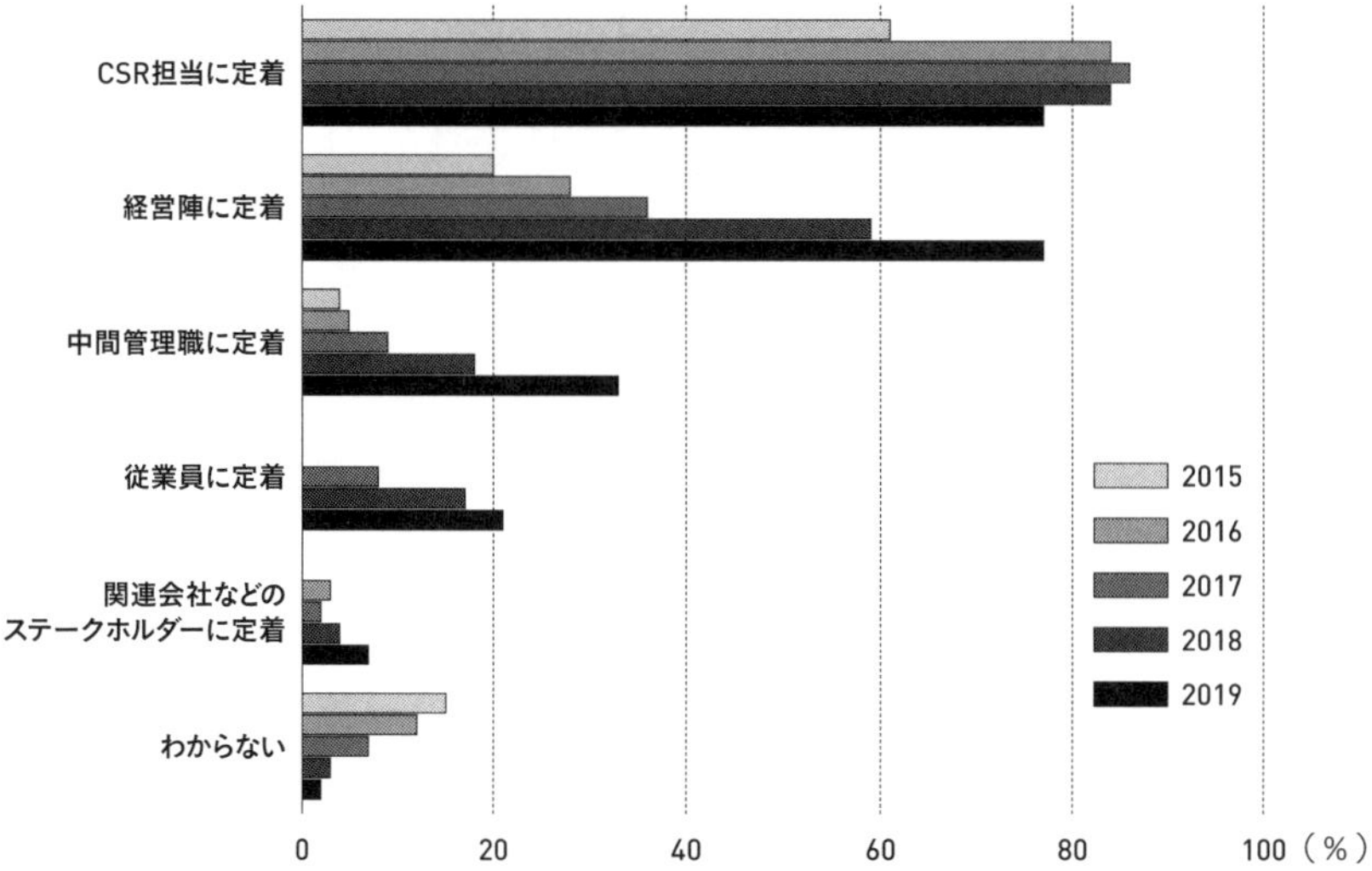

（注）「従業員に定着」は2017年以降、「関連会社などのステークホルダーに定着」は2016年以降。
（出所）グローバル・コンパクト・ネットワーク・ジャパン、地球環境戦略研究機関資料より大和総研作成

２０１５年の20％から２０１９年の77％へと大きく伸びている。従業員レベルでも、少しずつではあるが定着しつつあることが見て取れる。

ＳＤＧｓが企業に広がったきっかけは、後述するＥＳＧ（環境・社会・ガバナンス）投資の拡大に加え、経団連の企業行動憲章の変更である。企業行動憲章とは、会員企業・団体に対して日本経済団体連合会（経団連）がその精神を順守し、自主的に実践していくことを求める行動原則だ。２０１７年の５回目の改定では、Society 5.0の実現を通じたＳＤＧｓの達成が柱となった。企業行動憲章のサブタイトルが「持続可能な社会の実現のために」に変更されたほか、第１条に「イノベーションを通じて社会に有用な安全な商品・サービスを開発、提供し、持続可能な経済成長と社会的課題の解決を図る」が新たに追加される

など、ＳＤＧｓを踏まえた内容となっている。改定時点の経団連の加盟企業は約１３５０社あり、加盟企業やその子会社、さらにそれらの取引先まで含めると、経団連の企業行動憲章の変更が日本企業全体に与えるインパクトは大きかったと考えられる。

企業がＳＤＧｓに取り組む四つのメリット

企業がＳＤＧｓに取り組むメリットとして、①リスクと事業機会の発見、②イノベーションの創出、③企業価値の可視化、④人材の確保、の４点が挙げられる。以下で詳しくみていこう。

メリット①　リスクと事業機会の発見

企業はＳＤＧｓの観点から事業を評価することで様々なリスクを洗い出し、対処することが可能だろう。その際、自社だけでなく国内外の取引先企業を含めたサプライチェーン全体で検討することが重要だ。例えば、気候変動（目標13）によって、原材料の生産地が影響を受ける（目標２）と、供給制限による「操業リスク」が発生する。さらに、仕入価格の上昇が利益を圧迫する「財務リスク」にもつながる。また、気候変動によって途上国の小規模農家などの収入が減少した場合（目標１）、学校へ通っていた子どもが児童労働に従事するかもしれない（目標４）。自社商品の製造委託先で児童労働が発覚した場合、その商品の不買運動などの「収益減少リスク」や、ブランド価値が低下する「評判リスク」が生じる。

他方、サプライチェーン上の課題を発見することで、解決のための新たな事業機会が生まれるかもしれない。例えば、国際的なイニシアチブであるビジネスと持続可能な開発委員会は、SDGsと事業機会が連動する領域として、「食料と農業」「都市」「エネルギーと原材料」「健康と福祉」の4分野について、「バリューチェーン上の食品廃棄物の削減」「手頃な価格の住宅提供」など60項目を挙げている。(注18)

メリット② イノベーションの創出

イノベーションは課題を解決しようとする取り組みから生まれることが多く、社会課題のリストであるSDGsは「イノベーションの種」と言われている。ここに着眼し、イノベーションの創発を企図した取り組みが多数行われている。UNDP(国連開発計画)はシティ・ファウンデーションと手を組み、SDGs達成に向けた若者によるソーシャルイノベーションと社会企業を支援するプログラム「Youth Co: Lab(ユース・コーラボ)」を2017年に開始した。2019年までに7120人以上の若手社会起業家が支援を受け、650近くの社会的事業の立ち上げや事業拡大支援が行われるなど、大きな成果を上げている。日本企業の中には、世界的なイノベーション関連イベントに人材を派遣し、人材育成や知見の収集を行うところもある。

メリット③　企業価値の可視化

三つ目のメリットは、ＳＤＧｓに取り組むことで、投資家や消費者を始めとする世界中のステークホルダーに企業価値を伝えることが容易になる点だ。日本では近江商人の「三方良し」（売り手良し、買い手良し、世間良し）など、古くからＳＤＧｓと親和性の高い経営哲学が広く浸透し、日本経済が発展していくうえで大きな役割を担ってきた。その経営理念のもとで展開される自社のビジネスは社会貢献につながるだろう。世界共通のＳＤＧｓアイコンで企業の社会貢献性を可視化することで、世界全体に企業価値を示すことができる。

こうした企業活動によって、他企業やＮＰＯ・ＮＧＯなどとのパートナーシップの拡大なども期待できる。現在、ＳＤＧｓを中心としたプラットフォームやデータベースが、各地で整備されている。このようなプラットフォームを通じて、異業種やこれまで関わりのなかったステークホルダーと、同じ課題認識（すなわちＳＤＧｓの目標・ターゲット）という共通項でつながることが可能となる。協働によって現在の事業を補完する活動や新たな事業の創出などが期待できるだろう。

（注18）　The Business and Sustainable Development Commission (2017) "Better Business, Better World".

メリット④　人材の確保

働き手の減少が進む中、特に中小企業では人材の確保が経営上の重要課題となっている。こうした中で企業がＳＤＧｓに取り組んでいれば、それを新卒採用などで自社の魅力を訴えるツールとして活用できる。内閣府が２０１９年に実施した調査によれば、若者の約7割は社会のために役立つことをしたいと考えている。(注19)また、内閣府による２０１８年の調査結果を見ると、若者の約1割は職業選択において仕事の社会的意義を重視しているという。(注20)そのため企業がＳＤＧｓにつながる社会貢献性の高い事業に取り組んでいることをアピールすれば、社会貢献意識の高い若者の獲得につながるだろう。

資金面でもＳＤＧｓに貢献する取り組みを後押し

ＥＳＧ投融資の拡大は、企業のＳＤＧｓの達成に向けた取り組みを加速させ得る。ＥＳＧ投資とは、環境・社会・ガバナンスを投資判断に組み込む手法であり、日本のＥＳＧ投資残高(注21)は２０１９年3月末時点で３３６兆円、総運用資産残高に占める割合は55・9％である。２０１６年3月末の投資残高は56兆円、割合は16・8％だったことに鑑みると、わずか3年でＥＳＧ投資の主流化が進んだとみられる。

ＥＳＧ投資が拡大した大きなきっかけは、２０１５年に年金積立金管理運用独立行政法人（ＧＰＩＦ）が国連責任投資原則（ＰＲＩ）に署名したことである。ＰＲＩとは、２００６年に国連の主導で発足したＥＳＧ投資の世界的なイニシアチブであり、署名機関は投資プロセスにおいて、財務情報に加えてＥＳＧ情報を考慮することなどが求められる。

ＧＰＩＦは世界最大規模の機関投資家であり、運用資産額は２０１９年度末で１５１兆円と市場に与える影響は大きい。ＧＰＩＦは運用受託機関に対して、ＰＲＩ署名とその活動について報告を求め、署名していない場合はその理由を求める方針を示した。つまりＧＰＩＦの運用受託機関は、正当な理由がない限りＰＲＩに署名する必要があり、これが日本のＥＳＧ投資を活発化させる契機となった。さらに近年では、投資（直接金融）だけではなく、融資（間接金融）でも企業のＥＳＧ要素を考慮する動きもある。

投資家や金融機関によるＥＳＧ投融資の拡大と、投融資先の企業・団体によるＳＤＧｓの取組みは表裏一体の関係にある（詳細は後述）。コロナ禍で経済社会の不安定性が増す中で、長期的

（注19） 内閣府（２０２０）「子供・若者の意識に関する調査（令和元年度）」（調査対象は13歳から29歳の男女）。

（注20） 内閣府（２０１９）「我が国と諸外国の若者の意識に関する調査（平成30年度）」（調査対象は13歳から29歳の男女）。

（注21） ＮＰＯ法人日本サステナブル投資フォーラム「サステナブル投資残高調査２０１９」（２０２０）、「サステナブル投資残高調査２０１８」（２０１９）。ＰＲＩ署名機関が対象。対象機関数は２０１６年31社、２０１７年32社、２０１８年42社、２０１９年43社。

なリスクを低減させ、経済社会の発展と事業の拡大が両立するようなＳＤＧｓへの取り組みと、それを後押しするＥＳＧ投融資の需要はますます高まるだろう。

ＳＤＧｓとＥＳＧとＣＳＲの違いとは

ここまでは企業のＳＤＧｓの取り組みと、それを後押しするＥＳＧ投融資について述べたが、企業の環境問題や社会課題への対応については、以前はＣＳＲとして取り組んでいた企業も多い。「ＣＳＲ」と「ＥＳＧ」と「ＳＤＧｓ」の三つの関係に混乱する人も多いため、ステークホルダーの面から3者の違いを整理しておこう。(注22)

ＣＳＲとＥＳＧとＳＤＧｓは、社会および自社の持続性を高めるという共通の目的があり、切り離して考えるべきものではない（図表5－5）。ＣＳＲ（企業の社会的責任）は、企業が投資家・金融機関に限らず、従業員や取引先、地域住民といったステークホルダーと信頼関係を構築するための取り組みである。企業のボランティア活動や文化事業等への協賛など、企業の社会に対する利益還元がイメージされることも多いが、例えば、食品メーカーにおける規格外野菜の使用やサステナブル認証の取得など、企業が自社・ステークホルダーの双方に良い影響を及ぼす事業を行う（もしくは自社にとって利益になる事業でも、ステークホルダーに負の影響が生じる事業を行わない）こともＣＳＲである。

次に、ＥＳＧ（環境（Environment）、社会（Social）、ガバナンス（Governance）の頭文字を取った

［図表5-5］ESGとCSRとSDGsの関係

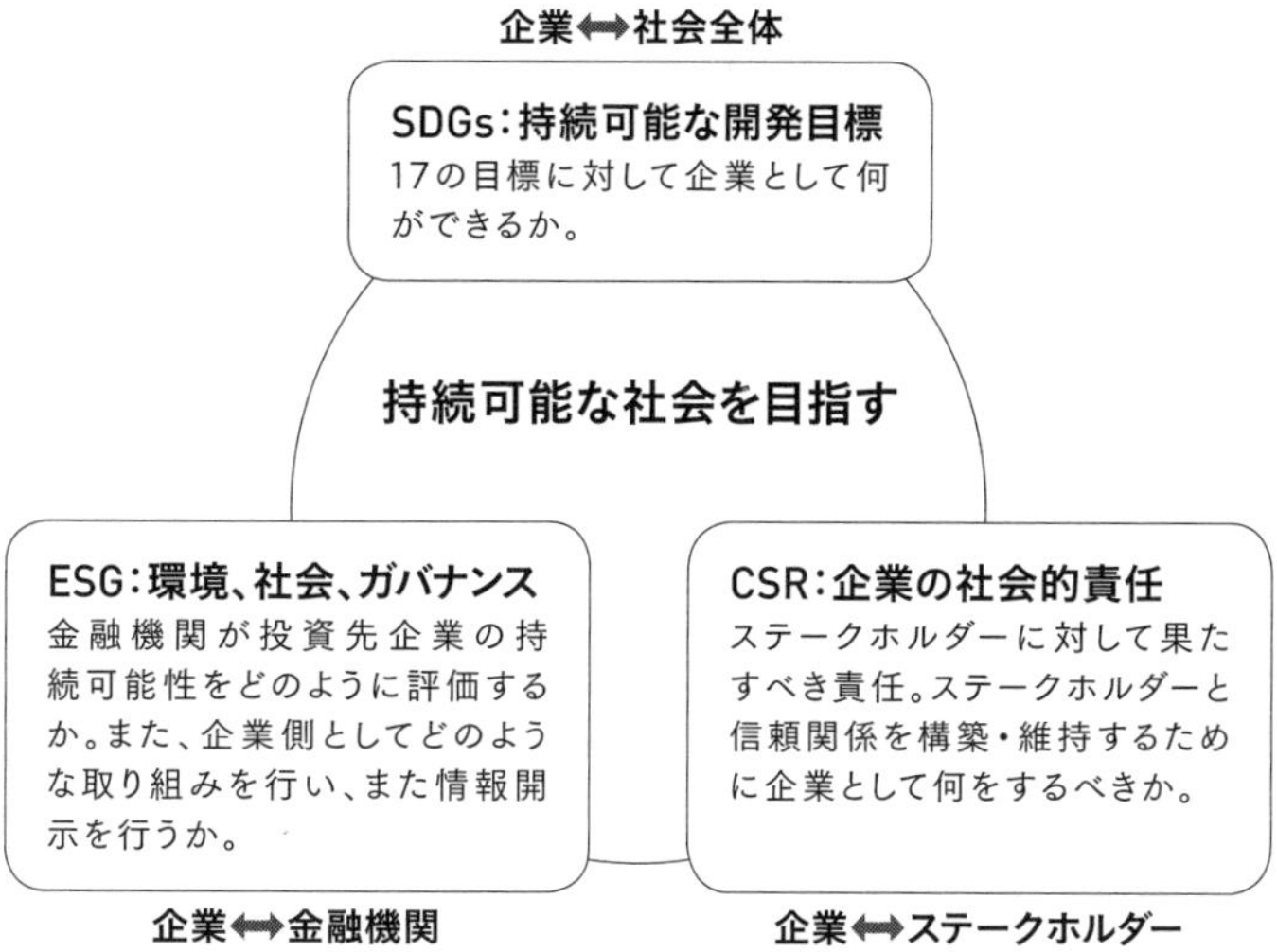
企業⟺社会全体
SDGs：持続可能な開発目標
17の目標に対して企業として何ができるか。
持続可能な社会を目指す
ESG：環境、社会、ガバナンス
金融機関が投資先企業の持続可能性をどのように評価するか。また、企業側としてどのような取り組みを行い、また情報開示を行うか。
CSR：企業の社会的責任
ステークホルダーに対して果たすべき責任。ステークホルダーと信頼関係を構築・維持するために企業として何をするべきか。
企業⟺金融機関
企業⟺ステークホルダー

（出所）大和総研作成

造語）だが、こちらは投資に関して使われることの多い用語で、投資家や金融機関が投融資先の持続性を評価するためにＥＳＧ要素を投資判断に組み込むものである。投資家や金融機関の一義的な目的は、投資の収益率や債権の回収可能性を高めることだ。企業は投資家や金融機関の要請により、ＥＳＧに関連する取り組みを行い、その情報を開示することになる。結果としてＥＳＧを考慮して事業を行う企業に資金が供給され、社会全体の持続性にもプラスの効果が生じることが期待される。

最後に、ＳＤＧｓは社会全体で共有・連携して持続的な経済社会を実現するために設定された目標であり、ＣＳＲやＥＳＧを包含す

（注22）詳細は、太田珠美「企業がSDGsに取り組む意義　将来も社会から必要とされる企業であるために今何をするべきか」大和総研レポート（2019年8月27日）を参照。

るものともいえる。ただし、ＣＳＲやＥＳＧは企業がこれから何をすべきか、現在を起点にして計画を立てる「フォアキャスティング型」のアプローチなのに対し、ＳＤＧｓは２０３０年までに企業が何をすべきかを逆算して検討する「バックキャスティング型」のアプローチであるという違いがある。

04 「行動の10年」の方向性

前節までは各主体がＳＤＧｓに取り組む意義やこれまでの取り組みを概観した。本節では、これからの「行動10年」においてのＳＤＧｓの方向性について2点を取り上げる。一つ目は、ボトムアップアプローチでＳＤＧｓの取り組み主体の増加や内容の深化が期待されること、二つ目は、取り組みにおいて「質」（ＳＤＧｓ達成への貢献の中身）が問われることだ。

ボトムアップアプローチによる活動の創発

これまでに様々な主体が実施してきたＳＤＧｓ達成に向けた取り組みは、政策などに後押しされて誘発されてきた面が大きい。ＳＤＧｓの達成に向けた行動を加速するにはこのトップダウン形式だけでは限界があり、各主体から取り組みが生まれ、拡大していくことが求められる。官民問わず様々なステークホルダーの連携（パートナーシップ）を促していくことも重要だ。こうした課題への対応として、2021年春に日本で開催予定の「ジャパンSDGsアクションフェスティバル」と同時開催される「The SDG Global Festival of Action from Japan」が注目される。「SDGsアクションフェスティバル」は、SDGsの専門家から中高生までの幅広い層を対象に、トークショーやブース展示、各種アワードの発表会などを通じて、先進事例の共有や新しいネットワークの構築などを目的としたSDGsイベントだ。毎年ドイツのボンで開催される国際的なSDGsイベントである「The SDG Global Festival of Action」（UNDP主催）のサテライトイベントも、同じ会場で連携して開催される。ボンのメイン会場とのライブ中継などを通じ、日本の取り組みを世界に発信するほか、国際的な視点や活動を日本のSDGsへの取り組みに取り入れることを目的としている。2019年に神奈川県とUNDPが連携協定を結んだことなどをきっかけに企画されたもので、こうしたサテライトイベントは世界で初開催となる。同時開催されるこれらのイベントにSDGsに取り組む主体が集まり、パートナーシップの拡大や活発な知見の交換がなされるだろう。

また、これらイベントの運営に当たり、官民で構成される「ジャパンSDGsアクション推進協議会」が2020年に立ち上げられた点も注目される。日本におけるSDGsのさらなる認知拡大と、SDGsの達成に向けた「行動の10年」に沿った具体的な行動の推進を目的とした協議会だ。様々な団体の活動や知見をまとめてインターネット上で公開するほか、SDGsに主体的に取り組む人々を「SDGs People」と呼称する仕組みづくりなど、SDGsアクションを広げていく活動を行っている。この協議会によるSDGs普及啓発活動や知見の公開や、前述の一大イベントの相乗効果により、草の根レベルからSDGs達成に資する活動が創発されていくだろう。

「SDGsウォッシュ」に陥らず、SDGsへの貢献を明確にする

今後は、前述のような取り組みの推進だけでなく、その質も問われることを最後に指摘したい。SDGsに取り組む主体がまだ少なかった数年前であれば、SDGsへのコミットメントを表明し、自社のCSR重点方針とSDGsのマッピングなど自分たちの活動とSDGsの関係を整理するだけでも十分に進歩的と評価された。しかし、SDGsに対する社会的要請が高まったことで、取り組みを表明する主体は増加している。SDGsの達成に向けた行動の加速が要請される「行動の10年」間において、これからはSDGsへの貢献度や内容が問われるだろう。一見、SDGs達成に貢献しているように取り繕っているものの、実際の行動が伴っていないことは「SDGsウォッシュ」(注23)と呼ばれる。こうした批判を浴びないように、企業などの取り組み主体はSDGsへの貢献を明確にする必要がある。

取り組みの質を評価する手法については、既に海外で検討が始まっている。UNDPは金融商品や事業に対してSDGsへの影響に関する認証を与える基準を作成するプロジェクト「SDGインパクト」を開始した。さらに、英保険会社や国連財団などによって設立されたワールド・ベ

ンチマーク・アライアンスも、世界のＳＤＧｓ達成に影響力のある企業約２０００社を選出し、それら企業のＳＤＧｓの達成に向けた貢献度を評価するベンチマークを開発している。

ほかにも様々な評価基準が開発中だが、広く実用化されるまでには時間を要するだろう。しかし、評価基準の有無にかかわらず、そして「ＳＤＧｓウォッシュ」にも陥らずに、ＳＤＧｓの達成に貢献するために必要なのは「トレードオフを考慮に入れる」ことだろう。あるＳＤＧｓターゲットに貢献する活動を行っていても、その活動から発生するマイナス面（例えば、製品の製造や物流の過程で発生する温室効果ガス）によってＳＤＧｓ全体の達成を遅らせているかもしれない。そのため、サプライチェーンの上流から下流まで、そこに関連するステークホルダーに目を配りながら、トレードオフを特定し、最小化する必要がある。また、その特定や解決のためのプロセスを公表し、透明化を図ることも求められる。自分たちの団体のみでトレードオフの解決が難しい場合には、外部との連携（パートナーシップ）がカギを握る。

２０２０年を振り返ると、新型コロナウイルス感染症によって世界と日本が受けた影響は大きく、持続可能な社会の実現の必要性がより認識された。２０２１年以降、コロナ禍からの回復過程において、欧州のグリーンリカバリーをはじめとする環境と経済の両立のための取り組みが進む中で、ＳＤＧｓ達成に向けた取り組みも、「行動の10年」の言葉通りにコロナ禍以前と比べて加速すると見込まれる。この流れの中で、日本においても、政府、地方公共団体、民間企業それ

（注23）「whitewash（ホワイトウォッシュ）」（意味は、うわべを飾る、隠す）とＳＤＧｓを組み合わせた造語。

それが、ＳＤＧｓを活用することで自分たちの課題解決や成長、パートナーシップの拡大も図りつつ、国全体のＳＤＧｓの進捗に貢献することが期待される。

第6章

サプライチェーン

グローバル
サプライチェーンは
コロナショックで
変容するか

世界の製造業のサプライチェーンは大きな転換点を迎えている。きっかけの一つは、米国トランプ政権下における通商政策の変化である。トランプ大統領は２０１７年の就任以降、「米国第一主義」の下、ＴＰＰ（環太平洋パートナーシップ協定）からの離脱、鉄鋼・アルミ製品に対する追加関税や、中国に対する追加関税など、保護主義的な通商政策を実行に移してきた。加えて、トランプ大統領は既存の貿易協定が不公正であるとして見直しに取り組み、ＮＡＦＴＡ（北米自由貿易協定）の見直しなど、米国に有利な内容を相手国に認めさせることに成功した。トランプ政権下で世界貿易の枠組みが急激に変化したことで、多国籍企業を中心とした国際的な生産・分業体制を見直す動きが世界的に広まることとなった。

さらに、こうした動きを加速させたのが、２０２０年初からの新型コロナウイルスの蔓延である。新型コロナウイルスの感染拡大によって世界各国は急激に景気が悪化したが、過去の危機と大きく異なったのは、コロナ禍が需要ショックであると同時に、供給ショックだったという点だ。感染の拡大防止を目的とした、世界的なロックダウン（都市封鎖）では、財・サービスの需要が抑制されただけでなく、工場の稼働停止などによって様々な財の供給が大きく制限された。そしてコロナショックによって生じた供給不足は、サプライチェーンを通じて世界中へと伝播し、とりわけ必需品や戦略物資のサプライチェーンにおけるリスク分散の必要性を世界的に認識させることとなった。

以上を踏まえ、本章ではこれまでのグローバルサプライチェーンの拡大の過程、およびそれが世界経済に及ぼしてきた影響をあらためて振り返ったうえで、今後のグローバルサプライチェーンのあり方や、変化の方向性を考察する。

01 グローバルサプライチェーン拡大による恩恵

グローバルサプライチェーンは１９９０年代以降、右肩上がりで発達

グローバルサプライチェーンの先行きを考えるに当たって、まずグローバルサプライチェーンがこれまでどのように形づくられてきたか、そしてそれが世界経済にどのような影響をもたらしてきたかを確認しておこう。

グローバルサプライチェーンに関して統一的な定義は確立されていないが、「生産工程上の国際分業による付加価値の連鎖」と捉えれば、「付加価値輸出」の概念を用いることで、その時系列的な広がりを定量的に把握することが可能となる。

付加価値輸出とは、国際貿易取引における各国の貢献を付加価値という観点から再集計した輸出額である。具体例として、日本から中国へ１００ドルの中間財（部品）が輸出され、それを組み込んだ最終製品が中国から米国へ１２０ドルで輸出された場合を考えてみよう（図表６－１）。

[図表6-1] 付加価値貿易の概念図

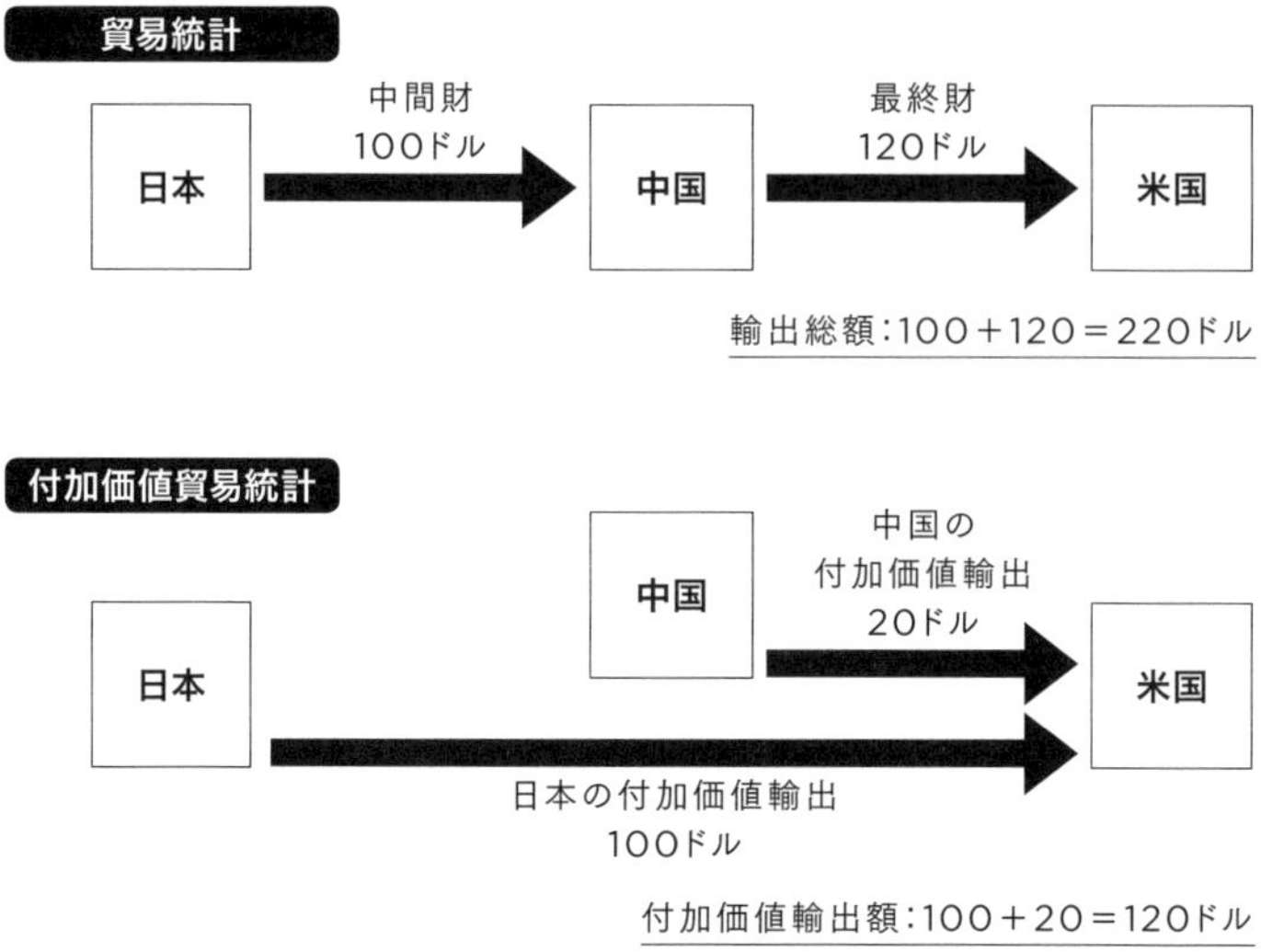

（出所）大和総研作成

まず、貿易統計における通常の輸出額では、日本から中国に向けた輸出額が100ドル、中国から米国への輸出が120ドル計上され、一連の取引の輸出額の合計は220ドルとなる。一方で、付加価値輸出の概念においては、日本から中継地となる中国に向けた付加価値輸出額はゼロとなり、最終需要地である米国向けの付加価値輸出額として100ドルが計上される。また、中国の付加価値輸出額については、米国に向けた120ドルの輸出のうち、日本で生産された付加価値額の100ドルを差し引いた20ドルが付加価値輸出額となる。この結果、日本と中国を合わせた、一連の取引における付加価値輸出の総額は120ドル（日本：100ドル＋中国：20ドル）となる。

　つまり、グローバルサプライチェーンが拡大・複雑化し、製造工程において中間財が国境を越えて取引される金額が増加するにつれ

［図表6-2］ 世界の総輸出と付加価値輸出

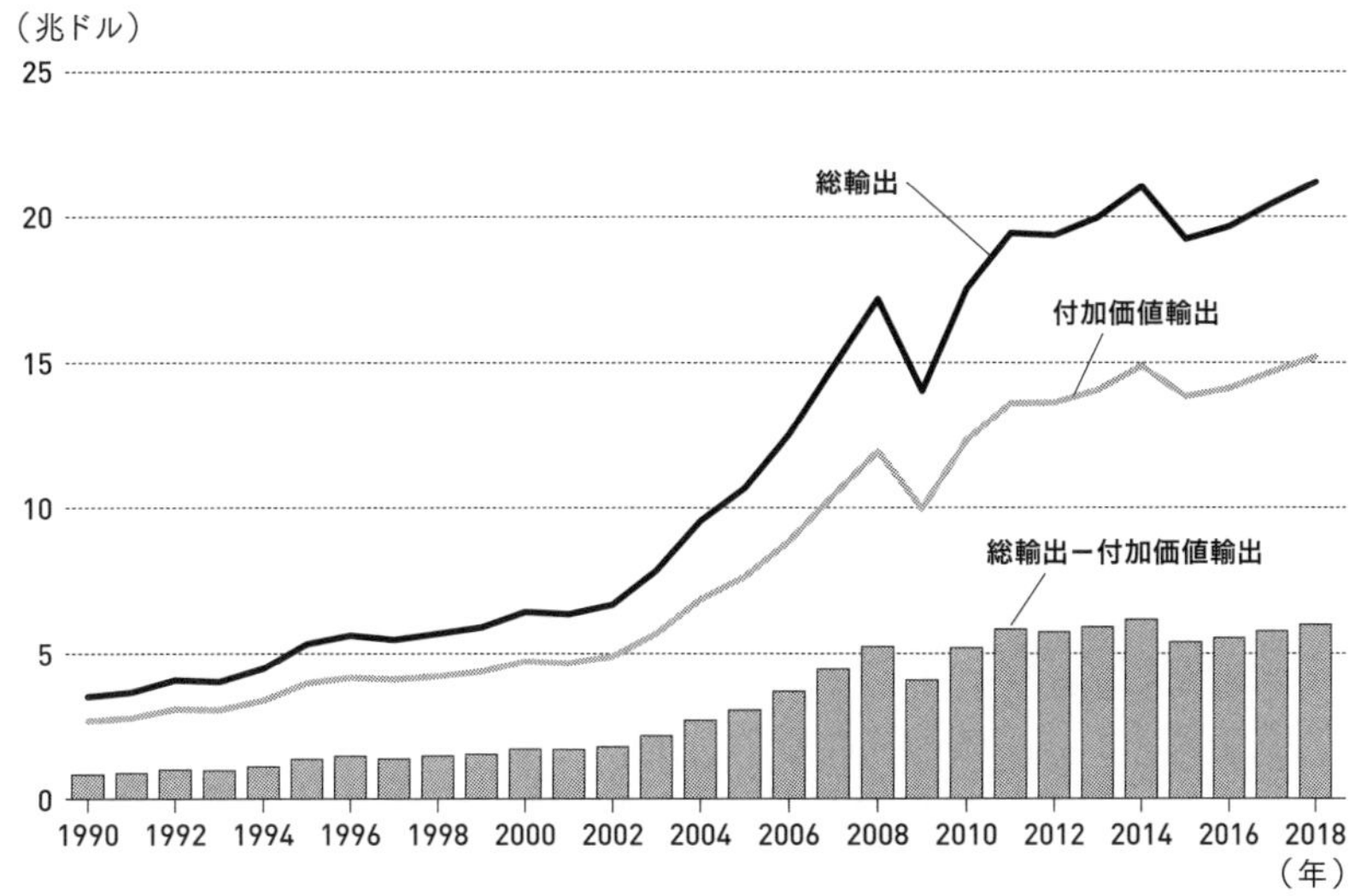

（出所）UNCTADより大和総研作成

て、通常の貿易統計における輸出額では、付加価値が多重に計上されることになる。裏を返せば、この多重計上分、すなわち貿易統計における貿易額と付加価値貿易額の差分は、生産過程における中間財貿易の増加分を表し、グローバルサプライチェーンの発展度合いとみなすことができる。

以上を踏まえ、１９９０年以降の世界全体の貿易統計上の輸出額（以下、総輸出）と付加価値輸出の推移を確認すると（図表６－２）、総輸出が１９９０年時点の約３・５兆ドルから２０１８年時点では約21兆ドルに増加する中、付加価値輸出についても１９９０年の約２・７兆ドルから２０１８年には約15兆ドルまで増加した。そして、グローバルサプライチェーンの発展度合いの代理変数である両者の差分に着目すると、１９９０年時点では、８３００億ドル程度であったのが、２０１８

年には約6兆ドルとなっており、一貫して拡大傾向にあることがわかる。両者の差分が総輸出に占める割合を見ても、23・8%から28・3%まで上昇しており、付加価値輸出の観点から捉えたグローバルサプライチェーンは、おおよそ右肩上がりに拡大を続けてきたといえる。

1990年代以降、グローバルサプライチェーンが急速に発展した背景として、主に二つの理由が挙げられる。一つ目の理由は、制度的な要因、すなわち1990年代以降のFTA（自由貿易協定）の顕著な増加である。戦後続いてきたGATT／WTO体制における多国間での迅速な合意形成が難しくなる中、1990年代以降、特に欧米先進国がFTA締結による地域的な自由貿易の拡大へとシフトしたことで、世界的にFTAを締結する動きが活発化した。そして、世界的なFTA網の整備が進んだことによって、関税を中心とした貿易にかかるコストや手間が大きく削減されたことが、国際分業の広がりを大きく後押ししたと考えられる。

そして二つ目の理由として挙げられるのが、情報通信技術の向上である。いわゆるIT革命によって、高速かつ廉価な国際通信網が整備され、生産工程間の調整が遠隔でも行われるようになった。これによって、生産活動は工程レベルで分割され、各国の比較優位を求める形で製造拠点の海外移転が大きく加速したのである。

グローバルサプライチェーン拡大は世界経済、特に新興国に恩恵

では、とりわけ1990年代以降、急速に進んだグローバルサプライチェーンの拡大は、これ

まで世界経済にどのような効果をもたらしてきたのか。

そもそもグローバルサプライチェーンの拡大は、その主たる担い手である先進工業国の立場からすれば、相対的に技能を必要としない低付加価値の工程をコストの低い地域へ移転することで、企業の収益力、競争力を高めることを目的に行われる。一方で、受け身の立場となる新興国では、グローバルサプライチェーンの一部に取り込まれることによって、自力では参加できない世界市場への参入が可能となることや、先進国からの資金流入、技術移転といったメリットが期待される。

実際に、世界各国に関して、1990年以降のサプライチェーンのグローバル化に伴う中間財貿易の拡大と、1人当たりGDP成長率の関係性を見ると、緩やかながら正の相関関係にあることが確認される。すなわち、グローバルサプライチェーンに積極的に関与した国のほうが、そうでなかった国に比べて、1人当たりGDPの伸びが高くなる関係があり、グローバルサプライチェーンの拡大は期待通りに、世界の多くの国に対してプラスの効果をもたらしてきたことが、データ上からも確認できる。

さらに、グローバルサプライチェーンの拡大と世界経済の関係については、もう一つの大きな特徴がある。先進国と新興国に分けて世界経済の成長率の推移を見ると、グローバルサプライチェーンが拡大する局面においては、とりわけ新興国の成長が大きく加速し、先進国との成長率の差が拡大する傾向が見られる。グローバルサプライチェーンの拡大は先進国、新興国の双方にプラスの効果をもたらしてきたが、その恩恵は新興国にとってより大きなものだったといえる。

グローバルサプライチェーンの拡大が、結果として新興国の先進国へのキャッチアップを速めたという事実に照らせば、トランプ政権下で激化した米中間の対立は、ある種必然的なものと捉えることができる。

米国はトランプ政権よりも前から、中国による知的財産権の侵害や不公正な技術移転を問題視してきた。しかし、グローバルサプライチェーンが形づくられる過程においては、米国などの先進国・企業から中国に対する技術移転は避けられず、むしろ一部企業においては、グローバルサプライチェーンをより効率的に運営するために積極的に技術移転を進めてきたという側面がある。また、トランプ大統領が強く問題視する、製造業における雇用流出も、職を奪われた当事者にとって大きな問題であることに疑いはないものの、これは企業が収益性を高めるために積極的に海外進出を進めた結果である。

つまり、トランプ政権が声高に批判した中国の問題の多くは、以前から存在していたグローバルサプライチェーン拡大における負の側面といえる。こうした先進国にとってのデメリットは、グローバルサプライチェーンの拡大を主導する先進国と新興国の間に大きな経済格差が存在する場合には問題となりづらい。しかし、中国が急速に技術力を高め、米国との競合関係が強まったことが、米国での不満の顕在化につながり、中国に対する強硬姿勢の大きな要因になったと考えられる。

02

国際産業連関表から見る生産波及の構造

生産1単位当たりの波及効果は台湾、韓国が大きく、米欧中は小さい

ここまでは、グローバルサプライチェーンの拡大の過程を振り返ってきたが、本節ではグローバルサプライチェーンの構造に関して、製造業における生産の波及に注目し、確認していきたい。各国・地域の生産活動が、サプライチェーンを通じて、海外にどれだけ伝播するかは、ごく単純化すれば、各国・地域の製造業がどれだけ輸出入に依存しているかによって決まる。例えば、販売先として海外の比率が高い場合に、海外経済の悪化によって販売が大きく落ち込むことは明らかだろう。また、販売先ではなく、生産にかかる部材調達において海外への依存度が高ければ、何らかの理由によって海外の生産が停滞し、サプライチェーンが寸断された場合に、供給制約によって減産を余儀なくされるような状況が発生しやすくなる。重要なのは、サプライチェーンはその名の通り、鎖のように連なっているということだ。これによって生産活動は、直接的な取引相手となる販売先、調達先のみから影響を受けるだけではなく、さらにその先、二次的な販売先、調達先からも影響を受けることになる。

以上を踏まえ、世界の国・地域の製造業が、直接的な取引だけでなく二次的な影響も含めて、海外の生産活動にどの程度影響を及ぼすのか、国際産業連関表を用いて試算したものが、図表6−3だ。それぞれの国・地域の製造業がグローバルサプライチェーンにおいてどれだけの重要性を占めているかを表している。また、試算においては、販売先、調達先としての影響力をそれぞれ見るために、需要による生産波及係数と、供給による生産波及係数の2パターンを計算し、前者を図表横軸に、後者を縦軸に図示している。需要による生産波及係数とは、各国・地域の製造業の1単位の生産によって発生した中間投入需要の海外への波及を表す。一方、供給による波及とは、各国・地域の製造業の生産のうち、海外の中間投入向けの供給量が変化することによる影響の波及を示している。

各国・地域別に波及係数を見ていくと、需要・供給の両方において台湾の大きさが際立つ。台湾による波及係数は、需要・供給の両方で1を大きく上回っており、1単位の生産の変化によって、海外全体の生産額は域内生産以上に変化することを示している。台湾の波及係数は45度線から大きく左上方向に乖離していることから、世界のサプライチェーン上で、特に部材の供給元として重要な位置を占めていることが示唆される。また、台湾に次いで係数が大きいのは韓国であり、台湾ほど顕著でないものの、相対的には供給面での影響力が大きい。台湾、韓国はともに、ハイテク製品・部材の取引がとりわけ多く、これら製品・部材が世界のサプライチェーンにおいて重要な役割を占めていることがわかる。

次に、波及係数が小さい国・地域に注目すると、中国や米国、EUといった経済規模が大きい

［図表6-3］各国・地域製造業の需要・供給による他国・地域への生産波及

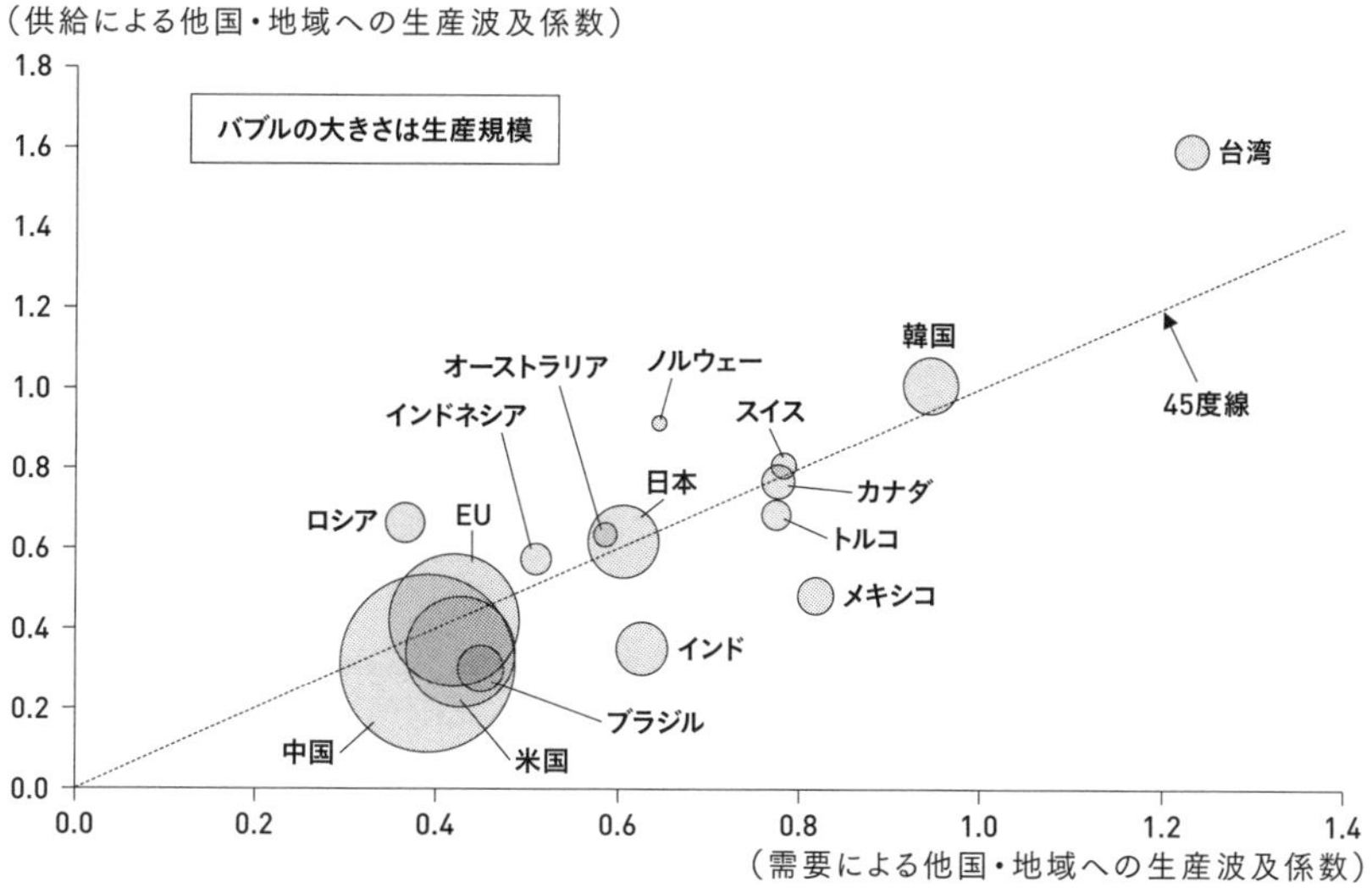

（注）EUはイギリスを含む28カ国。2014年データにより作成（図表6-3～6-5）。
（出所）WIODより大和総研作成

国・地域が該当することが確認できる。これらの国・地域においては、サプライチェーンがそれぞれの国・地域の内部で相当程度完結し、海外への依存度が相対的に低いことを反映していると考えられる。なお、日本については、全体の中ではおよそ中位に位置しており、需要・供給による波及係数はほぼ同程度である。

ただし、現実的な世界経済への影響は、波及係数の大きさに加えて、各国・地域の生産規模を考慮する必要がある。また、海外への波及だけではなく、自国・地域内での生産波及効果も合わせて評価しなければならない。

そこで、各国・地域の製造業の生産が10％変化した場合に、需要、および供給の変化によって世界全体の生産にどの程度の影響を及ぼすかを一覧にしたものが図表6－4だ。これを見ると、中国製造業の生産が変化した場

［図表6-4］各国・地域製造業の生産が10％変化した場合に世界全体の生産に与える影響

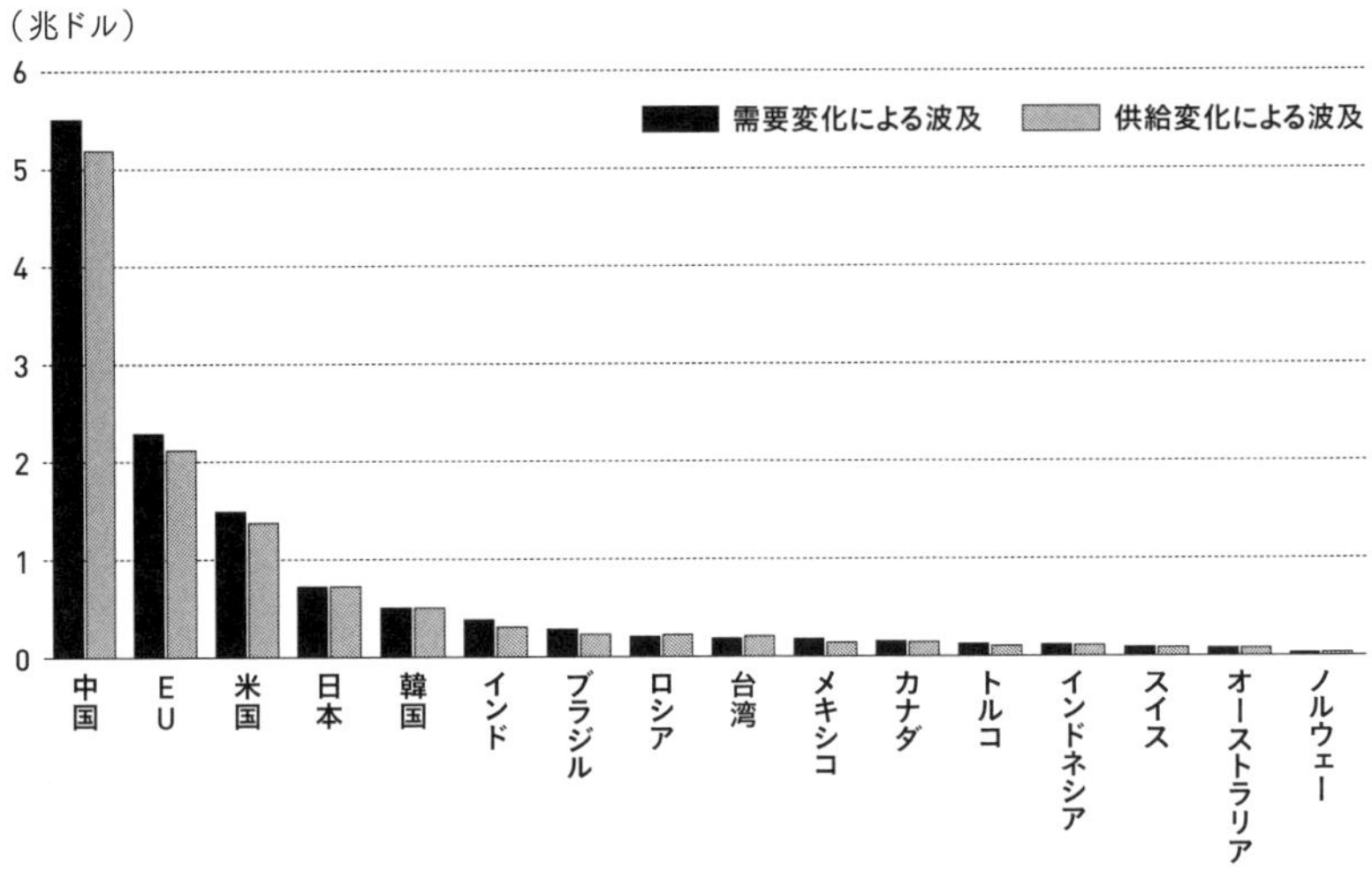

（注）EUはイギリスを含む28カ国。
（出所）WIODより大和総研作成

合の影響が非常に大きい。中国の製造業の生産が10％変化した場合、世界全体への波及効果は、需要経由、供給経由いずれの場合においても5兆ドル強となり、これは中国に次いで影響が大きいEUの2倍強、3番目に影響が大きい米国のおよそ3・5倍に当たる。

中国による影響が非常に大きくなる最大の要因は、製造業の生産規模が世界の中で突出して大きいからだ。生産1単位当たりの波及効果は小さいものの、その生産規模が非常に大きいため、生産1％当たりの海外への波及金額はすべての国・地域で最も大きくなる。加えて、中国製造業の特徴として、国内への波及効果が非常に大きいという点が挙げられる。これは中国製造業の生産1単位当たりの海外に対する波及効果が小さいことの裏返しであり、国内においてサプライチェーンが複雑に形づくられていることを表している。

アジア、EU、NAFTAの3極＋相互依存で巨大サプライチェーン網を形成

次に、それぞれの国・地域の製造業の生産が変化した場合に、どのような国・地域の生産へと波及するか、すなわち、それぞれの国・地域の製造業がサプライチェーン上、どのような国・地域と密接に結びついているかを確認していこう。

図表6－5は、生産1％当たりの世界全体への影響が大きい4地域（中国、EU、米国、日本）に関して、それぞれの地域の製造業の生産の変化が、需要・供給を通じて他国に与える影響を、大きい順に見たものである。

これを見ると、全体の特徴の1点目として、生産規模が大きい国・地域間で相互に及ぼす影響が大きいことがわかる。具体的に見ていくと、中国製造業の生産変化が最も大きな影響を及ぼすのはEUであり、2番目に影響が大きいのは米国である。また、EUからの影響は中国で最も大きく、米国が2番目となる。米国からの影響については、地理的に近接し経済的にも文化的にも結びつきが強いカナダが2番目に位置しているものの、EUが1番目、3番目は中国となる。そして、日本からの影響は中国、米国、EUの順となる。

一方で注意が必要なのは、大国・地域で相互に及ぼす影響が総じて大きいものの、需要による影響の波及と供給による影響の波及は、必ずしも対称的ではない。例えば、中国から米国への影響は供給面で大きい一方、需要面での影響は相対的には小さく、反対に、米国から中国への影響

についてでは、需要面で大きく供給面で小さい。これは、中国にとっての米国は部材の調達先としてではなく、販売先としての依存度が相対的に高いことを表している。また、日本から中国への影響についても、米国と同様に需要面での影響が、供給面での影響に比べて大きくなっており、日本の製造業による中間財需要が、中国の生産に大きな影響を及ぼすことを示している。

全体の特徴の2点目としては、いずれの国・地域においても、前述した大国・地域同士以外では、地理的に近い国・地域に与える影響が大きいということである。具体的には、中国における韓国、日本、台湾、EUにおけるロシア、スイス、トルコ、米国においては前述したカナダに加えて、メキシコやブラジルが挙げられる。これは、輸送コストなどを考慮した場合にサプライチェーンにとって地理的な近さが非常に重要な要素であることにほかならない。

以上をまとめると、製造業のグローバルサプライチェーンは中国、日本を中心とした東アジア、EU、NAFTAの3極で形づくられているが、その3極が相互に強く結びつくことで、全体として巨大なサプライチェーン網が形成されているといえる。したがって、世界のどこかで発生したショックは、それが局地的なものであったとしても、サプライチェーンを通じて世界全体へと拡散する。新型コロナウイルスの拡大初期において、中国のロックダウンによって、世界中の製造業で部材不足が発生し、生産が滞ったことなどはその典型例といえる。

［図表6-5］ 各国・地域製造業の生産が10％変化した場合に
他国の生産に与える影響

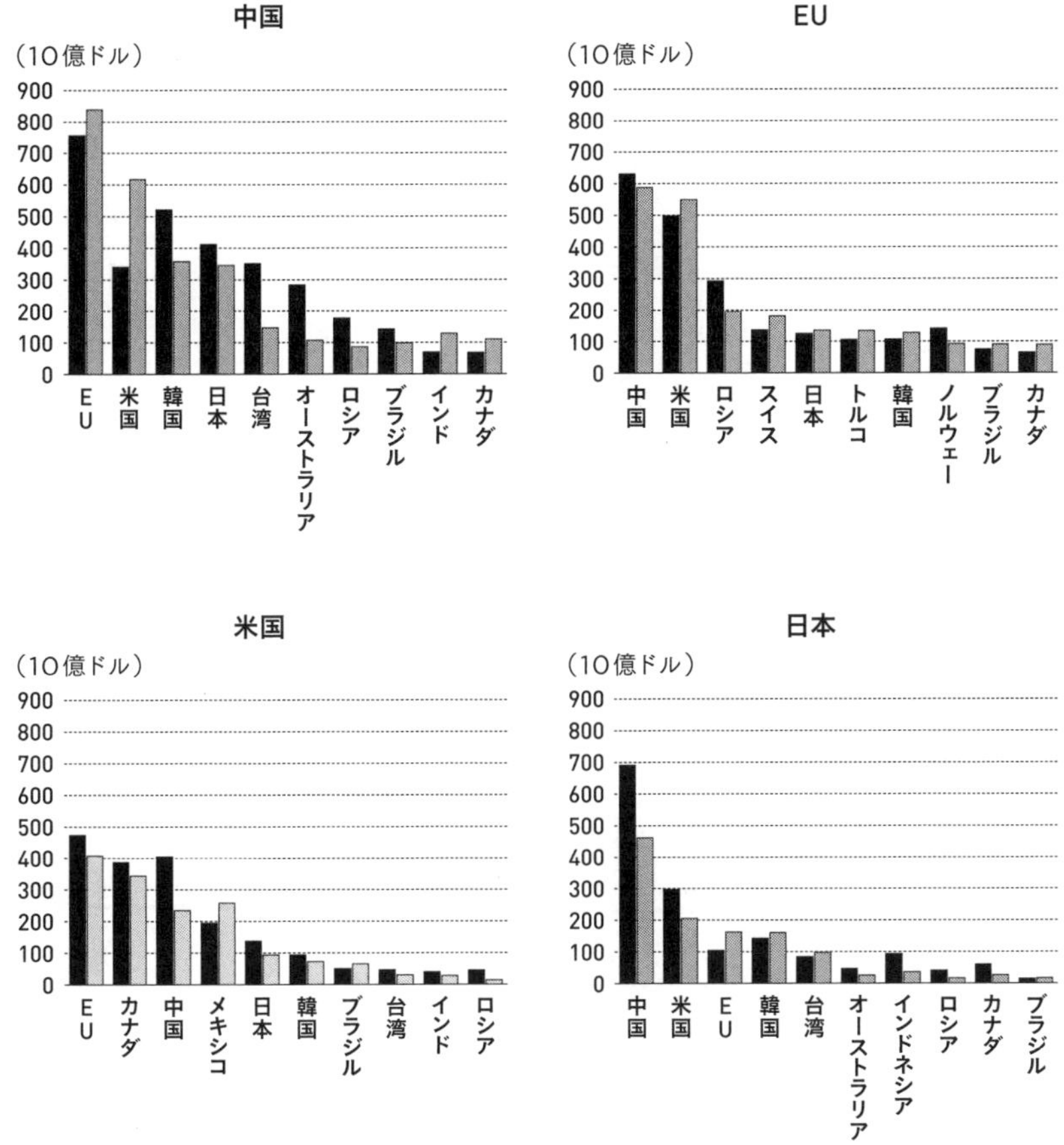

（注）EUはイギリスを含む28カ国。
（出所）WIODより大和総研作成

03

グローバルサプライチェーン再構築の方向性

高まる「脱中国」の機運

では、前節までで確認した構造を踏まえたうえで、米中摩擦やコロナショックを受けて、グローバルサプライチェーンは今後、どのように変容していくのか。

まず、今回のコロナショックによる最大の教訓は、調達先を特定地域に集中させることによるリスクだろう。特に、世界全体の製造業に占める中国のプレゼンスが非常に大きい中、コロナショックの初期においては中国での生産が滞ったことが、サプライチェーンを通じて様々な地域で部材不足による生産停滞を引き起こした。こうした状況に鑑みると、製造業が過度に中国に集中、依存する状況は、サプライチェーンにおけるリスク分散という文脈において、修正されていく可能性が高い。

また、言うまでもなく、トランプ政権下で激化した米中摩擦も、世界的な中国離れを加速させる要因となるだろう。2020年1月に署名された米中合意第一段階によって追加関税率の一部引き下げが約束され、米中間の貿易摩擦は幾分和らぐこととなった。また、バイデン次期大統領は中国に対する強硬姿勢を見せつつも、追加関税という方法については否定的であるため、さらなる追加関税が導入されるリスクは低下している。しかし、ハイテク分野を中心とした知的財産権等を巡る米中間の対立は根本的には解決しておらず、解決の目途が立っていない。米国は追加関税以外の手段として、ファーウェイ社との取引を禁止する措置など、中国に対する圧力を強めており、米国以外の国・地域でも中国企業と取引することのリスクがこれまで以上に意識されるようになっている。

加えて、コロナショックや米中摩擦という事情を抜きにしても、先進国が中国に投資し、中国国内で生産するメリットは従来よりも小さくなっている。中国はこれまで豊富な労働力人口を活かし、「世界の工場」として世界貿易・経済におけるプレゼンスを高めてきた。しかし、中国の労働力人口は既に減少期に入っており、労働力の希少性は今後も増していくことになる。急速な経済成長もあって、国際的に見た中国の賃金コスト面での優位性は既に薄れつつあるが、人口動態によって賃金上昇はさらに加速し、労働集約産業の生産拠点としての中国の魅力度は低下していく可能性が高い。遅かれ早かれ中国での生産体制を見直す機運は、世界的に高まっていたと見られる。

中国は製造業の高度化を目指す

では、仮に世界的な中国離れが起こった場合に、中国自身はそれに手をこまねいているのだろうか。世界の中国離れが進んだ場合に考えられるのは、中国が自ら新たなサプライチェーンの構築に動く可能性だろう。中国自身が既に、これまでのような労働集約的な産業を中心とした「量」による成長から脱却し、製造業の高度化による「質」を重視した成長へと舵を切っている。それを最も端的に表すのは、２０１５年に中国政府が掲げた「中国製造２０２５」である。

グローバルサプライチェーンへの参加に伴う技術移転や資金流入によって、新興国では成長が促進されるメリットがあるのは指摘した通りだが、その一方で、新興国が相対的に低付加価値の工程に国際分業上、固定されるというデメリットが指摘されている。その代表例として考えられるのがまさに中国であり、そうした状況から脱却するために、中国は国策として製造業の高度化を推進している。つまり、中国はこれまで、グローバルサプライチェーン上において、欧米先進国や日本が果たしてきた役割に取って代わることを目指していると見られ、そのためにグローバルサプライチェーンの再構築に積極的に取り組む可能性が高い。

実際、グローバルサプライチェーンの拡大と密接な関係を持つ対外直接投資の動向を見ると、中国は近年、対外直接投資の出し手としての存在感を高めている。中国は多額の対内直接投資を受け入れつつ、対外直接投資を大きく拡大させてきた結果、２０１５年には初めて対外直接投資が対内直接投資を上回った。また、中国による対外直接投資の金額は、２０１９年時点で１１７１億ドルと、日本、米国、オランダに次いで世界第４位の規模に上る。

では、中国はどの地域に向けて投資を増やしているのか。中国による対外直接投資を地域別に見ると、２０００年代後半頃から特にＡＳＥＡＮ諸国向けのウエイトが上昇している。中国の対外直接投資では、中米などの租税回避地向けのウエイトが非常に高いことから、ＡＳＥＡＮ諸国向けが全体に占める割合は限定的ではあるものの、ＡＳＥＡＮ諸国向け対外直接投資の増加は、中国がこれまで担ってきた低付加価値工程をより賃金が低い地域へと移管しようとしていることの表れといえる。こうした動きは、中国政府が「一帯一路」構想や、ＡＩＩＢ（アジアインフラ投資銀行）の設立によって、ＡＳＥＡＮ地域の開発に積極的に関わろうとしていることとも整合的だ。

ＡＳＥＡＮは第二の中国になるか？

ＡＳＥＡＮは中国にとってだけでなく、これまで中国に投資をしてきた先進国にとっても、中国からの生産を移管するための有望な投資先となる可能性がある。実際、米中摩擦、コロナショックでサプライチェーンの見直しに対する機運が高まる中、アンケート調査などでも、有望な投資先としてＡＳＥＡＮ諸国を上げる声は少なくない。

だが一方、ＡＳＥＡＮ諸国は、中国と比べてその経済規模が非常に小さく、供給能力が中国からの生産代替におけるボトルネックとなる可能性が高いことに注意が必要だ。ＡＳＥＡＮ諸国の経済規模をＧＤＰ（名目、米ドルベース）で確認すると、ＡＳＥＡＮの中でも最も大きいインドネシアでも、２０１９年時点で、中国の８％弱にすぎない。まして、中国から移管されるのが、低付加価値の労働集約的な工程であるとすれば、人口規模の違いもあって、ＡＳＥＡＮ諸国がすぐさま中国の代わりを務めるのは困難と考えられる。したがって、低賃金を背景に相対的に生産拠点として魅力が高まるとはいえ、中国からASEANへの生産移管はあくまで緩やかなペースで進むと見られる。

また、中国の圧倒的な経済規模の大きさは、最終需要地としてのポテンシャルの大きさを示しており、この点からも生産代替を遅らせる可能性がある。中国は以前に比べれば趨勢的に成長率が鈍化していくと見込まれつつも、それでも金額ベースで見れば世界で最も大きくGDPが増加すると見込まれる。需要地としての魅力の大きさは、コスト上昇を甘受しつつ中国での生産を維持し続ける大きな誘因となり得るだろう。また、中国での販売を目的とした中国国内での製造は、いわば地産地消であり、グローバルサプライチェーンのリスク分散という視点とも、必ずしも矛盾するものではない。

中国からの生産移管先としてASEANは有望視されるものの、中国が世界の工場としての地位を確立するまでに長い時間を要したように、ASEANが中国にとって代わるには、少なくとも数年から数十年単位での時間がかかると見るべきだろう。

04 日本のサプライチェーンを巡る課題

業種ごとに異なるサプライチェーン構造

ここまでの節では、国・地域を主眼にサプライチェーンの構造を確認してきたが、サプライチェーンの構造は、その製品の性質などによっても違いがあると考えられる。そこで、日本企業を取り巻くサプライチェーンの先行きを考えるに当たって、業種別の状況を確認していこう。

国際産業連関表から試算される生産波及係数に注目すると、日本の製造業において生産額が最も大きい自動車製造業については、需要・供給の両側面で海外からの影響を受けやすいが、需要面での影響が大きい国・地域と、供給面での影響が大きい国・地域が異なることが特徴である。具体的には、需要面では自動車部品などの中間財輸出が多いＮＡＦＴＡ（米国、カナダ、メキシコ）やロシアから受ける影響が大きい一方、供給面では、原材料や部品などの中間財輸入の依存度が高いＥＵや中国、韓国、台湾などのアジア地域から受ける影響が大きい。

こうした構造を踏まえると、短期的にはコロナショックによって大きく落ち込んだ生産の回復を考えるうえでは、米国を中心としたＮＡＦＴＡでの需要の持ち直しと、中国、ＥＵからの部材供給の回復が両建てで進むことが、持ち直しの条件となると考えられる。したがって、仮に新型コロナウイルスの感染の再拡大が起こった場合に、それが全世界的なものではなく局地的なものだったとしても、生産の下押し要因となり得ることが示唆される。一方、中期的なサプライチェーンを考えるうえでは、販売先としてウエイトが高いＮＡＦＴＡとの関わり方が重要な課題となるだろう。トランプ政権下で従来のＮＡＦＴＡが見直され、新たにＵＳＭＣＡ（米国・メキシコ・カナダ協定）が２０２０年7月から発効した。中でも、トランプ政権の意向によって、原産地規制の強化など、自動車産業の米国回帰を促すための内容が盛り込まれた点は、見直しによる最も大きな変化の一つである。この影響によって世界各国の自動車メーカーは、米国を中心としたＮＡＦＴＡ域内での自動車産業のサプライチェーンに関して見直しの必要性が高まっており、それは日本企業も例外ではない。

一方、自動車工業に次いで国内生産額が大きい一次金属製造業、および生産額4位のコンピューター・電子製品製造業については、オーストラリアやロシアなどの資源国からは供給面での影響を受けやすいものの、ほとんどの国・地域からは需要による影響を大きく受ける構造にある。このため、今回のコロナショックでは需要ショックと供給ショックが同時に発生したものの、供給制約によって需要に対応しきれない状況は発生しづらかったと見られる。相手国・地域別の特徴を見ると、両業種においては、台湾、韓国の需要の変化から大きな影響を受ける構造となっている。とりわけ一次金属製造業における台湾製造業の存在は大きく、国際産業連関表によって計算される、台湾製造業の生産が変化したときの波及効果は、米国や中国の製造業の生産が同額変化したときの影響の10倍以上にもなる。これは、日本企業が台湾製造業における原材料や部品のサプライヤーとして重要な位置を占めているという事実にほかならない。半面、日本企業はショックの発生時にその影響を強く受けるリスクがあることも十分認識する必要があるだろう。

反対に、日本の製造業において生産額が3番目に大きい飲食料品製造業は、すべての国・地域において需要面よりも供給面からの影響が大きいという特徴がある。国内生産額に対して輸出入の金額が小さいことから、仮に供給制約が発生したとしても金額ベースで見た影響は限定的にとどまると考えられる。しかし、食料品という必需的な財の生産に関して、海外での供給ショックの影響を受ける可能性は念頭に置いておかなくてはならない。

高まるR＆Dの重要性、官民上げての取り組みが必要

ここまでは主に、サプライチェーンの中でも製造部門に焦点を当ててきた。しかし、サプライチェーンの構造を考える際には、製造工程をどこに立地するのかということに加えて、本社機能や研究開発部門のあり方も十分に検討していかなければならない。

近年のグローバルサプライチェーン研究においては、「スマイルカーブ」という概念が重要視されている。スマイルカーブとは、ある製品の製造工程の上流から下流までを横軸にとり、各工程の付加価値を縦軸にとった場合に、両者の関係がU字（スマイルマークの口の部分に似た形）となることから名づけられた。すなわち、製造工程における最上流、例えば、商品企画やデザインな

どや、最下流の営業・販売、アフターサービスなどの付加価値が大きく、反対に製造工程の中流に当たる部品生産や組立加工は付加価値が小さいとされる。本章におけるここまでのグローバルサプライチェーンの議論は、相対的に付加価値が低い製造工程を、世界のどこに立地するべきかという議論が中心だった。しかし、サプライチェーンを通じて日本の付加価値を高めていくという観点からは、効率的かつ冗長性の高い形で製造部門を配置すると同時に、付加価値が大きい上流、下流での競争力を維持していくことが重要となる。一義的にはR&D（研究開発）投資の重要性が以前に比べて高まることになるだろう。

主要国に関してR&D支出の推移を見ると、とりわけ2000年頃からの最大の特徴として挙げられるのは、中国によるR&D支出の急速な増加である。90年代初頭には日本の1割強しかなかった中国によるR&D支出は、2009年には日本を上回り世界第2位の規模となり、その後も増加し続け世界第1位の米国に肉薄する規模を誇る。中国は先進国からの資金流入や技術移転を受ける傍らで、自国としても積極的にR&D投資を増やし、先進国へのキャッチアップを図ってきたことがうかがえる。

日本のR&D投資の金額自体は、米国、中国からは大きく水をあけられる形となっているものの、なおも世界で3番目の規模を維持しており、国際的に見れば決して少なくはない。また、単純な金額ではなく、対GDP比や研究者1人当たりで見ても、日本のR&D支出は国際的に高い水準を維持している。とはいえ、中国によるR&D投資の急激な拡大や、それに伴う技術力の急速なキャッチアップを目の当たりにすれば、決して楽観的になれるような状況ではない。

また、日本のR&D投資の大きな特徴として、政府による資金の割合が国際的に低く、民間部門への依存度が高い点が挙げられる。R&D支出における政府資金の割合が、必ずしもR&D投資におけるパフォーマンスを高めるとは限らない。だが、民間部門におけるR&D投資は、企業の収益環境に影響を受けるため、景気悪化時にR&D投資が大きく減少する可能性がある。このため、R&D投資の安定性を高めるという意味で、政府部門としての関わりを拡大させることには大きな意義があると考えられる。加えて、政府部門には、資金的な後押しのみではなく、企業によるイノベーションを促進するような制度面での取り組みも求められる。日本では雇用制度や規制分野などに課題が残されており、そうした課題を解決していくことが、日本企業の技術力を維持・向上させていくためには不可欠だろう。

前節までで指摘してきたように、米中摩擦やコロナショックを契機とした世界的な中国離れの機運の高まりや、中国製造業の高度化の加速などによって、グローバルサプライチェーンはこれまでとは形を変えていく可能性が高い。変化はあくまで緩やかなペースで進むと想定されるものの、日本も長期的な視点を持ちつつ、官民一丸となって戦略的に立ち向かっていく必要がある。

第7章

日本経済1

アベノミクスの評価と
スガノミクスの課題

２０２０年9月16日、菅義偉内閣が発足した。安倍晋三前内閣の経済政策である「アベノミクス」は世界経済の拡大など外部環境に恵まれた面も大きかったが、戦後二番目に長い景気拡大を実現するなどコロナショック前までに多くの成果を上げた。半面、残された課題も少なくない。そこで本章では安倍内閣の取り組みを振り返りつつ、菅内閣で期待される取り組みや今後の課題について述べる。

01 第２次安倍内閣発足以降の取り組み

息の長い景気拡大を実現し、金融市場や雇用、外需の取り込みで成果

２０１２年12月の第２次安倍内閣発足以降の主な分野に対する評価を図表7-1にまとめた。特に前向きな変化が見られたのは金融市場や雇用・働き方、外需の取り込みである。欧州政府債務問題が落ち着き、大胆な金融緩和を掲げる当時野党の自民党への政権交代が現実味を帯びた２０１２年秋に円高トレンドは転換した。日本銀行が黒田東彦総裁の下で２０１３年4月から累次の金融緩和策を実施したこともあり、実質実効為替レートは大幅な円高が生じることなく現在まで比較的安定している。株式市場では国内外の景気拡大や世界的な金融緩和を反映し、東証一

部の時価総額は1989年末に記録した過去最高水準を2015年5月に更新した。

雇用面では有効求人倍率が2017年4月に約43年ぶりの水準となり、全都道府県で1倍を超えた。女性や高齢者の労働参加が進み、雇用者数（役員除く）は2012年10－12月期から2019年10－12月期までに519万人増加した。これは戦後最長の「いざなみ景気」（2002年1－3月期～2009年1－3月期、214万人増）を大幅に上回る。増加した雇用者の7割弱は非正規で、正規は178万人の増加にとどまったものの、正規が86万人減少したいざなみ景気に比べて雇用の質も改善した。

就労環境も明確な改善が見られた。2014年11月に過労死等防止対策推進法が施行され、2019年4月には時間外労働の上限規制や企業が従業員に年5日の有給休暇を取得させることなどが盛り込まれた働き方改革関連法が一部施行されたことで、企業規模を問わず長時間労働の是正が進んだ。その結果、月間就業260時間超（所定内労働時間を月160時間とすると残業時間が100時間超）の雇用者（役員除く）は2013年度で240万人だったが、2019年度には165万人まで減少した。

外需の取り込みでは、2012年に837万人だった訪日外国人数が2019年に3188万人に増加し、1兆円超だったインバウンド消費額は5兆円近くまで拡大した。その後の新型コロナウイルス感染拡大で国際的な人の動きは止まったものの、インバウンド需要拡大は円安や海外経済の成長だけではなく、官民の取り組みが奏功した結果である。また、2018年12月にTPP11（環太平洋パートナーシップに関する包括的および先進的な協定、CPTPP）、2019年2月

［図表7-1］第2次安倍内閣発足以降の主な分野における評価

分野		評価	備考
金融市場		◎	・リーマン・ショック後の円高トレンドを是正 ・株価上昇で東証時価総額は過去最高水準を更新
経済	景気	◎	・戦後二番目に長い景気拡大を実現
	雇用・働き方	◎	・女性や高齢者の労働参加が進み、雇用者数は正規・非正規ともに増加。有効求人倍率は全都道府県で1倍超え ・長時間労働の是正など働き方改革が進展
	外需の取り込み	◎	・インバウンド需要が拡大（訪日外国人の急増） ・貿易自由化を推進（TPP11、日EU・EPAなど）
	賃金・物価	○	・春闘での賃上げと最低賃金引上げを促進 ・デフレでない状況を実現したが2％インフレの目途は立たず
	成長力強化（生産性向上）	△	・コーポレートガバナンスの強化や電力・ガス小売全面自由化、農政改革など幅広い分野で制度・規制改革が進展 ・潜在成長率や労働生産性上昇率は当初期待されたようには高まらず
社会保障		△	・2012年から始まった社会保障・税一体改革に区切り ・社会保障制度の持続性確保や、全世代型社会保障の実現への道筋をつけられず
財政		×	・当初は国・地方の基礎的財政収支の黒字化を2020年度までに達成する目標を掲げたが、その後2025年度に先送り ・コロナ危機対応で財政赤字が急拡大し、収束後の財政健全化の道のりは一段と厳しくなる

（出所）各種資料より大和総研作成

に日ＥＵ経済連携協定（ＥＰＡ）が発効され、２０２０年9月には日英包括的経済連携協定（ＥＰＡ）が大筋合意に達するなど貿易自由化が進展した。

賃金は息の長い景気拡大の下で緩やかに上昇し、デフレではない状況が実現された。これに関連して、厚生労働省「毎月勤労統計」に見る雇用者1人当たりの実質賃金は２０１２年から２０１９年にかけて4・4％低下しており、家計は実質賃金が低下して豊かにならなかったとの指摘がある。だが、これは非正規雇用者の割合が上昇し、長時間労働の是正も進展して労働時間が減少したためである。また世帯主が勤める企業の家族手当などを意識して、配偶者のパートタイマーが就業調整したことも一因である。

すべての雇用者が受け取った給与等の総額である実質雇用者報酬は２０１２～19年で7・8％増加しており、前出の実質賃金とは対照的である。この間に消費税率は5％から10％へと段階的に引き上げられたが、実質雇用者報酬を総労働時間で除した実質時給はＧ７（先進7カ国）の中で平均的な上昇率を記録した。労働需給がひっ迫する中、春闘でのベアが２０１４年から広く実施されるようになり、最低賃金が２０１３～19年度に約2割引き上げられたことは実質時給の上昇を後押しした。

もっとも、安倍内閣が2％の経済成長を目指していたことを踏まえると、年率1・1％という実質雇用者報酬の上昇率は物足りない結果だった。後述するように、潜在成長率や労働生産性の伸び悩みなどが背景にある。また、2％のインフレ率も実現の目途が立たないままだ。日本銀行による異例の金融緩和策は長期化を余儀なくされており、金融機関の収益環境の悪化や産業の新陳代謝の低下などの副作用が懸念される。

労働生産性は主要先進国並みに上昇したが所期の目標を達成できず

制度・規制改革においては、コーポレートガバナンスの強化や電力・ガス小売全面自由化、農政改革、法人実効税率の引き下げ、携帯電話料金の引き下げなど幅広い分野で進展が見られたものの、一国の経済の中長期的な成長力である潜在成長率は加速しなかった。日本銀行の推計によると、２０１２年度下半期で前年比＋０・８％だった潜在成長率は、コロナショック前の２０１９年度上半期には同＋０・２％まで低下している。様々な制度・規制改革が家計や企業の行動変容を促し、マクロレベルで明確な効果をもたらすまでに一定の時間を要することは確かだが、成長力強化に向けた取り組みは十分な成果を上げられなかった（図表7－2）。

第２次安倍内閣は発足当初、「大胆な金融政策」「機動的な財政政策」「民間投資を喚起する成長戦略」から成るアベノミクスの「三本の矢」を掲げた。２０１５年秋には「アベノミクス第二ステージ」として、50年後も人口1億人を維持し、「一億総活躍社会」を実現するための「新・三本の矢」が表明された。これまでの三本の矢は第一の矢として束ねられ、名目ＧＤＰ６００兆円を「的」とするとともに、「希望出生率１・８」を実現するための子育て支援が第二の矢、介護離職ゼロを目指す社会保障の整備が第三の矢とされた。その後も「人づくり革命」（教育無償化など）や「Society5.0」の実現、「全世代型社会保障改革」「デジタルニューディール」（次世代型行政

[図表7-2] 日本の潜在成長率の推移(日本銀行推計)

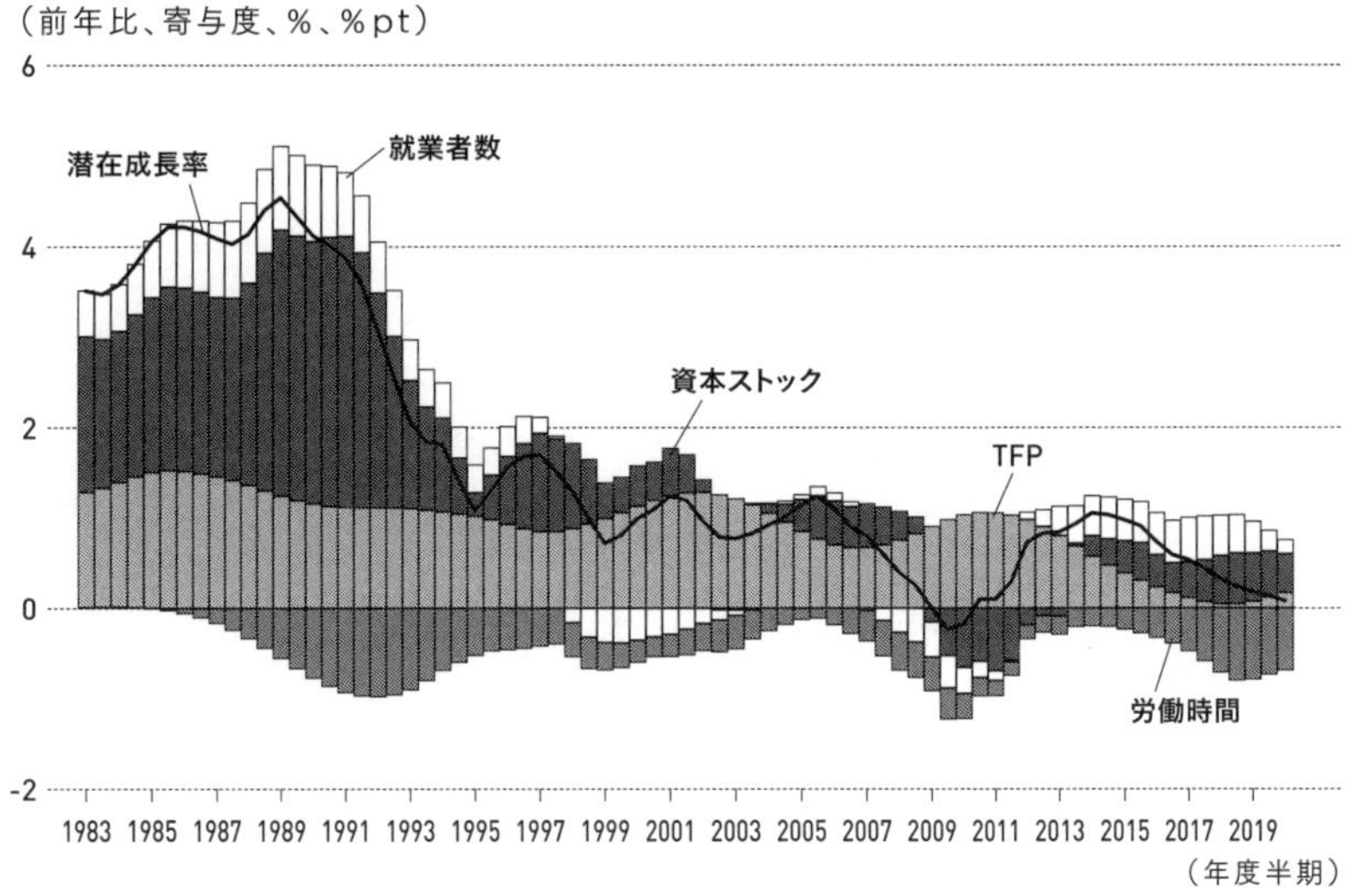

(注)各年度の上半期・下半期の数値。直近値(2020年度上半期)のみ4-6月期の数値。
(出所)日本銀行統計より大和総研作成

サービスやデジタルトランスフォーメーションなどの推進)などが打ち出された。

だが、新・三本の矢の目標はいずれも実現しなかった。「名目GDP600兆円」が掲げられた当時の名目GDPは年率換算で500兆円程度であり、毎年3%以上の成長が実現すれば2020年頃に600兆円を超えるとの見込みがあった。目標達成には100兆円程度の増加が必要だが、名目GDPがピークをつけた2019年7－9月期でも25兆円程度(季節調整値、年率換算)の増加にとどまった。また、子育て支援策では、保育の受け皿の大幅な拡大や幼児教育・保育の無償化などが実施されたものの、合計特殊出生率は2019年で1.36と2012年の1.41を下回った。

もっとも、第2次安倍内閣発足以降の労働生産性上昇率は主要先進国に見劣りしたわけ

[図表7-3] G7における実質GDP(左)と労働生産性(右)の推移

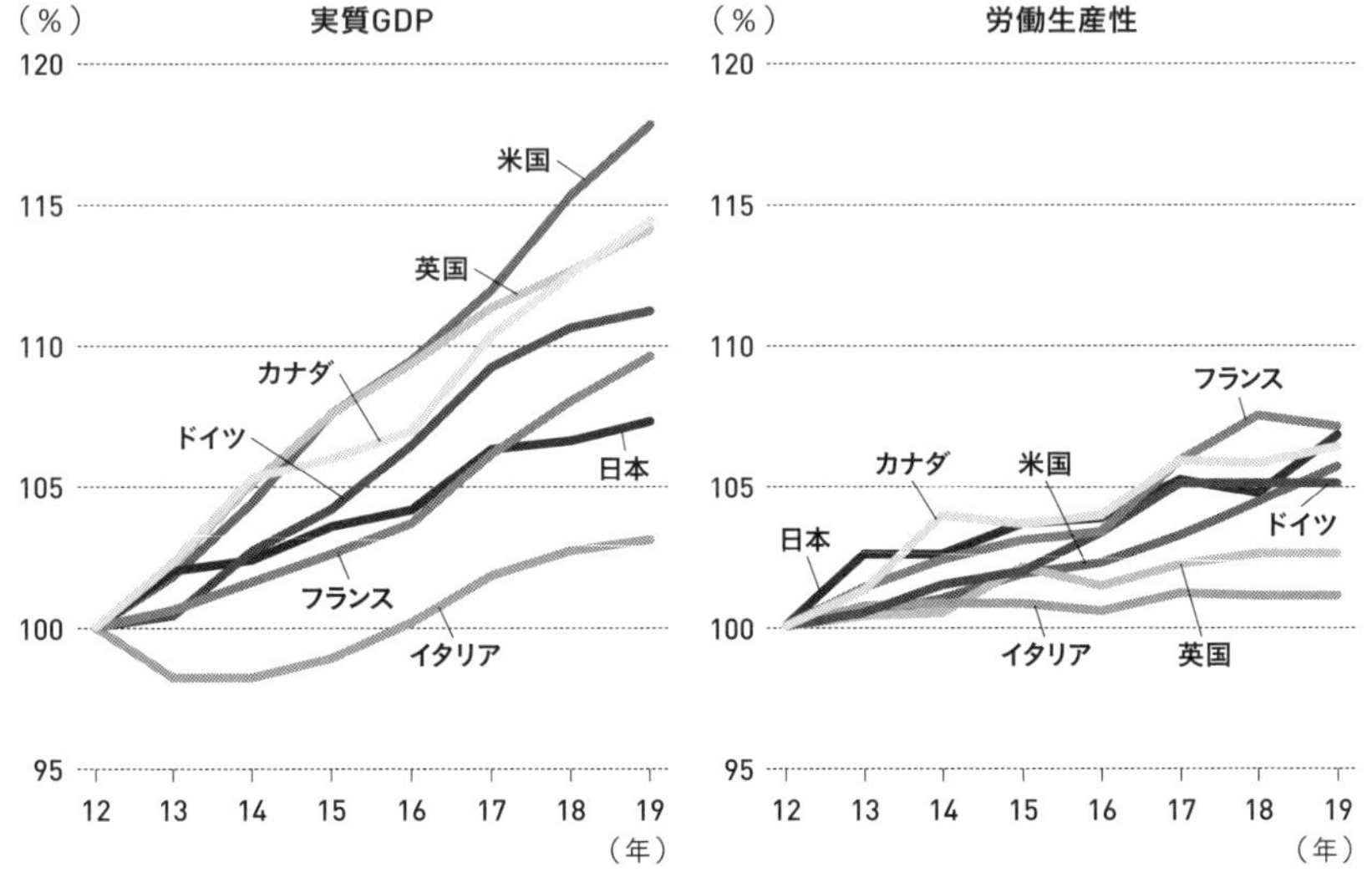

(注1)労働生産性は1人1時間当たりの実質GDP。
(注2)日本における2019年の総労働時間は毎月勤労統計と労働力調査を用いて試算。
(出所)内閣府、厚生労働省、総務省、OECD統計、Haver Analyticsより大和総研作成

ではない。図表7－3では、G7における実質GDPと労働生産性を示している。2012年を基準として2019年の水準を比較すると、日本の実質GDPは2番目に低かったが、これは人口減少による影響が大きい(人口1人当たりで見れば米英に次いで3番目に高い)。一方で、労働生産性は、イタリアと英国を除いた5カ国で大差がなかった。日本の労働生産性上昇率は1990年代から低下傾向にあるが、近年の生産性の伸び悩みは主要先進国の共通課題である。その意味において、人口減少・高齢化が進む日本の生産性上昇率を加速させ、潜在成長率を2%程度に引き上げるのは非常に野心的な目標であり、その達成には安倍内閣の実績を大幅に上回る規模で経済社会構造を変革することが少なくとも必要だったといえる。

社会保障改革は道半ばで財政健全化への道筋は不透明

社会保障分野では、消費税率を5％から10％に引き上げ、その財源の一部を「社会保障の充実」に、残りを「社会保障の安定化等」に充てるという社会保障・税一体改革に一定の区切りをつけた。２０１３年12月に成立した社会保障改革プログラム法のもと、医療・介護提供体制の見直し（地域医療構想や地域包括ケアシステムなど）や後発医薬品の使用促進などによる給付の適正化、年齢でなく負担能力に応じた公平な負担などが進められた。さらに２０１６年度からは経済・財政一体改革が推進された。それまでの取り組みを継続しつつ、薬価制度の抜本改革やインセンティブ改革などが実施され、国の一般会計の社会保障関係費は目安に沿う形で増加額が抑制された。２０１９年10月に幼児教育・保育の無償化が全面的に実施され、２０１９年12月には全世代型社会保障検討会議の中間報告が取りまとめられた。本稿執筆時点では２０２０年末に向けて最終報告が取りまとめられる予定である。

しかしながら、社会保障費の一部が赤字国債で賄われる構造は変わらず、政府の財政赤字の主要因となっている。これは現在世代が直接的に便益を受ける社会保障サービスの費用の一部を、将来世代が負担していることを意味する。また、働き手の負担増を抑えながらすべての世代が安心できる社会保障制度の構築を目指すという全世代型社会保障の考えは重要だが、制度の大幅な見直しを行わなければ働き手の保険料負担が長期的に増加し、引退後には現在よりも低水準の給付を受けることになる可能性が高い。後述するように消費税率はいずれ10％超に引き上げざるを得ず、多くの家計はこうした将来に備えて現在の消費支出を抑えようとするだろう。

財政健全化について、安倍内閣は国・地方の基礎的財政収支（プライマリーバランス、ＰＢ）を２０２０年度までに黒字化させる目標を当初掲げていたものの、２０１８年６月に達成時期を２０２５年度に先送りした。消費税増収分の使途変更や補正予算が理由に挙げられたが、中でも経済の低成長による税収の伸び悩みが大きかった。１９９０年代初めから上昇を続けてきた公債等残高対ＧＤＰ比は２０１３年度以降も毎年上昇しており、２０２０年度はコロナ危機対応で大幅に上昇する見込みだ。感染拡大の長期化が予想される中、２０２５年度のＰＢ黒字化は極めて厳しい状況にある。

02 菅内閣で期待される成長力強化の取り組み

今後の家計・企業への給付策などは経済実態を踏まえてメリハリを

菅内閣では当面、コロナ危機対応や、社会経済活動と感染拡大防止の両立が課題である。日本経済は緊急事態宣言中の2020年5月を底として緩やかな回復基調にあるが、対面や移動を伴うサービス業を中心に事業環境は依然として厳しい。本稿執筆時点では雇用情勢も一段と悪化している。半面、多くの世帯では消費の自粛や特別定額給付金などにより貯蓄額が大幅に増加した。企業の資金繰りは政府・日本銀行の支援策もあって、リーマン・ショック直後のようには悪化していない。

経済支援を必要とする家計や企業は少なくないが、4、5月のように政府が幅広に手厚く支援する状況ではなくなった。感染爆発で緊急事態宣言が再発出される可能性は否定できないものの、今後は感染状況や経済実態などを踏まえて支援対象を絞りつつ、対象者・企業には給付を重点化したり追加の支援策を検討したりするといったメリハリの利いた経済対策が求められる。また、医療提供体制・検査体制の強化や企業の感染症対策への支援、感染拡大防止と両立させた需要喚起策、感染収束後を見据えたビジネスモデルの転換の後押しなども重要だ。

成長戦略のPDCAを実効的に回し、取り組みの加速が必要

安倍内閣が十分な成果を上げられなかった成長力強化は、コロナショックの発生にかかわらず、人口減少・高齢化が進む日本にとって喫緊の課題だ。国立社会保障・人口問題研究所の将来推計によると、20～64歳人口は2065年までに約4割減少し、高齢化率は約10%ポイント上昇する見込みである（出生中位（死亡中位）推計）。地域別に見れば、働き手の減少や高齢化がさらに進む

見込みの自治体は多い。働き手の減少を抑え、一人ひとりが意欲と能力を発揮できる経済社会を目指さなければ、いずれ地域経済も、社会保障や財政も維持できなくなるだろう。

生産性の向上は民間の創意工夫や投資などによって実現されるものであり、政府の各種施策が生産性をどれだけ引き上げるのかを事前に把握することはできない。だからこそ安倍内閣の成長戦略では工程表が作成され、政策群ごとにＫＰＩ（成果目標）を設定して進捗管理されてきた。しかしながら、進捗が十分でない「Ｂ」評価のＫＰＩの割合は、成長戦略の司令塔として未来投資会議が設置された２０１６年度の２割程度から、２０１９年度で５割近くまで上昇した（図表７−４）。

２０１７年１月に開催された未来投資会議（第４回）では、「従来の取組の延長線上や既存の枠組みを前提とした発想ではなく、未来型の新たな仕組みを構築する『非連続』な発想での改革に躊躇なく挑戦する。（中略）目標逆算ロードマップ方式であらゆる施策を構築していく」との考えが示されたものの、ＫＰＩの進捗を見る限りではＰＤＣＡサイクルが実効的に回っていたのか疑問が残る。

いくつかのＫＰＩの進捗状況について確認すると、世界銀行のビジネス環境ランキングにおいて２０２０年までに先進国３位以内に入ることがＫＰＩとして掲げられているが、６年半が経過した２０１９年の時点で18位にとどまる。政府は２０１７年12月に「事業環境改善のための関係府省庁連絡会議」を設置し、行政手続きのデジタル化や事業規制の見直しなどに取り組んでいるが、菅内閣が新設する見込みである「デジタル庁（仮称）」の下で一段と加速させる必要がある。

[図表7-4] 成長戦略におけるKPIの各評価の割合

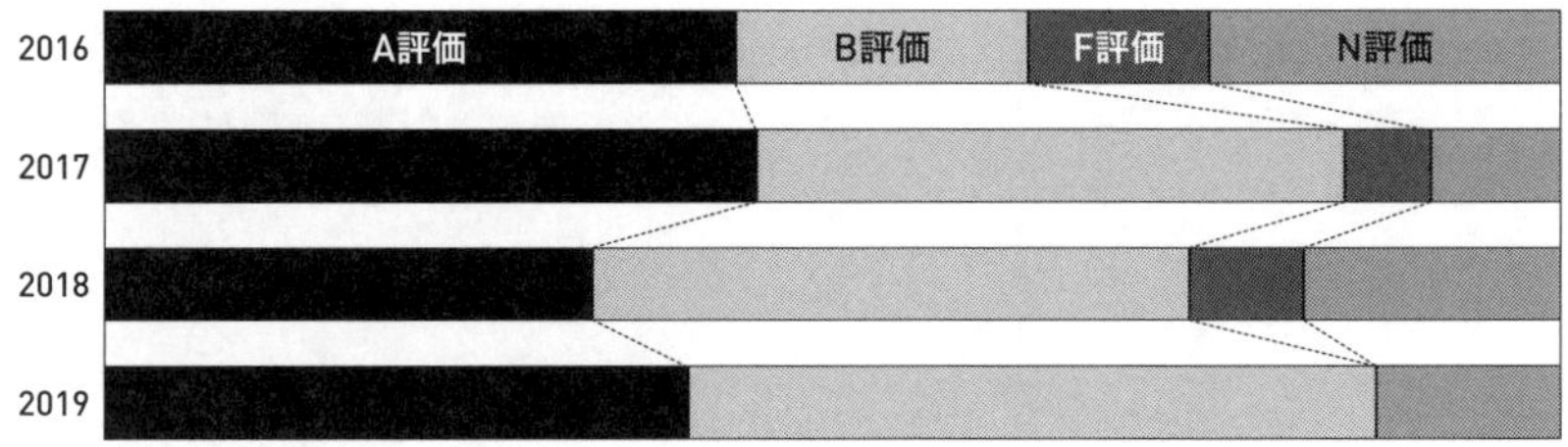

（注）F評価は、施策の実行自体が目標である項目。2019年度分よりA評価・B評価に統合。
N評価は、データ制約により評価が困難な項目。いずれも評価時点は各年度末。
（出所）首相官邸資料より大和総研作成

また、製造業とサービス産業の労働生産性について、それぞれ年間2％の上昇がKPIとされているが、いずれも直近は「B」評価である。これに関連して報道によると、菅内閣は中小企業基本法の見直しに向けた検討に着手するという。税制上の優遇措置や補助金を受けられる中小企業の定義を実態に合わせて見直すことで、自律的な企業努力や再編などを促し、中小企業の生産性を高める狙いがあるとみられる。国内企業の99・7％が基本法上の中小企業に該当するように、一言で「中小企業」といっても成長力や財務状況は企業ごとに大きく異なる。これまでの中小企業政策はそれらを一律的に弱者とみなして重層的に実施する傾向が見られた。中小企業政策が企業の成長意欲を削いだり、産業の新陳代謝を阻害したりしていないかについても、検討の余地があるだろう。

菅内閣には、男女共同参画（女性活躍）においても一段の取り組みが求められる。関連するKPIで代表的なものが、女性の管理職割合や男性の育児休暇取得率だ。女性の管理職割合に関するKPIでは、2020年までの目標として、①上場企業の役員に占める女性の割合を10％、②民間企業の課長相当職に占める女性の割合を15％に引き上げることが設定されている。ところが、ＫＰＩの期限を目前に控えた２０１９年で、①が5・2％、②が11・4％にとどまり、いずれも「Ｂ」評価とされた。

他方で男性の育児休暇取得率に関しては、２０２０年までに育児休暇取得率を13％まで引き上げるというＫＰＩが掲げられているものの、２０１９年度で7・5％と目標を大幅に下回る。これに関連して菅首相は、男性公務員の育児休暇取得の促進を表明するなど前向きな姿勢を示している。また、後述するように、テレワークが普及することで男性が家事・育児に充てる時間は延びる可能性がある。こうした動きが女性の家事・育児負担の軽減や離職率の低下につながり、ひいては女性の管理職割合の上昇に寄与することが期待される。

コロナショックを好機と捉えたデジタル社会・一億総活躍社会の推進に期待

感染拡大防止のためのソーシャルディスタンスの確保や外出自粛などにより、人や企業が集積する経済的なメリットは低下した。だが同時に、出社を前提とする働き方や「対面」「紙」「判子」をベースとした商慣行を社会全体で見直す契機にもなり、様々な社会経済活動をリモートで行うためのインフラが官民で急速に整備された。オンラインでの様々なサービスも普及した。これらはコロナショック前から目指していたSociety 5.0との親和性が高い取り組みである。Society 5.0とは、ＩoＴ（Internet of Things＝モノに通信機能を搭載してインターネットに接続・連携させる仕組み）やＡＩ（人工知能）、ロボットなどの利用拡大により空間・時間の制約が緩和、解消され、新たな財やサービス、ビジネスモデルが生まれることで国民生活が高度化する社会である。WHO（世界保健機関）によると、2020年11月26日時点で臨床評価中のワクチン候補は49、臨床評価の前段階にあるワクチン候補は164あるという。予断は許さないものの、新型コロナウイルスが人類の脅威でなくなるポストコロナ時代はいずれ到来するだろう。感染拡大中に社会全体でデジタル化が推進されれば、集積の経済的メリットが回復したポストコロナ時代の成長力は感染拡大前を上回る可能性がある。菅内閣にはコロナショックを好機と捉えたデジタル社会の推進が期待される。

2015年秋に安倍内閣が打ち出した一億総活躍社会も、コロナショックで図らずもテレワークが広がったことで実現しやすくなった。テレワークなら育児中や介護中の人、通勤が負担と感じる高齢者や障がい者なども働きやすくなる。リクルートワークス研究所が2017年に4万人強を対象に実施したアンケート調査の分析結果によると、テレワークを利用する男性はそうでない場合に比べて家事育児時間が有意に長かったという。これは配偶者である女性のワークライフバランスを改善させる。先述のように、安倍内閣の下で女性の労働参加は進んだものの、賃金の男女間格差は欧米諸国よりも大きいままだ（図表7−5）。こうした中でテレワークが普及すれば、生産性の引き上げ余地が比較的大きい女性の離職率を低下させ、人的資本の蓄積や賃金上昇を促すだろう。

近年、副業・兼業を認める企業が増えているが、例えば都市部で働く人が週に数回、地方企業でリモート副業することも考えられる。都市部の大企業に偏りがちな高度人材の専門知識や経験、

[図表7-5] 国際的に見た女性の賃金水準

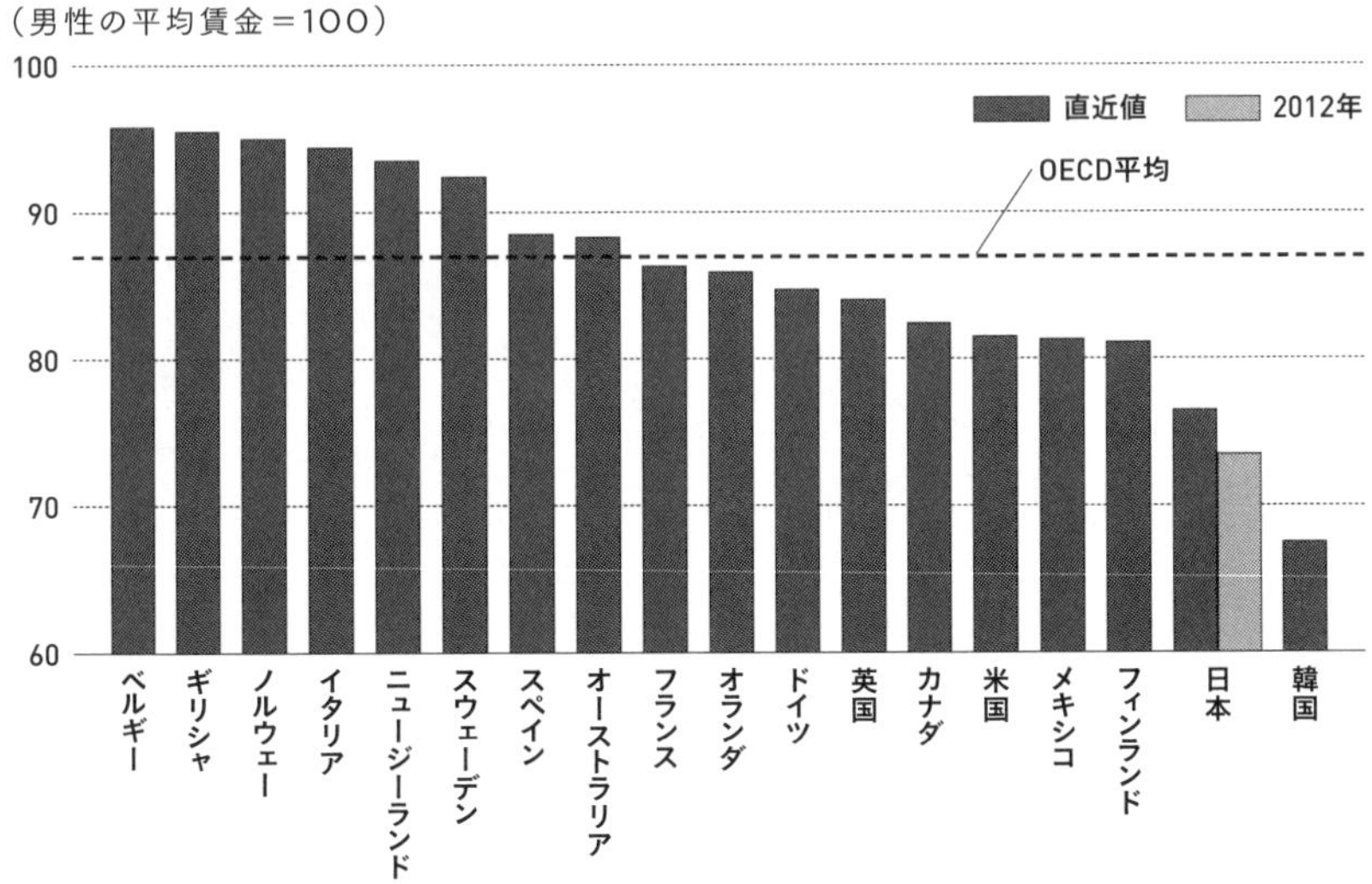

(注)「直近値」は2019年以前で利用可能なデータのうち最新の値。日本の直近値は2019年。
(出所)OECDより大和総研作成

人的ネットワークが地方企業で広く活かされるようになれば、企業収益が拡大する機会が増え、地方経済の活性化につながる。

もっとも、テレワークの定着には課題が多い。緊急事態宣言中に実施された複数の民間アンケート調査を見ると、テレワーク利用者の大半は生産性が低下したと回答する結果が多かった。また、労働政策研究・研修機構が2020年8月26日に公表したアンケート調査結果によると、コロナショック発生前の通常月では回答者の27%が在宅勤務・テレワークを行っていたが、その割合は緊急事態宣言中の5月第2週に94%まで急上昇した。だが、宣言が全面解除された同月最終週には74%まで低下し、7月の最終週に半数を下回った。テレワーク利用率はコロナショック発生前に比べて高い水準を維持しているものの、定着したとはいいにくい状況にある。多くの企業ではＩＴ機器やネットワークの整備、諸手続きのオンライン化だけでなく、業務の性質などに応じて出社とテレワークを使い分け、就業規則やテレワーク時の費用負担のあり方などを幅広く見直す必要がある。こうした民間の取り組みを菅内閣でも強く後押しすることが期待される。

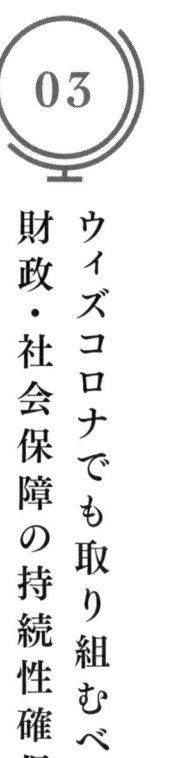

03 ウィズコロナでも取り組むべき財政・社会保障の持続性確保

消費税率10％超への引き上げは「今後10年は必要なし」なのか

先述したように、安倍内閣は２０１２年から取り組んできた社会保障・税一体改革に一定の区切りをつけ、全世代型社会保障の実現に向けた議論を２０１９年秋から進めているものの、財政・社会保障の先行きは依然として厳しい。

菅首相（当時官房長官）は２０２０年９月11日の記者会見で、消費税率10％超への引き上げに関して「安倍晋三首相は今後10年ぐらい上げる必要がないと発言した。私も同じ考えだ」と述べた。２０１９年10月の国会答弁での安倍前首相の発言や、これに同意するという菅首相の発言は、内閣府「中長期の経済財政に関する試算」（以下、内閣府中長期試算）の財政見通しが念頭にあったと

[図表7-6] 内閣府中長期試算における国・地方のPB見通し

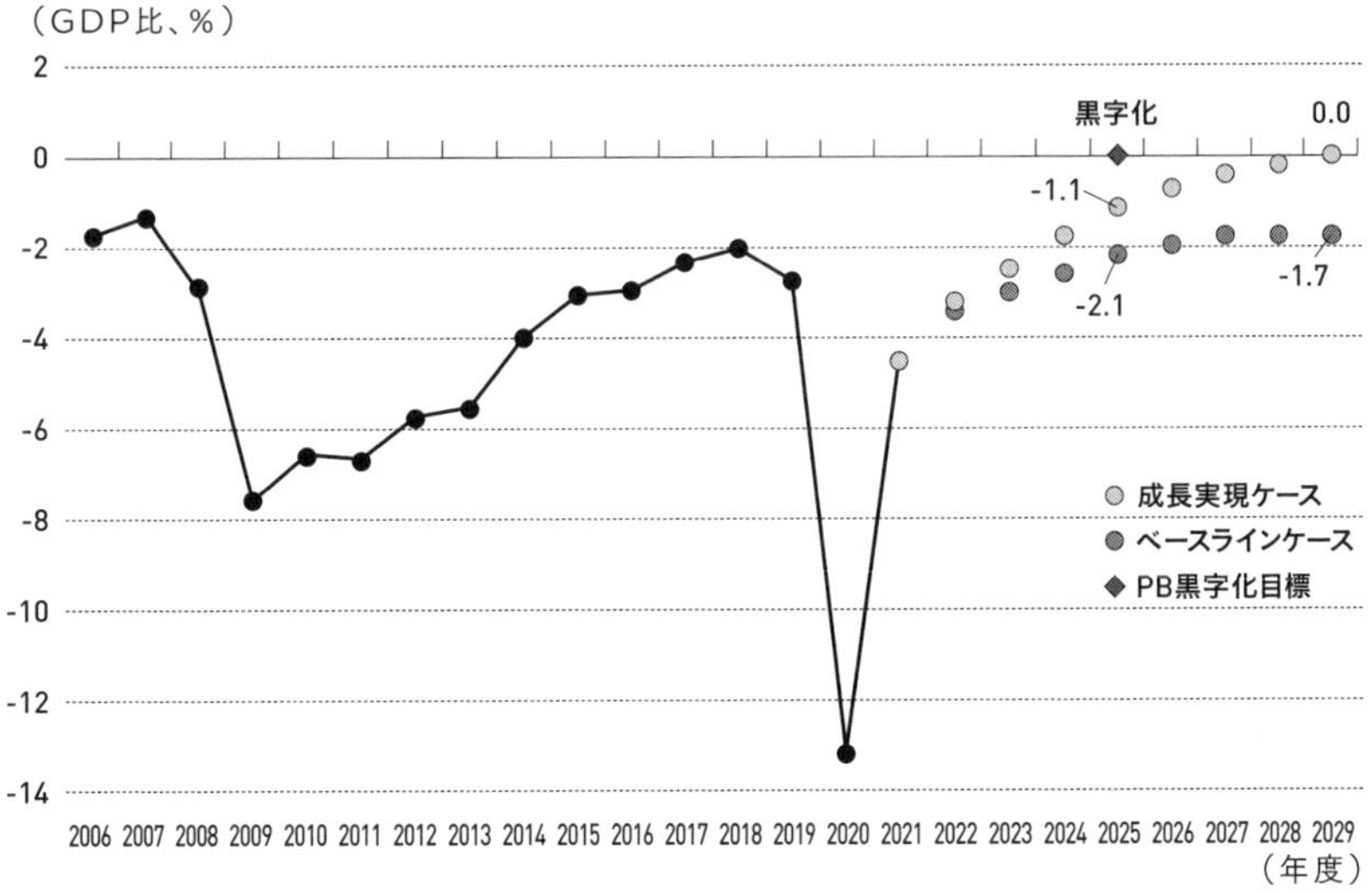

(出所)内閣府「中長期の経済財政に関する試算」(2020年7月31日)より大和総研作成

みられる。

経済財政諮問会議に参考資料として年に2回提出される内閣府中長期試算では、「成長実現ケース」と「ベースラインケース」という二つのシナリオが示されている。2020年7月31日に公表された直近の内閣府中長期試算（以下、直近試算）を見ると、成長実現ケースとは政策効果が発現し、経済成長率が中長期的に実質2％程度、名目3％程度を上回る水準へ高まり、消費者物価指数（CPI）上昇率が2024年度以降2％程度で推移するシナリオと説明されている。一方、ベースラインケースは、経済が足元の潜在成長率並みで将来にわたって推移し、経済成長率が中長期的に実質1％程度、名目1％台前半程度、CPI上昇率は0・7％程度となる見通しである。

直近試算における成長実現ケースのPBは、

財政健全化目標の達成時期とされる2025年度でも対GDP比1・1%の赤字であり、2029年度に黒字化する見込みだ（図表7-6）。もっとも全世代型社会保障検討会議などで議論された社会保障改革の効果は、この見通しには十分に織り込まれていない。つまり、コロナショックで経済財政が悪化したこともあって2025年度のPB黒字化は難しいものの、成長実現ケースの下で必要な改革を進めれば、2020年代後半には目標を達成することが可能ということだ。

「成長実現ケース」の蓋然性は低いといえる二つの理由

確かに成長実現ケースで示されたシナリオを実現できるのであれば、消費税率10%超に引き上げる必要性は当面小さい。だが、以下の二つの理由から、成長実現ケースの蓋然性は低い。

一つ目は、しばしば指摘される経済前提に関することだ。直近の成長実現ケースでは、潜在成長率が2019年度の0・9%から2024年度で1・8%へと上昇する見通しである。だが、第2次安倍政権発足後に初めて公表された2013年8月の試算では、経済成長率が高めのシナリオにおいて、潜在成長率は2017年度で1・9%に達する見通しだった。本章の第1節で述べたように、成長戦略は幅広い分野で進められたものの、実際の潜在成長率は当初の期待通りには高まっていない。また、日本の労働生産性上昇率は主要先進国に見劣りしておらず、生産性の伸び悩みは先進国共通の課題である。菅内閣は成長力強化の取り組みを加速させるとみられるものの、成長実現ケースで想定されているように、今後数年で日本の生産性上昇率だけが加速するかどうかは不確実性が高い。

なお、直近試算の税収は両ケースともに対GDP比でおおむね横ばいで推移する見通しである。すなわち税収弾性値は1程度と見込まれている。税収弾性値は短期的には景気循環や税制改正などによって大きく変動するものの、これらの影響が均された中長期の時間軸では、税収はマクロの課税ベースでもある名目GDPに応じて増減すると考えられるためである。

二つ目はより重要で、成長実現ケースは今後の歳出の伸びが低く見積もられている可能性がある。図表7-7は中長期試算で示された国の一般会計における社会保障関係費を対GDP比で示したものだ。第2次安倍内閣発足以降の社会保障関係費は、対GDP比で安定している。経済・財政再生計画で「集中改革期間」と位置づけられた2016~18年度では、実質的な増加額（社会保障の充実等を除いた増加額）を高齢化による自然増分の1.5兆円程度に抑えるという「目安」に沿った予算編成が行われた。2019年度と2020年度の当初予算も新経済・財政再生計画の「目安」に沿って編成されたが、2020年度はコロナ危機対応で大規模な補正予算が編成された。2021年度以降について成長実現ケースでは、社会保障関係費は対GDP比で明確に低下し、2029年度にはコロナショック前の水準まで改善する見通しとなっている。

しかしながら、成長実現ケースで描かれているように、社会保障費を抑制することは容易ではないだろう。2018年5月に公表された内閣官房・内閣府・財務省・厚生労働省の「2040年を見据えた社会保障の将来見通し（議論の素材）」によると、成長実現ケース、ベースラインケ

[図表7-7] 社会保障費見通しの比較

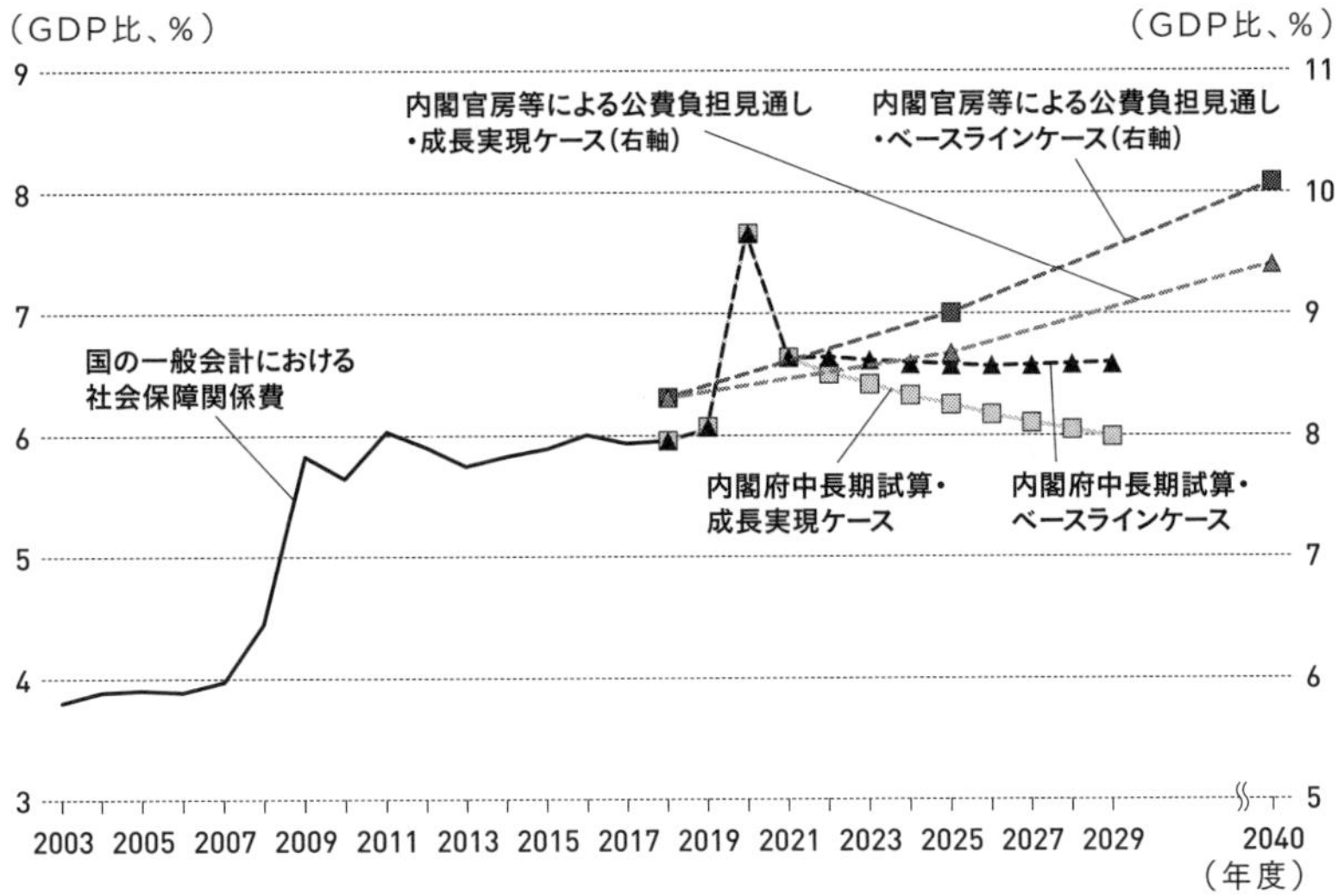

(注)内閣官房等による社会保障費見通しは、医療・介護に関する各種計画値を基礎とした「計画ベース」で、医療の単価の伸び率は仮定①を利用。
(出所)内閣官房等「2040年を見据えた社会保障の将来見通し(議論の素材)」(2018年5月21日)、内閣府「中長期の経済財政に関する試算」(2020年7月31日)より大和総研作成

ースの経済前提の下、後発医薬品の普及促進や外来医療費の適正化、病床機能の再編などの歳出抑制などの計画が反映された場合でも、社会保障給付の公費負担は対GDP比で緩やかに上昇する見込みである(図表7-7)。経済成長率が高めのシナリオのほうが社会保障費対GDP比の上昇が緩やかであるという点は内閣府中長期試算と共通するものの、厚生労働省も関わった内閣官房等の将来推計では内閣府中長期試算よりも厳しい姿が示されている。

さらに直近試算では、非社会保障分野においても歳出抑制的な想定が置かれている。すなわち2021年度以降の非社会保障費は実質GDP成長率の高低とは無関係に、「物価上昇率並みに増加する(実質横ばい)」と想定されている。成長

実現ケースのように高成長の経済では実質賃金（≒労働生産性）上昇率も高く、２０１８年度で29兆円だった公務員人件費は、民間の賃金動向を反映して物価上昇率を大幅に上回る伸びで増加するだろう。こうした中で公共サービスの支出額を「実質横ばい」に抑えるためには、歳出の重点化や効率化などが現実には求められる。

また、老朽化したトンネルや河川、下水道、港湾等の施設の割合は今後加速度的に上昇すると見込まれており、関連経費が「実質横ばい」で推移するというのは楽観的である。国土交通省によると、建設後50年以上経過する道路橋の割合は２０１８年３月で約25％だったが、２０２３年３月で約39％へ、２０３３年３月で約63％へと上昇する見通しだ。政府は計画的に維持管理・更新することでトータルコストの縮減・平準化などを図る方針だが、それでも２０１８年度で約５・２兆円だった関連費用は２０４８年で約６・５兆円へと増加する見込みである。

感染収束後は歳出・歳入改革を軸に財政再建が必要

以上のように、成長実現ケースの財政見通しは歳出・歳入の両面で蓋然性が低い。ベースラインケースに基づけば、国と地方のＰＢは２０２９年度で対ＧＤＰ比▲１・７％と中長期的に赤字で推移し（前掲図表７－６）、政府の財政健全化目標でもある公債等残高対ＧＤＰ比の安定的な引き下げも見込めない。世界の中で突出して厳しい財政状況にある日本が、感染収束後に財政健全化を着実に進めるためにも、保守的な経済見通しの下、歳出・歳入改革に軸足を置いて財政の持続性確保に取り組む必要がある。また、コロナ危機対応で急増した関連支出の財源確保についても感染収束後に議論を進めるべきだ。

このうち社会保障分野については、目指すべき自助（自己負担）・共助（保険料）・公助（公費）のバランスのあり方や、それを実現するための道筋について具体的に示すことが菅内閣の課題である。菅首相は自民党総裁選で「自助・共助・公助、そして絆」を政治理念に掲げたが、これまでの社会保障改革を振り返ると、青写真が示されないままに個々の改革が漸進的に行われてきた。結果として共助（保険料）と公助（公費）の負担がなし崩し的に増大している。高齢者数がピークを迎える２０４０年頃を視野に入れつつ、持続可能な社会保障制度を構築するための自助・共助・公助のバランスとはどのようなものなのか、その実現にはどのような改革メニューがどれくらいの規模で必要なのか、将来推計を踏まえた具体的な議論が求められる。

まずは安倍内閣の新経済・財政再生計画に盛り込まれた改革項目の着実な実施とともに、特に医療・介護分野において給付範囲・割合を見直し、年齢ではなく負担能力に応じた負担を徹底する必要がある。その上で、消費税率は10％超に引き上げざるを得ないだろう。消費増税は国民生活への影響が大きく、政治的にも困難が伴う。社会保障財源としては所得税や法人税などのほか、源泉徴収で負担を感じにくい社会保険料も考えられる。だが、それにもかかわらず、消費税が有力な財源として選ばれるのは、税収の安定性や経済活動に対する中立性の高さに加え、あらゆる世代が広く薄く負担する税であることが人口動態の観点からますます重要になるためだ。

先述のように、国立社会保障・人口問題研究所は20～64歳人口が２０６５年までに約４割減少し、高齢化率が約10％ポイント上昇すると見込んでいる。現役世代が主に負担する所得税や社会保険料を増やすのでは、それでなくとも負担が重くなる働き手に、負担がさらに集中してしまう。家計が払った社会保険料は２０１４～18年度の5年間で5兆円超も増加したが、これは消費税率で2％ポイント分に近い規模であり、そのほとんどを働き手が負担した。企業は労使折半で保険料を負担しているため、企業負担も同程度に増加している。社会保障費が長期に増加する見込みであることを踏まえれば、あらゆる世代が広く薄く負担する消費税の役割を高めていかなければならないだろう。

デジタル化の推進を通じた再分配政策の強化

菅内閣はデジタル庁（仮称）を司令塔として行政サービスのデジタル化を推進する方針だが、これはベーシック・インカム（以下、ＢＩ）に関連する取り組みでもあり、ほころびが見られる日本の再分配政策の強化に資する。

ＢＩとは全国民に一定額を定期的に現金給付する仕組みだ。ＢＩを本格導入した国はないものの、最近では米国の大手ＩＴ企業経営者らが失業対策としてＢＩの導入を提案したり、２０１９年の世界経済フォーラムで議論されたりしている。

ＢＩには、①救済すべき人の取りこぼしがない、②働き方の多様化や急な収入減・失業にも対応できる、③各人が申請しなくとも給付を受けられる——といった利点がある半面、全国民に無条件で一定額を永続的に給付するため、かなりの規模の財源が必要になる。(注1) また、貧困（低所得者）対策としての費用対効果が悪い。一定の要件を満たす人や世帯に重点的に給付する制度に比べると、真に必要とする貧困（低所得）層に十分な給付が行われない可能性がある。

現在の税・社会保障制度をベースにＢＩの利点をうまく取り入れることができれば、急進的な制度改革や巨額の財源確保を伴わなくとも、人口減少・高齢化が進展する日本においてＢＩを間接的に実現できる。これは対象者の漏れがないセーフティーネット機能を備えた税・社会保障制度を目指すということであり、国民の所得情報や銀行口座を個人識別番号で管理するインフラの整備にほかならない。

特別定額給付金の支給では多くの自治体で混乱が生じたが、その根本的な原因はマイナンバーがいまだに有効活用されていないことにある。国民の所得情報や銀行口座をマイナンバーで管理できれば、政府が対象者を選別し、本人の銀行口座に早期に振り込むことは可能だっただろう。執行が効率化されるため、例えば特別定額給付金にかかる１４５９億円の事務費（予算ベース）は大幅に抑えられ、その分を生活困窮者などへの給付に充てられたはずだ。効率的で効果的なセーフティーネットを構築するためにも、菅内閣ではマイナンバーの有効活用の推進が強く期待される。

（注1）神田慶司・神尾篤史・中村文香「令和時代の格差問題への処方箋～ベーシック・インカムの観点から」（『大和総研調査季報』２０２０年春季号（Vol. 38）、pp. 4 - 15）。

第8章

日本経済2

ウィズコロナ時代の日本経済の行方

01 戦後最悪の落ち込みを経験した日本経済

コロナショックはリーマン・ショックを超えるスピードとマグニチュード

新型コロナウイルス感染拡大により、世界経済と日本経済は急速な縮小を余儀なくされた。日本経済への最初の打撃は訪日外国人旅行（インバウンド）の減少である。感染拡大を防止するための入管規制強化などを受け、中国をはじめとするアジアからの訪日外客数は2020年2月に急減した。3月には欧米で感染拡大が深刻化し、4月の訪日外客数は前年比99・9％減となった。2019年で5兆円弱まで成長したインバウンド市場はわずか数カ月でほぼ消失したのである。

インバウンド消費額はサービス輸出に該当するが、モノの輸出も急激に減少した。オランダ経済政策分析局によると、世界の貿易量を表す指数（季節調整値）はリーマン・ショック後の6カ月間（2008年9月～2009年3月）で17％ほど低下したが、コロナショックでは2020年2～5月の3カ月間で16％ほど低下した。世界のモノの動きに急ブレーキがかかり、日本の輸出も主力の欧米向けを中心に5月にかけて大幅に減少した。

コロナショックがリーマン・ショック時など過去の景気後退局面と大きく異なるのは、個人消費が輸出とほぼ同時に落ち込んだ点である。平成の日本経済は、内需が成熟化する中で外需が牽引役となり、緩やかな成長を実現した。そのため過去の景気後退局面では、世界経済の減速がきっかけとなることが多かった。また、安全通貨・逃避通貨として円が選好され、円高が進行する傾向も見られた。輸出環境の悪化で企業収益や設備投資が減少すると、その影響は雇用・所得環境に波及し、個人消費などの内需を減少させた。こうした経路での景気後退は、外需の減少がただちに内需に影響を与えるわけではなく、一定の時間を要したが、コロナショックでは感染拡大防止策として対面や移動を伴うサービス消費を中心に自粛が要請されたことで、個人消費は2020年3月には減少を始めた。

さらに2020年4月から5月にかけて発出された全都道府県への緊急事態宣言により、個人消費は急激に落ち込んだ。海外では、日本よりも厳しい社会経済活動の制限措置であるロックダウン（都市封鎖）が全国規模で実施された。その結果、多くの国・地域では4－6月期に、実質GDPが現行統計開始以降で最大の減少率を記録した。

図表8－1は主要国・地域における4－6月期の実質GDP成長率と、米グーグル社が地図アプリの位置情報を集計した小売店・娯楽施設(注1)の人出の増減率を示したものだ。実質GDP成長率と小売店・娯楽施設の人出の動きには強い相関関係が見られ、4－6月期は厳しい感染拡大防止

（注1） スーパーマーケットや青果市場、ドラッグストアといった必需的な品目を多く取り扱う店は含まれない。

［図表8-1］主要国・地域における実質GDP成長率と小売店・娯楽施設の人出

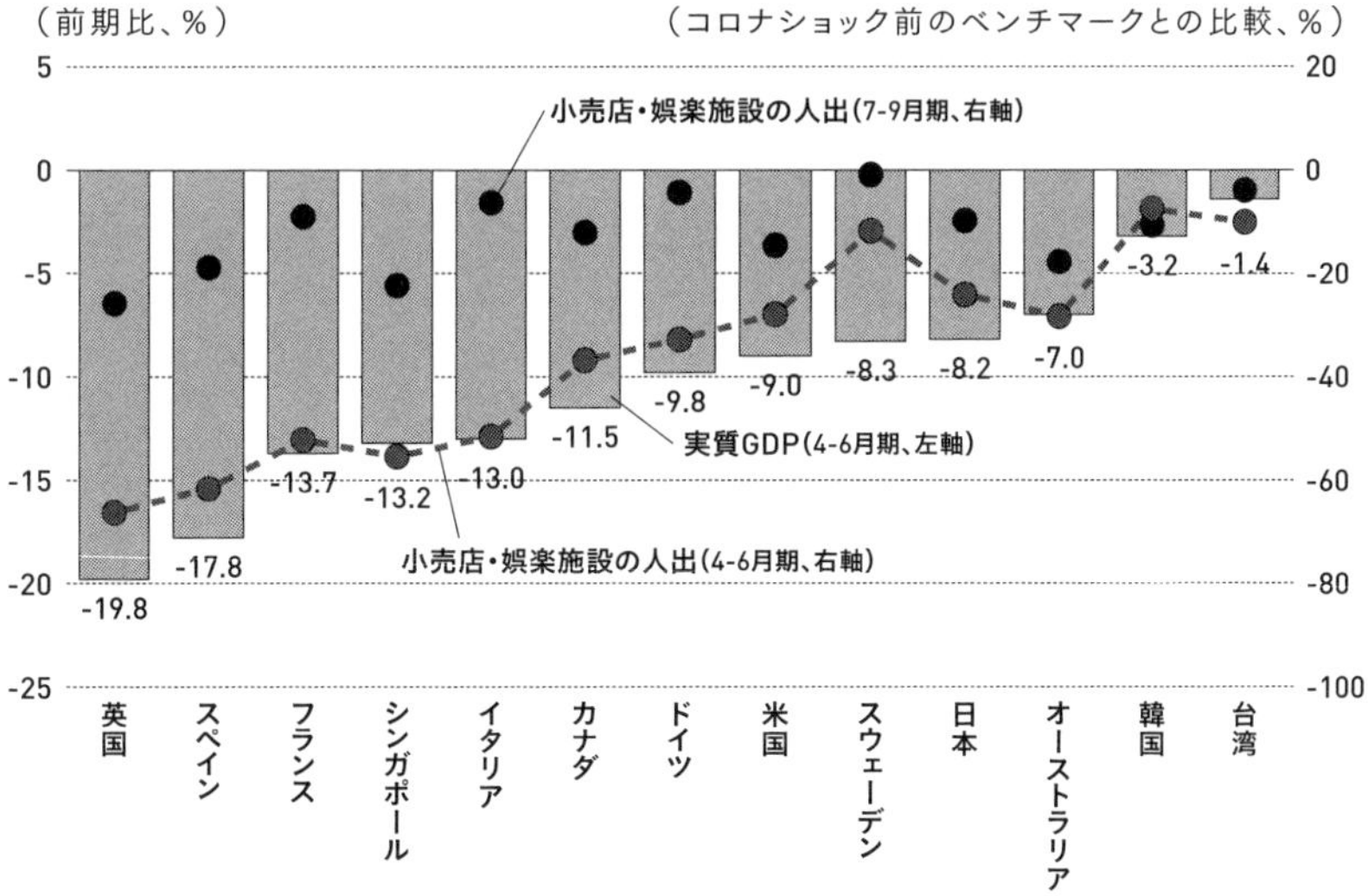

（注）小売店・娯楽施設の人出は1月3日〜2月6日の曜日別中央値をベンチマークとした1日当たり平均増減率。
（出所）内閣府、Google、Haver Anyalyticsより大和総研作成

策に伴う人出の落ち込みが景気動向に色濃く表れたといえる。例えば、英国の実質GDP成長率は前期比▲19・8%と、日本（同▲8・2%）の2・4倍のマイナス成長を記録した。同時期の小売店・娯楽施設の人出の減少率も日本のそれの2・7倍まで拡大している。日本は4−6月期に戦後最悪ともいえる景気悪化を経験したものの、コロナショックの影響は図表8−1で示した国・地域の中では比較的小さかった。

なお、他国とは異なる特徴が見られたのがスウェーデンである。（注2）スウェーデンでは国民の主体的な取り組みを基本とした緩やかな感染拡大防止策が実施されたことで、小売店・娯楽施設の人出の減少は限定的だった。だが、4−6月期の実質GDP成長率は前期比▲8・3%と、日本などよりも景気が悪化した。輸出の急減に加えて、家計の可処分所得の大幅

減が消費抑制につながったためだ。日本では特別定額給付金（国民1人当たり10万円の一律給付）などによって可処分所得は急増したが、スウェーデンでは雇用・所得環境の悪化や、経済対策が小規模だったこともあり、比較的自由に外出できても家計は消費額を減らさざるを得ない状況に陥った。

図表8－1の丸印は7－9月期の平均的な人出を表している。4－6月期に比べて人出が増加した国・地域がほとんどであり、ドイツやイタリアなど欧州での回復が鮮明である。日本ではコロナショック前の1割減程度まで人出の減少率が縮小している。このように小売店・娯楽施設の人出に注目するだけでも、日本を含め多くの国の経済は最悪期を脱したといえる。ただし欧州では、2020年9月から10月にかけて感染再拡大が深刻化しており、一部の国ではロックダウンや飲食店の営業時間の短縮、夜間の外出制限などの感染拡大防止策が実施された。これを受け、欧州の人出は2020年11月に急激に落ち込んだ。ワクチン開発が進展していることは確かだが、世界的なワクチンの普及時期は予断を許さない。2021年も感染状況や社会経済活動への影響について引き続き注視する必要がある。

（注2）小売店・娯楽施設の人出の減少率がスウェーデン並みだった台湾では、4－6月期の実質GDPは小幅な減少にとどまった。台湾は緩やかな感染拡大防止策で感染第1波を早期に抑え込んでおり、輸出の主力製品が電子部品であるなどコロナショックの影響を受けにくい輸出構造だったことが背景にあると考えられる。

日本経済は2020年5月を底に緩やかな回復基調へ

各種統計を見ると、日本経済は2020年5月を底として回復基調に転じた。背景には国内外で経済活動が再開されたことや、各種給付金や資金繰り支援策等の政策効果などがある。

コロナショックの悪影響を特に受けた個人消費と輸出の2020年6月以降の動きについて、順に見ていこう。GDPベースの個人消費を月次で把握することができる日本銀行「消費活動指数」によると、6月は緊急事態宣言中に抑えられていた需要の一部がペントアップ需要（繰越需要）として発現したことに加え、キャッシュレス・ポイント還元事業終了に伴う駆け込み需要や特別定額給付金などから急回復した（図表8－2）。だが7月に入るとこうした押し上げ要因は剥落、縮小し、天候不順や感染再拡大もあって回復が一服した。本稿執筆時点では9月分の消費動向まで確認できるが、個人消費の回復はコロナショック前を5％程度下回った水準で頭打ちとなった。

消費活動指数を財・サービス別に見ると、宣言解除後に堅調に推移したのが耐久財消費だ。6月～8月に、消費水準はコロナショック前を明確に上回っており、特に家電が好調だった。ペントアップ需要や特別定額給付金などが追い風になったとみられるが、ペントアップ需要はやがて剥落する。また、耐久財という性質上、一度購入すれば今後数年は買い替え需要が発生しにくいことから、特別定額給付金による効果は需要の先食いという側面を持ち合わせている。そのため、9月にはそうした影響が一服し、調整局面に入ったとみられる。先行きの耐久財消費は当面弱い

［図表8-2］財・サービス別に見た消費活動指数

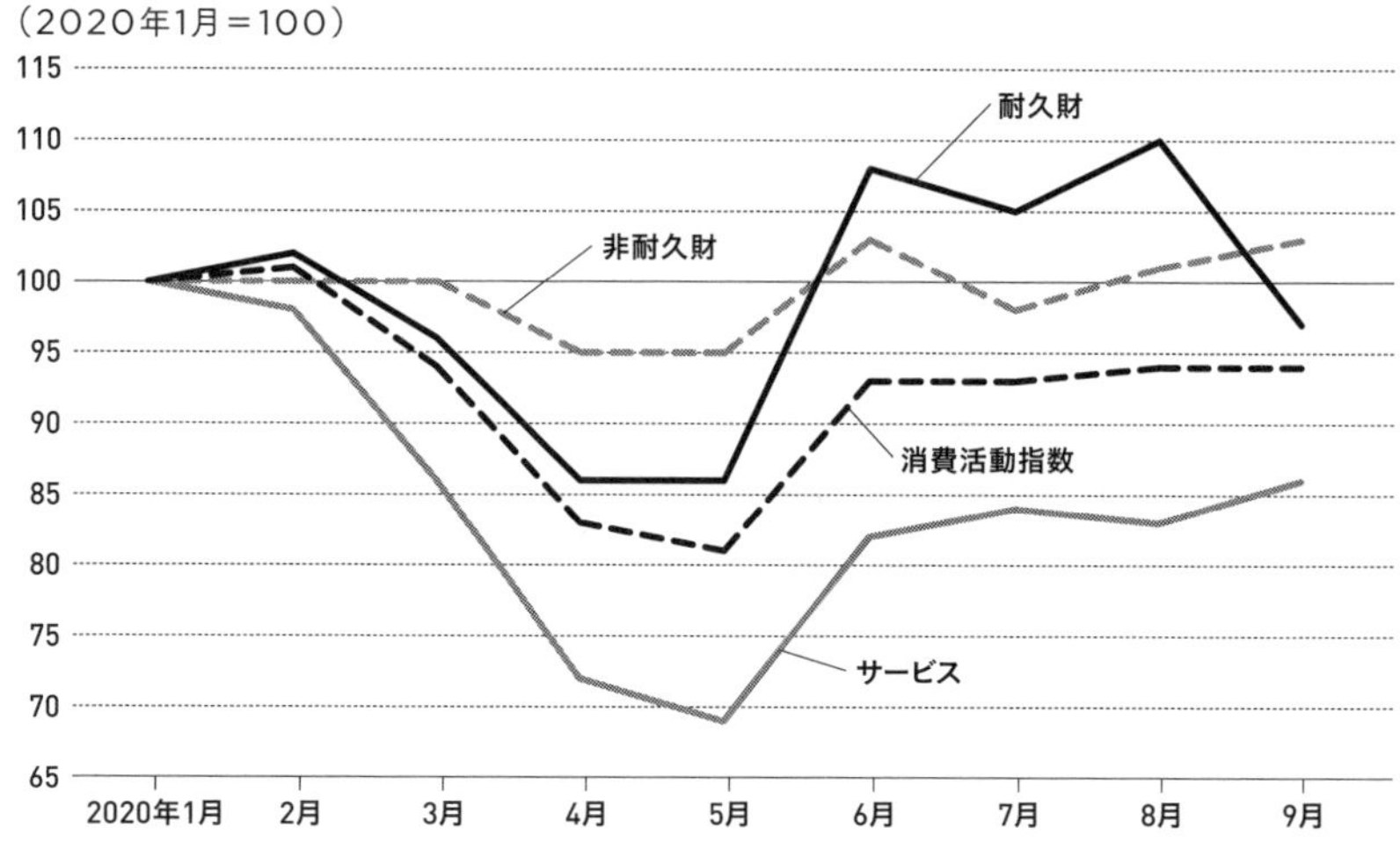

（注）いずれも実質、季節調整値。消費活動指数は旅行収支調整済み。財・サービス別は旅行収支未調整。
非耐久財は、国民経済計算における半耐久財を含む。
（出所）日本銀行統計より大和総研作成

動きが続くだろう。

飲食料品や日用品、衣料品などが含まれる非耐久財は、比較的底堅く推移している。総務省「家計調査」「消費者物価指数」から各品目の購入単価と小売物価の動きを見ると、内食や中食の一部の品目では購入単価の伸びが小売物価の伸びを上回っており、家計の高価格志向が進んだ（いわゆる「プチ贅沢」）と考えられる。反対に衣料品では、外出頻度が低下したことで、需要がお洒落着から普段着へとシフトするなど低価格志向が進んだようだ。

一方、サービス消費の回復はかなり鈍い。消費水準は9月でもコロナショック前を15%程度下回る（図表8－2）。接触や移動を伴いやすい外食・旅行・娯楽関連消費は、人出の増減を反映して弱い動きが続いている。小売店・娯楽施設の人出は7月から10月上旬にかけて、コロナショック前に比べて10%ほど低い水準で推移したが、外食・旅行・娯楽関連消費の回復はさらに遅れており、9月時点でコロナショック前の水準を30％ほど下回った。

東京都は23区内の営業自粛要請を２０２０年9月15日で終了し、政府はイベントの開催制限を同月19日から条件付きで緩和した。「Ｇｏ Ｔｏ トラベルキャンペーン」から除外されていた東京都発着の旅行は10月1日から対象となり、「Ｇｏ Ｔｏ Ｅａｔキャンペーン」が同日に開始された。これらはサービス消費を後押ししたとみられるものの、11月に入り感染拡大が深刻化したことを受けて、政府は大阪市と札幌市をトラベル事業から一時除外した（本稿執筆時点）。またＥａｔ事業でも、一部地域でプレミアム付き食事券の新規発行が一時停止された。サービス消費の本格回復には相当な時間を要するだろう。

輸出はペントアップ需要などで急速に持ち直したあと、減速へ

個人消費と同様、コロナショックの影響を強く受けた輸出は、２０２０年6月から急速に持ち直し、輸出数量指数は10月まで5カ月連続で前月を上回った（図表8−3）。

業種別に見ると、輸出の回復にとりわけ寄与したのは輸送用機械だ。主力の米国向け自動車輸出台数は、ロックダウンの緩和後に発現したペントアップ需要もあって7月に急増し、9月、10月は2月の水準を上回った。一方、ＥＵ向けの回復は緩やかである。

輸出はペントアップ需要が剥落するにつれて、回復が鈍化するだろう。感染拡大で先行き不透

［図表8-3］ 国・地域別に見た輸出数量指数

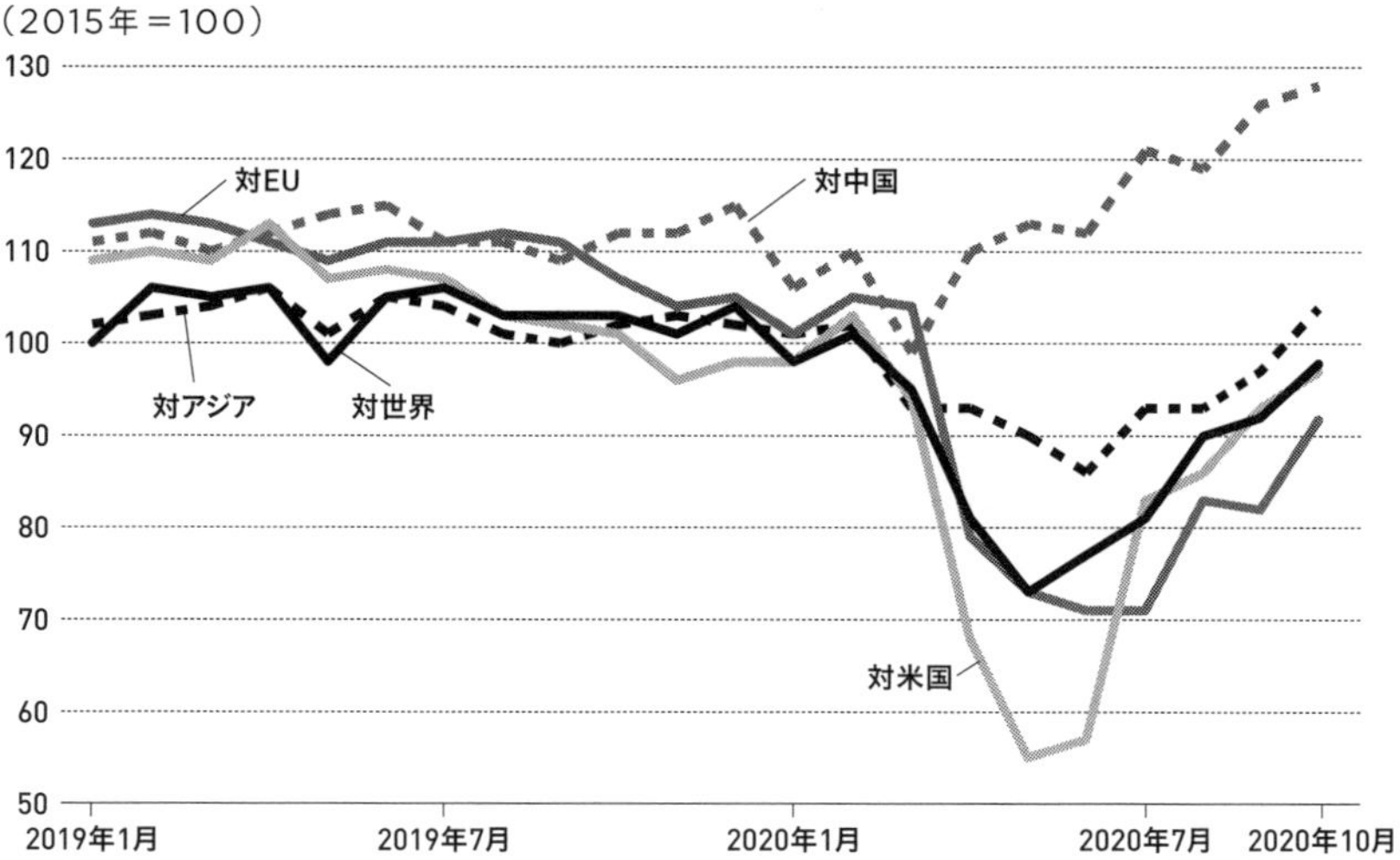

（注）季節調整は内閣府（対中国は大和総研）による。
（出所）内閣府、財務省統計より大和総研作成

明感が強く、工場稼働率が低迷する中では企業の投資意欲は当面高まりにくい。欧米向け輸出は一般機械などの資本財の割合が大きく、消費財以上に回復が遅れるとみられる。一方、日米欧に先駆けて感染が収束した中国では、4－6月期の実質GDP成長率が前年比＋3・2％(前期比＋11・5％）と、1－3月期の同▲6・8％(同▲10・0％）から大幅に回復した。7－9月期も生産や投資を中心に経済活動の再開が一段と進み、同＋4・9％(同＋2・7％)と景気の回復基調が継続した。欧米向け輸出は本格回復にかなりの時間を要すると見込まれる一方、当面は輸出数量が早期にV字回復した中国向けが輸出全体を下支えする構図が続くだろう。

［図表8-4］家計の現預金の増減

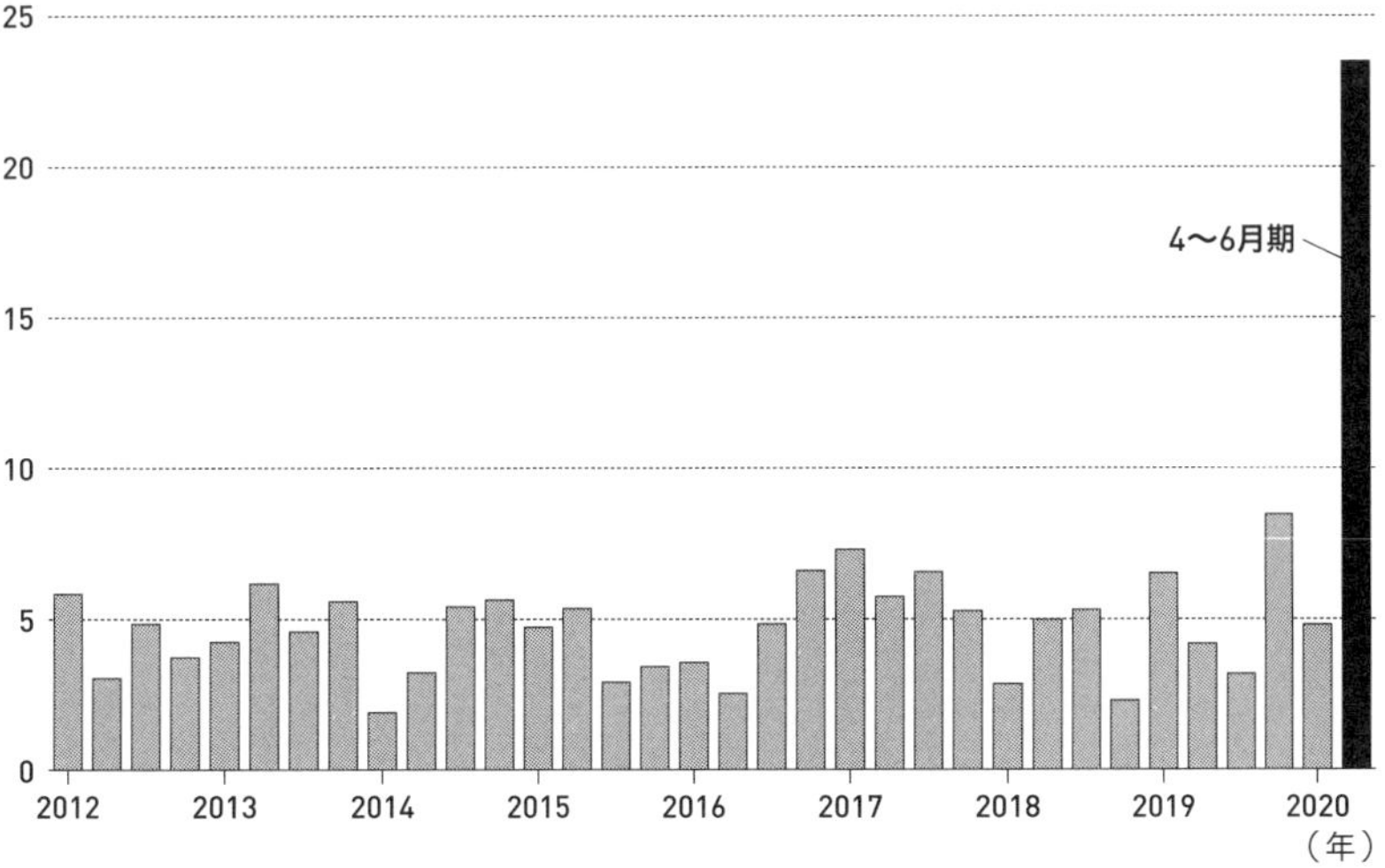

（注）大和総研による季節調整値。
（出所）日本銀行統計より大和総研作成

「需要減↓家計所得の大幅減・連鎖倒産↓需要減」を回避

急激に落ち込んだ個人消費が比較的短期間で持ち直した背景には、2020年5月の緊急事態宣言の全面解除に加え、コロナショックで景気が急速に悪化する中でも家計所得の大幅減や連鎖倒産が回避されたことがある。2020年4月から2回にわたって策定された事業規模234兆円程度の経済対策や、日本銀行による大規模な資金繰り支援策は、企業の事業活動や雇用の維持、国民生活の安定に大きく寄与したと考えられる。

すべての雇用者が受け取る給与等である実質雇用者報酬は2020年1-3月期まで緩やかな増加基調にあった。4-6月期は前期から2・6兆円減少したものの、5月には予算額12・73兆円の特別定額給付金の給付が始まった。[注3] さらに、「子育て世帯への臨時特別給付金」（対象児童1人当たり1万円の一時金、予算額1500億円程度）が給付され、第2次補正予算では「ひとり親世帯臨時特別給付金」（同1200億円程度）や「学生支援緊急給付金」（同530億円程度）が盛り込まれた。[注4] これらの給付金の総額は、4-6月期の実質雇用者報酬の減少額を圧倒的に上回る規模である。

すなわち、家計の購買力ともいえる可処分所得は4-6月期にコロナショックで減少したどころか、各種給付金などによって急増した。家計は購買力が高まる中、不要不急の消費を自粛したことで、現預金が大幅に増加しており、貯蓄を取り崩して消費水準を保つことが以前よりも容易になった（図表8-4）。このことは当面の個人消費の下支え要因となるだろう。

他方、新型コロナウイルス感染拡大による倒産、いわゆる「新型コロナ関連倒産」は2020年3月の22件から増加し、10月は105件となった（東京商工リサーチ調べ）。だが、倒産全体で見れば4月から10月まで月600～700件程度で推移しており、月1200～1400件程度だったリーマン・ショック時（2008～09年）に比べるとかなり低い水準にある（図表8-5）。コロ

（注3） 総務省によると、2020年7月1日時点で9・73兆円（予算額12・73兆円に対する割合は76・4％）、9月25日時点で12・66兆円（同99・4％）が給付された。

（注4） ひとり親世帯臨時特別給付金は2020年6月分の児童扶養手当の支給を受けている世帯を対象とし、1世帯5万円、第2子以降1人につき3万円が給付される。学生支援緊急給付金は新型コロナウイルス感染拡大の影響で経済的に修学の継続が困難な学生を対象に、1人当たり10万円（住民税非課税世帯の学生は20万円）が給付される。

［図表8-5］ 倒産件数（負債額1,000万円以上）の推移

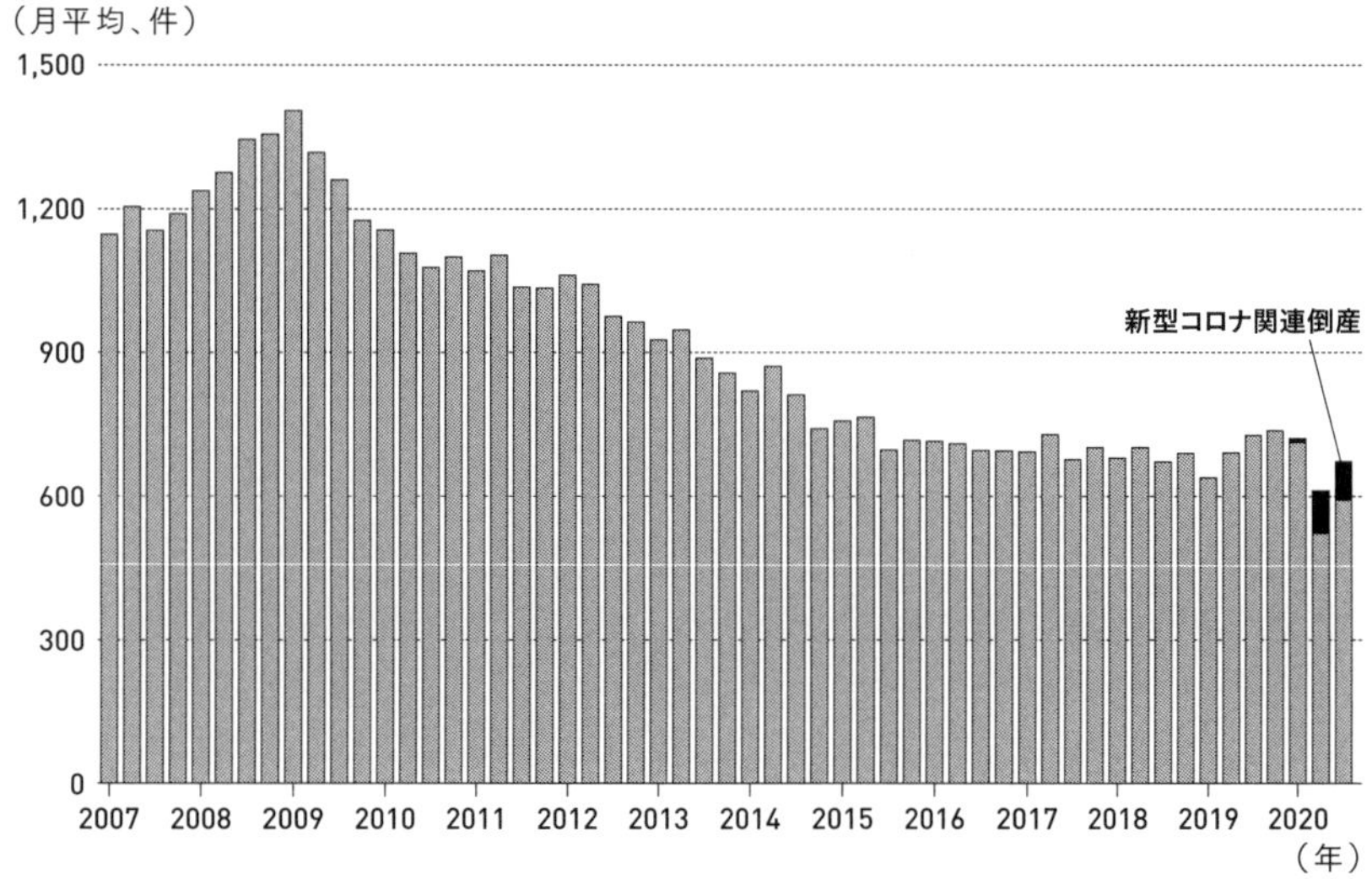

（出所）東京商工リサーチ「倒産月報」より大和総研作成

ナショックの影響が色濃く表れた２０２０年４－６月期の倒産件数は、およそ30年ぶりの低水準だった。

背景には、コロナショック下において資金繰りに窮する企業が多くなかったことがある。日銀短観を見ると、大企業に比べて信用力で劣る中小企業の資金繰りは２０２０年３月から急速に厳しくなったものの、資金繰り判断ＤＩ（「楽である」－「苦しい」）は６月で▲１％ポイントにとどまった。リーマン・ショック後の２００９年３月の▲23％ポイントを大幅に上回る。企業から見た金融機関の貸出態度もさほど厳しくなっておらず、関連するＤＩ（「緩い」－「厳しい」）は２０２０年６月で＋19％ポイントと高水準を維持した。金融機関のバランスシートはリーマン・ショック時に比べて健全であり、政府と日本銀行による異例の規模の資金繰り支援策が一定の効果を発揮

[図表8-6] 日銀短観DIに見る中小企業の資金繰り

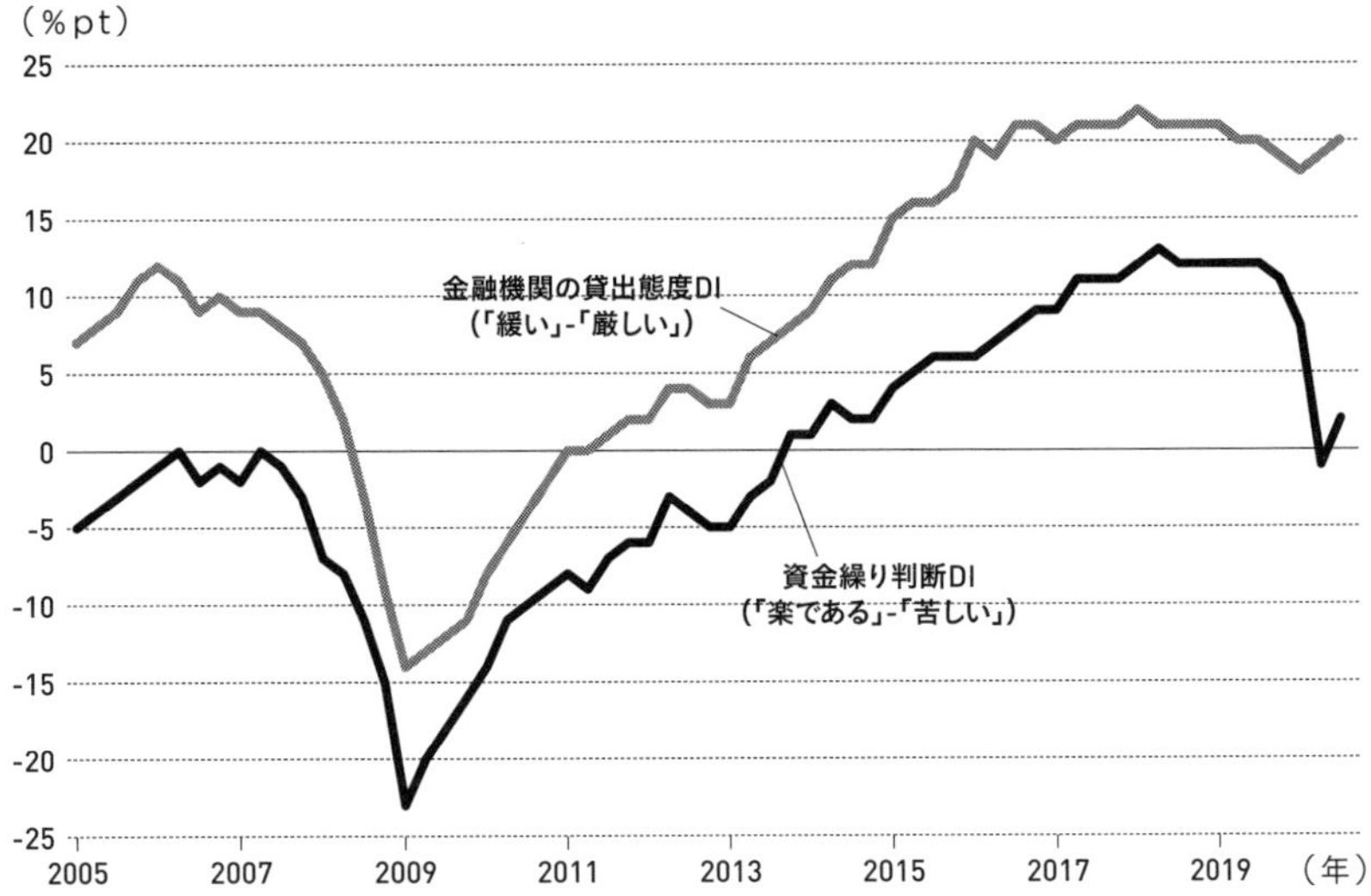

(出所)日本銀行統計より大和総研作成

したと考えられる。

加えて、企業の手元流動性が厚いことも倒産件数が少ない大きな理由だろう。資本金別に見た企業の現預金・売上高比率（現預金を1カ月当たり売上高で除したもの）を見ると、中小企業を中心に売上高に比した手元資金は以前よりも増加した。例えば、資本金1000万円以上5000万円未満の企業は、コロナショックが本格化する直前の1－3月期で売上高の約3カ月分に相当する現預金を保有しており、過去20年で2倍近くに高まった。コロナショックが発生する前、多くの企業が手元資金を投資に回すことに消極的であるという、いわゆる「内部留保問題」が指摘されていた。だが図らずも、厚くなった手元流動性は、今回の危機時に事業活動を維持するうえで重要な役割を果たしたといえる。

02 コロナショック下で急変した雇用環境

新型コロナウイルス感染拡大やそれに伴う緊急事態宣言の発出などを受けて、雇用環境も急速に、また大きく変容した。象徴的なのは労働需要の減少だ。緊急事態宣言の発出や感染拡大防止策などを背景に、2020年4－6月期の総労働時間は、役員を除く雇用者ベースで前期比▲7・5％と急減した。

日本経済がこれまでに経験した経済ショックと比較しても、コロナショックによる総労働時間の減少は規模・速度ともに突出している。1990年代半ば以降に発生した主な経済ショック（「アジア金融危機～国内金融システム危機」「ITバブル崩壊」「リーマン・ショック」）前後の景気後退局面における労働時間の減少率を今回と比較すると、図表8－7のようになる。ここでいうコロナショック時は2020年1－3月期から4－6月期を指すが、過去のいずれの景気後退局面（4～7四半期）よりも期間が短いにもかかわらず、期間中の総労働時間の減少率は最も大きい。雇用情勢はわずか1四半期で、過去に類を見ないスピードで悪化したと指摘できる。

［図表8-7］経済ショックと総労働時間の変化

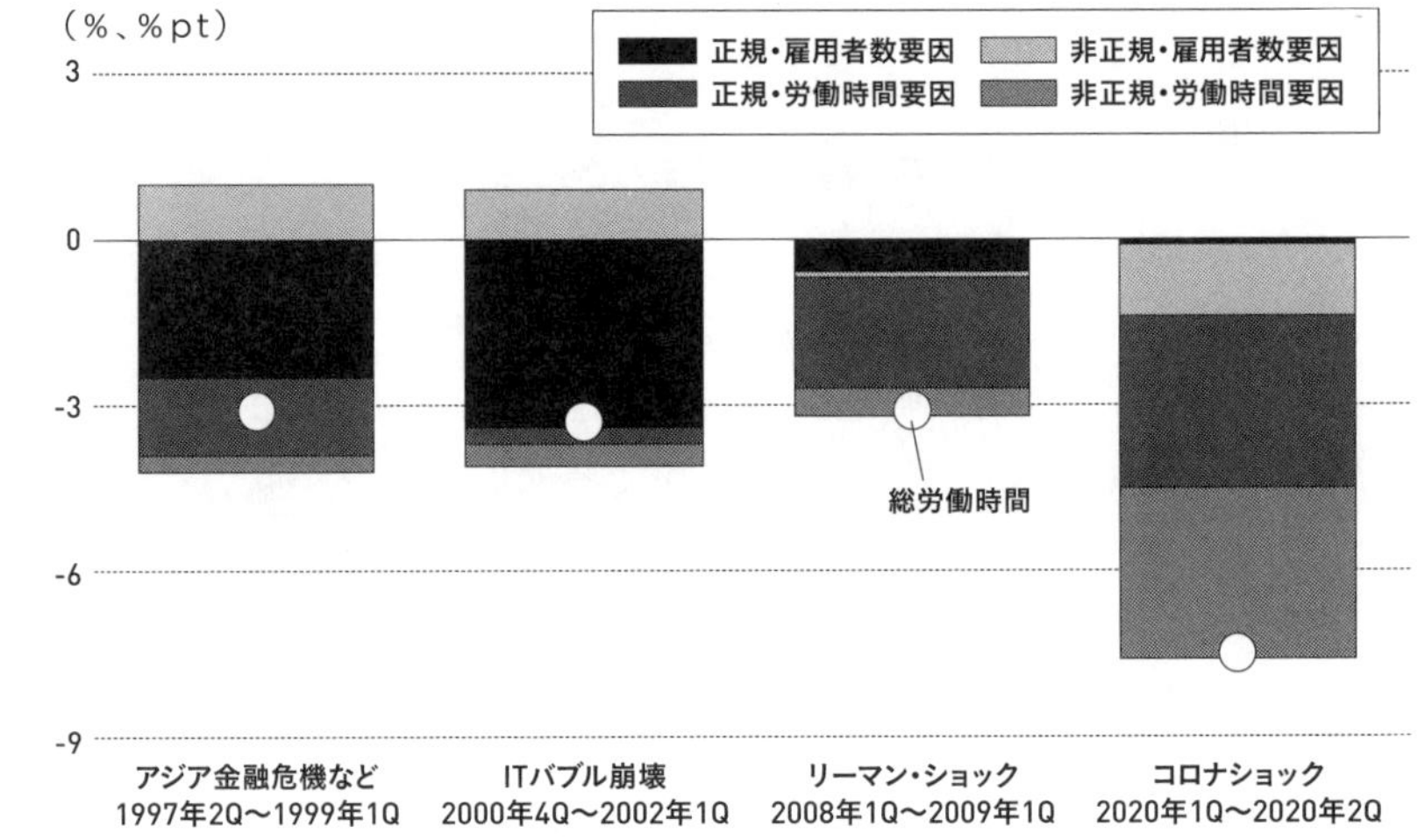

（注）データ制約等に対応するため、過去の景気後退期に係るデータは中心化移動平均値（4四半期）を使用。コロナショック時のデータは季節調整値。総労働時間は役員を除く雇用者ベースで、景気後退局面の累積変化率。
（出所）厚生労働省、総務省統計より大和総研作成

拡張的な雇用維持支援策のもと企業側は労働時間を大規模に調整

もっとも、失業率の上昇は労働需要が急減する中でも小幅にとどまった（2020年1－3月期2・4%→4－6月期2・8%）。理由の一つは、企業による雇用調整が限定的だったことだ。図表8－7を見ると、コロナショック下の総労働時間の急減は雇用者1人当たり労働時間の調整（休業措置を含む）によるところが大きい。過去の経済ショック時と比べても労働時間の調整幅が大きく、雇用者数の減少による寄与は小さい。一般に、日本企業は米国企業などとは対照的に、従業員の削減よりも従業員1人当たりの労働時間の短縮を優先する傾向が強い。コロナショック下でもこうした傾向が現れており、労働需要の減少に合わせて労働時間の調整規模が急拡大した。また、

今回は正規雇用者だけでなく、非正規雇用者の労働時間も大きく減少している点も特徴的だ。２０２０年４月に休業者（＝仕事を持ちながら、月末1週間に仕事をしなかった者）は約６００万人と、過去最高水準を大きく更新するほど急増したが、その中心は非正規雇用者だった。

こうした企業の労働時間の調整、および雇用維持を強力に支援したのが、雇用調整助成金（以下、雇調金）の大幅な拡充とその関連施策だ。雇調金は、従業員への休業手当の支払いにかかった費用の一部を事後的に補填する制度であり、事業主から徴収した保険料を原資としている。政府は２０２０年２月14日以降、数次にわたり雇調金の拡充策を打ち出し、利用要件の緩和や利用手続きの簡便化、助成率の引き上げなどを行った。助成率は４月10日の拡充により、中小企業向けで５分の４（解雇等を行わないケースで10分の９）、大企業向けで３分の２（同ケースで４分の３）とリーマン・ショック時と同水準まで引き上げられたが、２０２０年５月１日の拡充では一定の要件を満たす中小企業に限り１００％へと引き上げられた。

他方で政府は、雇調金が制度設計上、①労働保険の被保険者への休業手当支払いしか助成できず、②既に休業手当を支払う資金力が尽きている企業の雇用維持に適さない点に配慮して、その間隙を埋めるような各種の政策にも着手した。

①に対応するのが「緊急雇用安定助成金」の創設で、これにより短時間労働者（週20時間未満の労働者）への休業手当の支払いが助成対象となった。コロナショックが短時間労働者の多いサービス業を直撃したことなどを背景に、一般財源（公費）を活用する形で短時間労働者の支援に乗り出した格好だ。コロナショック下で非正規雇用者の労働時間が大きく減少したのも、この緊急

雇用安定助成金の政策効果を一部反映していると思われる。

②に対応するのは「新型コロナウイルス感染症対応休業支援金・給付金」制度だ。これは、休業中に休業手当を受け取れなかった中小企業の従業員に対して、政府が休業手当相当額を支給する仕組みだ。政府が休業手当の支払いを事実上代行することで、企業は負担なく雇用を維持し、労働者の所得の減少にも歯止めをかけることを意図したとみられる。

こうした特例措置もあり、雇調金など（緊急雇用安定助成金、休業支援金・給付金を含む）の支給決定額はとりわけ5月以降に急増した。2020年11月13日までの累計額は約2・2兆円に上る。この点、リーマン・ショックを受けて政府が雇調金の拡充に着手した2008年12月以降1年間の雇調金（中小企業緊急雇用安定助成金を含む）の支給決定額は4679億円、その次の1年間も4411億円だった。過去の経済ショック時と比べてもコロナショック下における労働時間の調整幅が大きかったのは、今回の労働需要の減少幅自体が非常に大きかったことだけでなく、拡張的な雇用維持支援策の展開があったことも相応に寄与しているとみられる。(注5)

（注5）このほか、2010年代後半にかけて人手不足が進み、今後も深刻化していく見込みであることなども企業の雇用維持を促したとみられる。

［図表8-8］就業者数・非労働力人口の推移

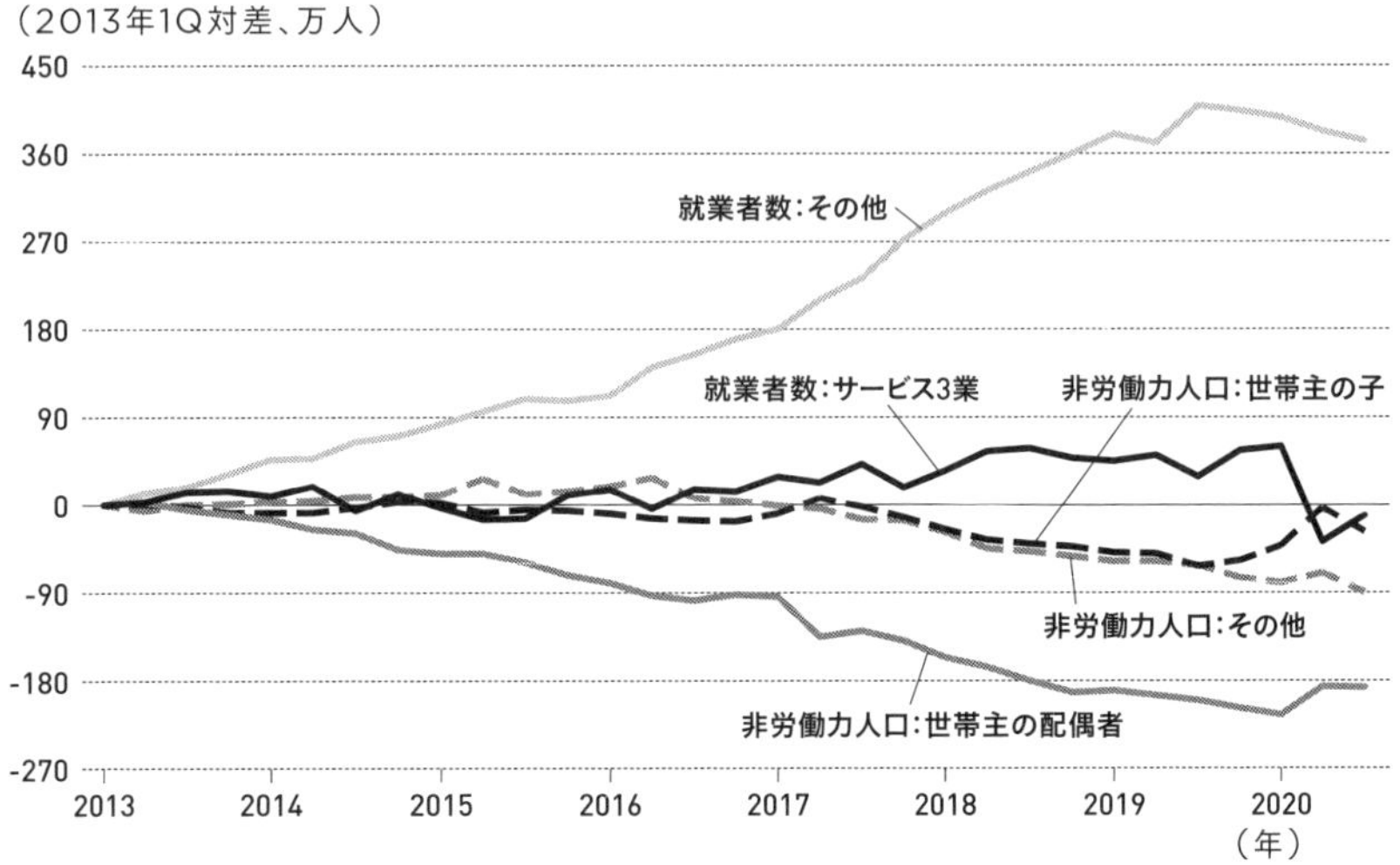

（注）サービス3業は「卸売業，小売業」「宿泊業，飲食サービス業」「生活関連サービス業，娯楽業」。いずれも大和総研による季節調整値。
（出所）総務省統計より大和総研作成

サービス業で就業者が急減、同時に非労働力人口が大幅増

失業率が急上昇しなかったもう一つの理由は、就業者の減少が失業者の増加にそれほど結びつかなかったことだ。2020年4−6月期の就業者は非正規雇用者を中心に前期から108万人減少した一方、失業者は22万人の増加にとどまり、非労働力人口が77万人増加した。

なぜ離職者の多くが失業者に転じることなく、労働市場から退出したのか。緊急事態宣言下での求職活動が難しかったことや、特定定額給付金などの家計支援策により、離職後ただちに求職するインセンティブが弱まったことなども指摘できそうだが、ここで注目したいのは、就業者の急減が特定の業種で起きたことだ。

２０２０年４－６月期に就業者数が大きく減ったのは「卸売業，小売業」「宿泊業，飲食サービス業」「生活関連サービス業，娯楽業」の3業種だった（図表8－8）。このことは当然、対面や移動を伴う接触型サービス業が、新型コロナウイルス感染拡大の被害を特に受けやすかったことを反映している。そして、就業者が減少したわりに失業者が増加しなかったのは、こうしたサービス業ではもともと「学生アルバイト」や「主婦パート」など、学業や家事、育児などの空き時間に就業する人が多かったためと思われる。世帯主であれば離職後に求職しないと生計をいずれ維持できなくなるが、こうした人々は被扶養者であるケースが多く、世帯主に比べると離職後に積極的に求職しない傾向にあるからだ。

実際に非労働力人口の内訳を見てみると、被扶養者（世帯主以外）で増加していることがわかる。労働力調査では世帯を「2人以上の世帯」と「単身世帯」に分けて、2人以上の世帯ではさらに「世帯主」「世帯主の配偶者」「その他の家族」などのカテゴリーごとに就業状況などを調査・集計している。このうち、２０２０年４－６月期に非労働力人口の増加が目立ったのは、「その他の家族」のサブカテゴリーに当たる「世帯主の子」、および「世帯主の配偶者」だ（図表8－8）。「世帯主の子また世帯主の子の中では特に学生が労働市場から退出する傾向にあったようだ。(注6)

（注6）　以下では、世帯主の子や世帯主の配偶者の内訳を分析対象としているが、データの制約上、季節調整値を求めることができないため、２０２０年１－３月期から４－６月期にかけての非労働力人口の前年比増加率に注目して論じている。

は子の配偶者」を学生か否かに分けてみると、非労働力人口の増加がとりわけ学生側で起きていることが確認できる。(注7) 学生の非労働力人口の前年比増加率は2020年1－3月期に▲3・9％だったが、4－6月期に＋7・9％へと急上昇した。これは学生以外における前年比増加率の上昇がやや小幅にとどまった（1－3月期▲2・7％→4－6月期1・0％）のと対照的だ。

また、世帯主の配偶者の中にも、労働市場からの退出のしやすさに違いがあった。労働力調査では世帯の「妻」の就業状況を子の有無や、末子の年齢階級別に把握できる。それによると、コロナショック下では「夫婦と子どもから成る世帯」のうち、7～14歳（小中学生に相当）の末子を持つ世帯の妻が労働市場から退出する傾向が強かった。7～14歳の末子を持つ妻における非労働力人口の前年比増加率は2020年1－3月期に▲9・7％だったが、4－6月期に＋18・6％へと大幅に上昇した。ここに表れているのは、多くの小中学校が2020年3月上旬から5月にかけて臨時休校したことの影響だ。文部科学省の調査によると、4月22日時点で小学校、中学校はいずれも95％が臨時休校中だった。臨時休校下で子の面倒を見ることが必要になったことが、小中学生の末子を持つ妻の労働市場からの退出を促した可能性がある。(注8)

雇用環境は緩やかに改善か。企業負担の高まりがリスク要因

今後、新型コロナウイルス感染拡大が深刻化し、緊急事態宣言が再発出されるような事態にならなければ、緩やかな景気回復が続き、労働需要も回復していくとみられる。失業率は上昇から

横ばい、低下へと転じていくだろう。ただし、次の三点に注意が必要だ。

第一に、感染拡大の長期化を想定すると、実質GDPがコロナショック前のピークを打った2019年7－9月期の水準まで回復するのは2023～24年頃となる見込みだ。労働需要の回復にも同様に時間がかかる分、失業率の低下は相当程度緩やかに進むとみられる。

第二に、新型コロナウイルス感染拡大が続く限りは、前述した接触型サービス業では厳しい事業環境が続き、労働需要が低迷する可能性が高い。この点、2020年4－6月期に接触型サービス業から離職した人々が資格やスキル不足を理由に他業種へと転職できず、雇用のミスマッチ

（注7）「世帯主の子」を学生か否かに分けて就業状況を確認することはデータの制約上できないため、ここでは「世帯主の子または子の配偶者」に注目した。

（注8）6歳以下の末子を持つ「夫婦と子どもから成る世帯」の妻のうちでは、非労働力人口の前年比増加率は2020年1－3月期で＋1・3％、4－6月期で＋5・1％と、7～14歳の末子を持つ場合に比べて上昇幅が小さい。これは、小中学校に比べれば幼稚園や保育園の休園率が高くなかったことなどが影響していると思われる。

（注9）雇用保蔵者数の推計方法は内閣府「日本経済2011－2012」（2011年12月）を参考にした。具体的には、①トレンド調整済み稼働率指数とタイムトレンドを説明変数とした労働生産性（マンアワーベース）関数を推計したうえで、②トレンド調整済み稼働率指数の最も高い時期（2008年1Q）を潜在稼働率とした適正労働生産性と雇用者1人当たりの平均労働時間、および実際の雇用者数をもとに雇用保蔵者数を推計した。

が拡大するおそれがある。

第三に、コロナショックを受けた雇用過剰感の強まりに注意が必要だ。図表8-9が示すように、雇用保蔵者数（＝実際の雇用者数－最適な雇用者数[注9]）と労働分配率（＝名目雇用者報酬÷名目GDP）は2020年に入り急激に増加・上昇し、いずれも4-6月期時点でリーマン・ショック時を大幅に上回る水準に達した。7-9月期はいずれの水準も低下に転じたが、依然としてリーマン・ショック時を上回る。感染爆発などにより緊急事態宣言の再発出で景気が二番底をつけたり、二番底をつけないまでも、景気回復が予想以上に遅れたりする場合は、倒産の増加などを伴う大規模な雇用調整を通じて失業率が急上昇する可能性がある。新型感染症が日本経済や雇用情勢に与える影響には引き続き注意が必要だ。

［図表8-9］雇用保蔵者数と労働分配率の推移

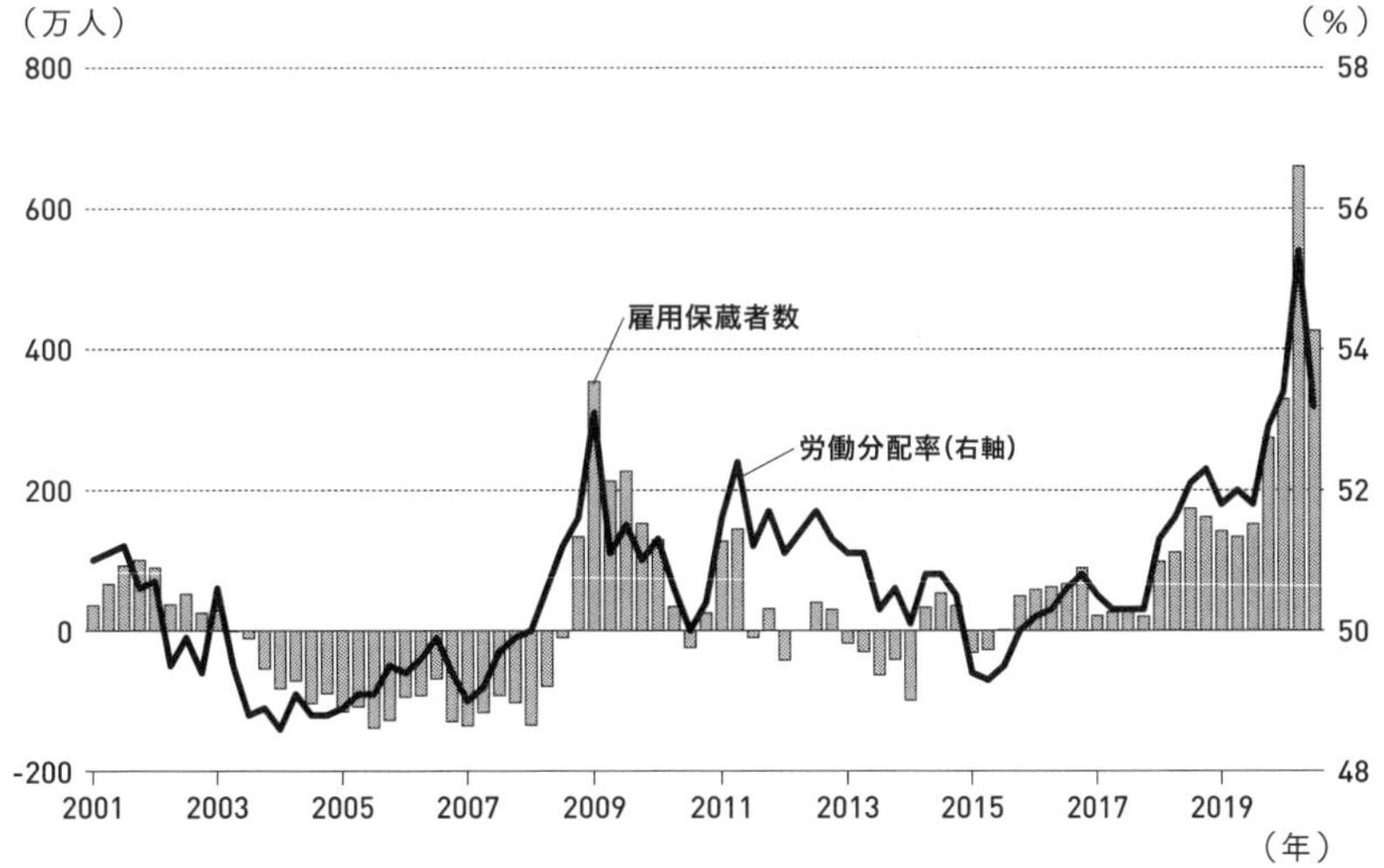

（注）雇用保蔵者数の推計期間は1990年1Q～2020年2Q。推計方法は（注9）を参照。労働分配率は名目雇用者報酬÷名目GDP。
（出所）経済産業省、厚生労働省、総務省、内閣府統計より大和総研作成

03 ウィズコロナ下の日本経済の先行き

メインシナリオ――緩やかな回復が続く

先行きの日本経済を見通すうえでは、新型コロナウイルスの感染状況が大きなカギを握る。大和総研のメインシナリオ（2020年度～2021年度）では、以下のような想定を置いている。まず、感染状況については、政府が設置した「新型コロナウイルス感染症対策分科会」における四つのステージ（Iゼロ散発段階、II漸増段階、III急増段階、IV爆発段階）のうちステージIからIIIの間で推移し、感染状況に応じて地域ごとに休業要請や外出自粛などが適宜実施されるものの全国的な感染爆発には至らない。そして、予測期間を通じて感染症対策が実施されることで、家計や企業の経済活動は一定の制約を受け続ける。ただし、感染拡大防止と社会経済活動の両立に向けた試行錯誤が繰り返されることで社会全体の感染症への対応力が向上し、経済活動水準が徐々に引き上げられていく姿を見込んでいる。

前提となる海外経済については、当社の各国担当者の見通し（本稿執筆時点）に基づく。メインシナリオにおける2021年の実質GDP成長率は米国で＋3・6％、ユーロ圏で＋4・5％、中

［図表8-10］ 実質GDP見通し

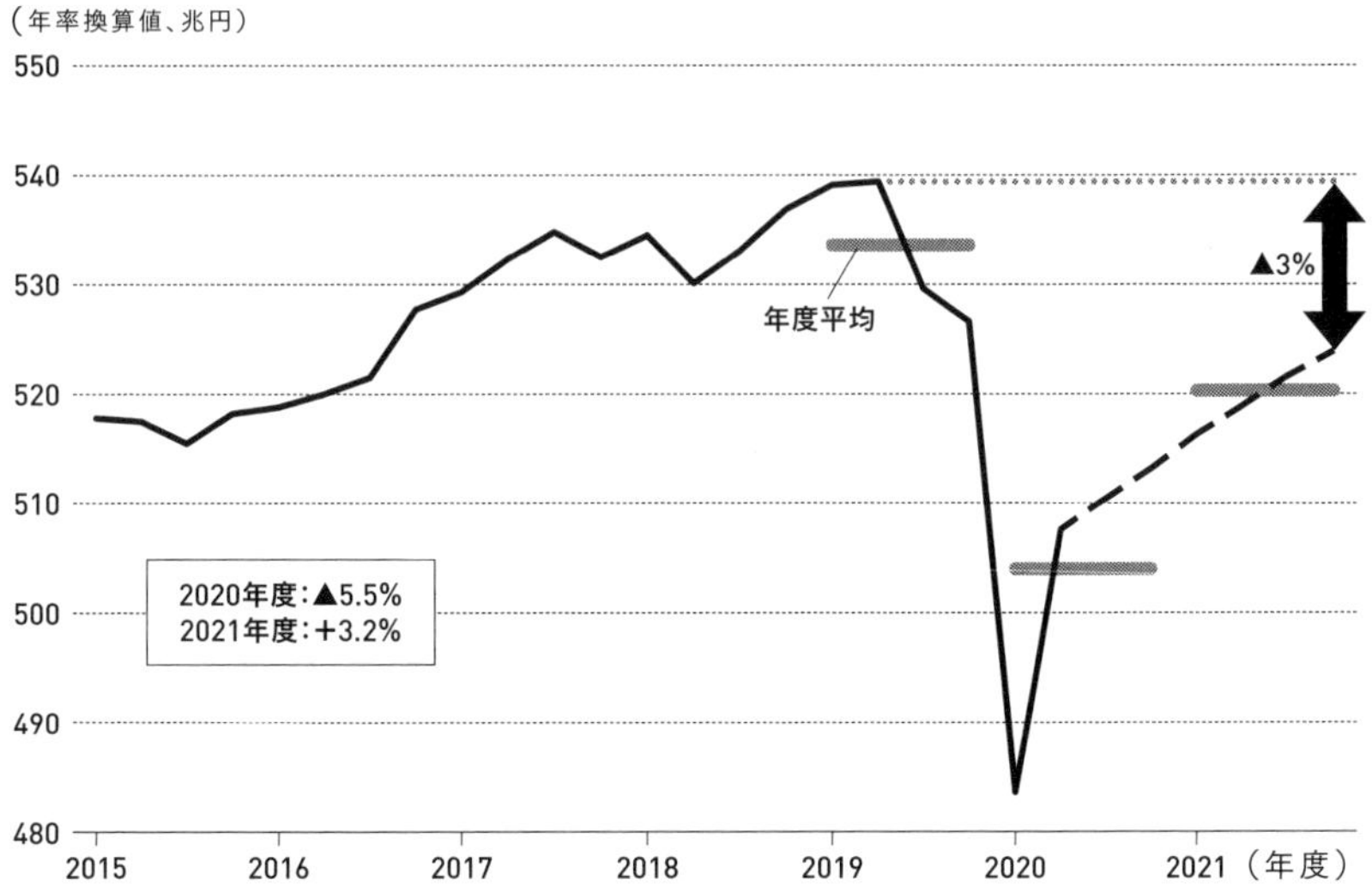

（注）破線は大和総研による予測値。灰色の線は年度平均値。
（出所）内閣府統計より大和総研作成

国で＋7・1％の見込みだ。ユーロ圏の景気回復は感染症対策の影響もあって緩やかであり、2020年の落ち込みを取り戻すには至らない。一方で米国では、財消費や住宅投資が牽引役となり、コロナショック前の水準まで回復すると見込んでいる。また、感染収束にほぼ成功した中国では、投資主導の景気回復が継続するだろう。

以上の前提に基づいた日本の実質GDP成長率見通しは、2020年度で▲5・5％、2021年度で＋3・2％である（図表8−10）。ユーロ圏と同様、2021年（度）のプラス成長には前年の落ち込みを埋め合わせるほどの力強さはなく、景気回復の足取りは鈍い。これは感染拡大のリスクが払拭されず一定の感染症対策が継続されるため、企業の積極的な事業展開や個人消費の本格回復を見込みにくいためである。

[図表8-11] 実質GDPの寄与度分解

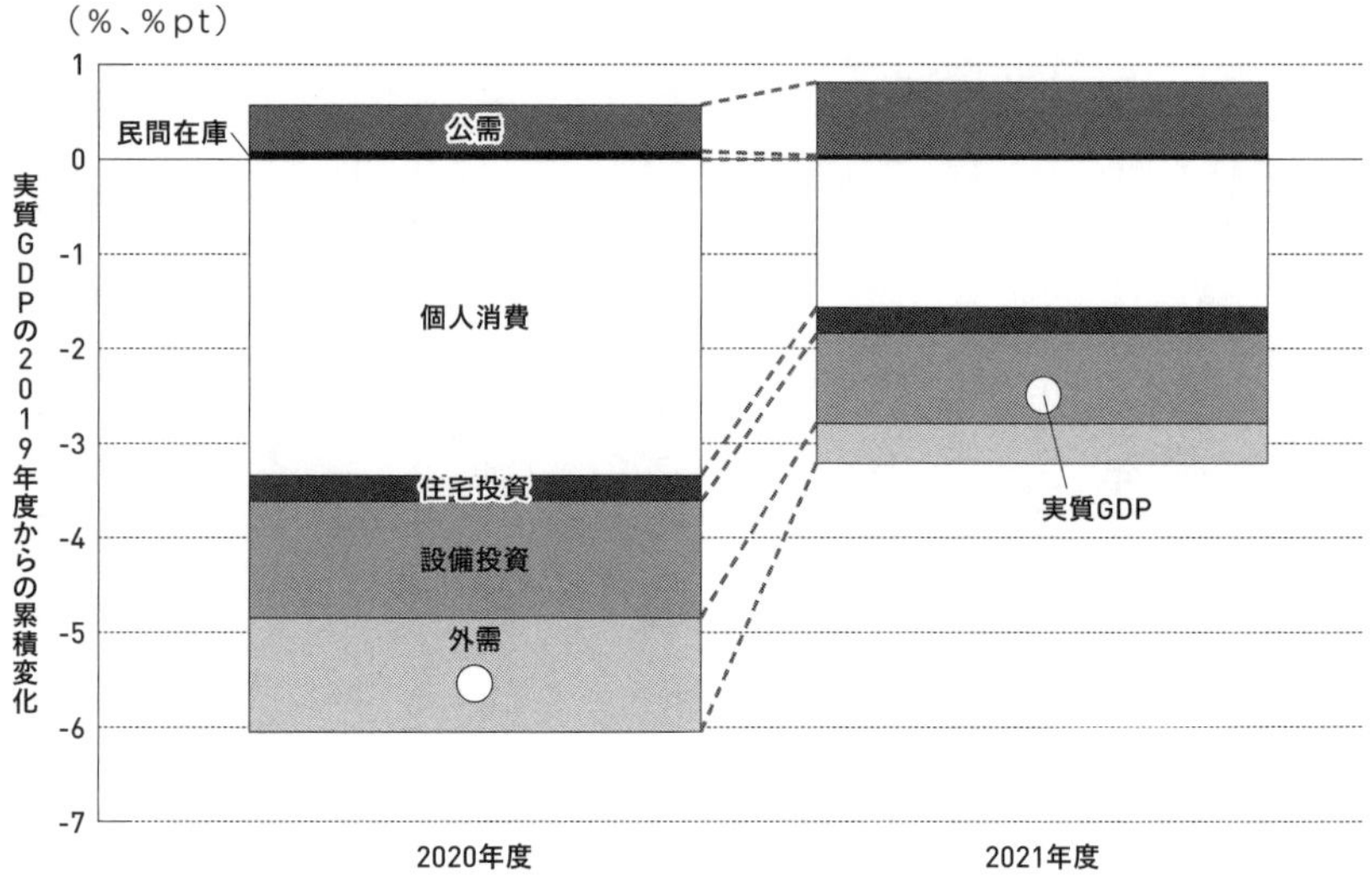

（注）大和総研による予測値。
（出所）内閣府統計より大和総研作成

メインシナリオにおける2022年1－3月期の実質GDPは、コロナショック前の最高水準である2019年7－9月期を3％ほど下回る（図表8－10）。今後、コロナショックが民間の創意工夫や技術革新を促し、リモート社会（非接触型社会）に適応した新たな商品・サービスやビジネスモデルが創出されることで経済成長率が加速する可能性はある。だが、感染症を克服できない中でこうした成長加速要因を見込まなければ、実質GDPが2019年7－9月期の水準を回復するのは2023～24年頃となるだろう。

メインシナリオにおける2021年度の見通しを需要項目別に見ると、公需（政府消費と公共投資、公的在庫の合計値）を除くすべての需要項目で2019年度の水準を下回ることが見込まれる（図表8－11）。

特にGDPを下押しするのが個人消費だ。

第1節で述べた通り、サービス消費の回復が鈍いことが影響している。足元では各種「Go To キャンペーン」がサービス消費を押し上げているものの、その効果は政策終了に伴い剥落する。ただし方向感で見れば、2021年度の個人消費は2020年度から回復する見込みだ。

一方、民間の投資関連（設備投資と住宅投資）は、2021年度も低迷する見通しである。設備投資に関しては、感染拡大の長期化で先行き不透明感が強い中、能力増強投資や不急の維持更新投資などが一部先送りされるとみられる。また、住宅投資は、第2節で述べたように雇用・所得環境が不透明な中、家計の住宅購買意欲が低下することが下押し要因になると考えられる。

リスクシナリオ——感染爆発と金融危機への発展

メインシナリオでは日本経済の緩やかな回復を見込んでいるが、新型コロナウイルスに有効なワクチンの世界的な普及に目途が立たない中、感染爆発というリスクシナリオが現実となる可能性は否定できない。その結果、各国で厳しい外出自粛やロックダウンが全国規模で実施されることになれば、経済は二番底をつけるだろう。

日本では2020年4月から5月にかけて緊急事態宣言が発出されたが、その影響についてここであらためて整理しよう。まず、内閣府の「消費総合指数」と日本銀行の「消費活動指数」から、コロナショック後にGDPベースの個人消費がどの程度抑制されたのかを確認すると、2020年3月は0・9兆～1・2兆円程度、4月は2・7兆～3・3兆円程度、5月は3・1兆～

3・7兆円程度だった[注10]（いずれも実質額で2020年1月からの減少幅）。これらの金額をもとに、都道府県別に見た緊急事態宣言の発出時期の違いや消費額の大きさを考慮すると[注11]、緊急事態宣言が全都道府県に対して発出される場合、個人消費は1カ月当たり4・2兆円程度抑制されると試算される[注12]。2019年における家計の1カ月当たりの消費額（持ち家の帰属家賃[注13]を除く実質家計最終消費支出）が19・7兆円だったことを踏まえると、これは家計が消費水準を平均的に2割ほど引き下げることを意味しており、不要不急の消費の大部分が抑制された姿といえる。大和総研のマクロモデルによると、個人消費が4・2兆円抑制されたとき、日本の実質GDPは0・6％程度下押しされる（図表8－12）。また、宣言の対象が1都3県（東京、神奈川、埼玉、千葉）に限られる場合でも、抑制額は1カ月当たり1・3兆円程度に達するとみられ、実質GDPは0・2％程度下押しされる。

日本以上に感染爆発が懸念されるのが欧米である。欧米では2020年春のロックダウン解除

（注10）試算値の上限と下限がそれぞれ消費総合指数、消費活動指数と対応している。

（注11）緊急事態宣言が発出される前は3月と同程度消費が抑制されたとみなし、都道府県別の消費ウェイトで按分することで、地域によって緊急事態宣言が発出された時期が異なる点を調整した。都道府県別の消費ウェイトは内閣府「県民経済計算」における2017年度の「交通」「娯楽・レジャー・文化」「外食・宿泊」分野への消費支出額に基づく。これは緊急事態宣言中に抑制された消費の大部分が当該分類に該当するためである。

（注12）試算の基準となる3月、4月の消費抑制額は消費総合指数と消費活動指数から算出した金額の平均値を利用。

［図表8-12］リスクシミュレーション

リスクシナリオ		実質GDPへの影響	備考
緊急事態宣言発出 1カ月間		▲0.6％	4.2兆円の個人消費抑制による下押し
海外経済	米国経済成長率 1％pt低下	▲0.1％	――
	ユーロ圏経済成長率 1％pt低下	▲0.1％	――
	中国経済成長率 1％pt低下	▲0.3％	――
金融危機	▲20％の信用収縮	▲2.7％	リーマン・ショック並み
	▲50％の信用収縮	▲6.9％	世界大恐慌並み

（注1）個人消費の抑制、欧米の景気減速による影響は大和総研のマクロモデルに基づく。中国の景気減速による影響は、Bing, Roth and Santabárbara, 2019, "GLOBAL IMPACT OF A SLOWDOWN IN CHINA", Banco de España の推計結果に基づく。
（注2）信用収縮による影響は、金融機関のレバレッジを21.2倍（国内銀行の資産／自己資本）として計算。実質GDP成長率に対する弾性値は、金融機関貸出残高に対する弾性値を使用。
（出所）大和総研作成

後に再び感染が拡大し、社会経済活動の再開と感染拡大防止の両立に向けた試行錯誤が続いている。特に欧州では2020年10月以降、新型コロナウイルスの新規感染が急加速し、11月には一部の国で再びロックダウンが実施された。大和総研のマクロモデルに基づくと、米国とユーロ圏の経済成長率がそれぞれ1％ポイント低下すると、日本の実質GDPはともに0・1％程度下押しされる。欧米経済の落ち込み幅が大きければ、その分だけ日本経済に与える影響も大きくなる。

中国については、本稿執筆時点では他の国に先駆けて感染の収束に成功しているが、再び感染爆発が起こる可能性もテールリスクとして認識しておく必要がある。世界最大の消費国である中国経済の減速は、日本のみならず世界経済に大きな影響を与える。最近の先行研究である、スペイン中央銀行の論文Bing et al.（2019）では、国際貿易や商品市況を通じた直接的な経路に加え、将来の不確実性の高まりなどによる消費や投資の減少といった間接的な経路を考慮したうえで、中国経済減速による各国への経済への影響を推計している。これによると、中国の経済成長率が年1%ポイント低下すると、日本の経済成長率は0・3%ポイント程度押し下げられる。

さらに、感染爆発が生じる中で厳しい感染拡大防止策に耐えられずに倒産する企業が急増すれば、金融危機に発展する可能性が高まる。仮に2008年のリーマン・ショック時並みの金融危機（▲20%の信用収縮）が発生したと仮定すると、日本の実質GDPは2・7%程度減少すると試算される。さらに、1929年の世界大恐慌並みの金融危機（▲50%の信用収縮）が発生すれば、日本の実質GDPは6・9%程度減少する見込みだ。各国の政策当局は、システミック・リスク（個別の金融機関の支払い不能や特定の市場または決済システムなどの機能不全が、他の金融機関、他の市場、または金融システム全体に波及するリスク）の顕在化という事態を避けるために、これまでも様々な対策を講じてきたが、今後も経済状況に応じて必要な財政金融政策を柔軟に実施する必要がある。

（注13） 国民経済計算では、持ち家比率が異なる諸国間の経済規模の比較を可能とすることなどの理由から、実際は家賃が発生しない自己所有住宅においても、通常の借家などと同じようにサービスを生んでいるとして評価し、帰属計算上の家賃が個人消費額に計上されている。

第9章

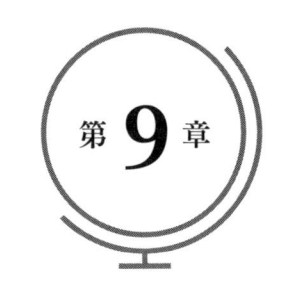

日本経済3

社会経済活動と感染拡大防止の両立に向けた課題

２０２０年春にかけて発生した新型コロナウイルス感染症のパンデミック「第１波」に対応するため、海外ではロックダウン（都市封鎖）が実施され、日本では緊急事態宣言が発出された。経済活動を広範囲にわたって厳しく制限・自粛要請し、その間の国民生活を経済支援することによる経済・財政への悪影響はあまりにも大きかった。日本を含め多くの国では、新規感染者数がゼロ近傍で安定するまでロックダウンや自粛要請を継続させることができず、早い段階で経済活動の再開へと舵を切った。その結果、ほとんどの国では、今なお新規感染者の増加が続いている。

治療法の確立やワクチンの普及の目途が立たない中、ウィズコロナの下で社会経済活動を引き上げていくには、どのような政策の方向性が求められるのだろうか。本章ではまず、経済学の分野で感染拡大後に急速に進んでいる社会経済活動と感染拡大防止の両立に関する研究を紹介したうえで、それらをもとに、緊急事態宣言下における日本の消費の抑制度合いが理論的にどう評価されるかを分析する。次に、感染第１波の収束に成功したといえる中国や台湾、ニュージーランドなどの取り組みの特徴を整理する。これらを踏まえ、日本における社会経済活動と感染拡大防止の両立に向けた政策のあり方について述べたい。

01

個人消費は緊急事態宣言中に過大に抑制された可能性

急速に進む社会経済活動と感染拡大防止の両立に関する研究

今回のパンデミックを契機に、学術的アプローチから社会経済活動と感染拡大防止の両立を模索する動きが加速した。経済学の分野では、ロックダウンなどによる経済的コストと感染拡大による被害のトレードオフを考慮し、最適な政策とはどのようなものかについて検討されている。特に、疫学のモデル（SIRモデル）と企業や家計の経済活動を基本とするマクロ経済学のモデルを融合した理論モデルの構築が進んでいる。

このようなモデルの先駆的な論文として、ノースウエスタン大学教授であるマーティン・アイヒェンバウムらの「エピデミックのマクロ経済」（2020）[注1]が挙げられる。この論文によると、ロックダウンの実施は消費を大幅に減少させる一方、感染症による死亡を減少させることができ

（注1） Eichenbaum, M. S., Rebelo, S. and Trabandt, M. (2020) "The Macroeconomics of Epidemics" NBER Working Paper, No.26882.

るので、社会的厚生の観点から最適だとしている。一定の仮定に基づいて推計したところ、ロックダウンがなかったときの消費の落ち込みは▲7%、人口に占める死亡者の割合は0・40%である一方、社会全体にとって最適なロックダウン政策を採用した場合は、消費の落ち込みは▲22%で人口に占める死亡者の割合は0・26%であるという。マサチューセッツ工科大学教授のダロン・アシモグルらによる論文「Optimal Targeted Lockdowns in a Multi-Group SIR Model」（2020）(注2)では若年層・中年層・高齢層と年齢階層別に拡張したモデルを開発し、最適なロックダウン政策に関して分析を行った。感染症による成人の死亡率を0・2%以下に抑えるという目標のもとで、高齢層とその他のグループそれぞれに対して最適なロックダウン政策を行うと、年齢の区別なく一律に実施する場合に比べて、年間の実質GDPの減少幅が縮小（▲37・3%→▲24・9%）することを示した。

一方、SIRマクロモデルに「統計的生命価値」の概念を持ち込み、死亡することによる損失額と感染防止策による経済損失のトレードオフについて分析した研究もある。統計的生命価値とは、統計的手法によって貨幣換算された生命価値の推計値である（詳しくは後述）。例えば、シカゴ大学の経済学教授フェルナンド・アルバレジとペンシルベニア州立大学准教授のデイビッド・アルジェンテとルイス大学教授のフランチェスコ・リッピによる論文「A Simple Planning Problem for COVID-19 Lockdown, Testing and Tracing」（2020）(注3)では、ロックダウンによる経済的コストと感染症で死亡することによる機会損失を考慮して最適なロックダウン政策を分析した。その結果、感染症が流行して4週間後にロックダウンを実施し、8週間後には人口の45%までロックダウンの対象を広げるが、徐々に緩和して、3カ月後には人口の30％まで対象者を絞ることが望ましいとしている。カンザスシティ連邦準備銀行のシニアエコノミスト、アンドリュー・グローバーらの論文「Health versus Wealth: On the Distributional Effects of Controlling a Pandemic」（2020）(注4)では、個人を年齢や就業先の業種、さらに健康状態などに分けるモデルを用いて、政府によるロックダウン政策によって抑えることのできる人命の損失と、経済活動の停止を余儀なくされる人々への補塡費用との間のトレードオフを分析した。米国に当てはめると、生活に必需ではないような業種の25％程度を2020年の7月中旬まで営業停止し、徐々に緩めるような政策が最適だったとしている。

本章の分析で利用するのが、スタンフォード大学の3人の教授、ロバート・ホール、チャールズ・ジョーンズ、ピーター・クレナウによる論文（2020）(注5)（以下、「HJK」）である。HJKで

（注2） Acemoglu, D., Chernozhukov, V., Werning, I. and Whinston, M. D. (2020) "Optimal Targeted Lockdowns in a Multi-Group SIR Model" NBER Working Paper No. 27102.

（注3） Alvarez, Fernando, David Argente, and Francesco Lippi (2020) "A Simple Planning Problem for COVID-19 Lockdown, Testing and Tracing," American Economic Review: Insights, forthcoming.

（注4） Glover, Andrew, Jonathan Heathcote, Dirk Krueger, and José-Víctor Ríos-Rull, "Health versus Wealth: On the Distributional Effects of Controlling a Pandemic," NBER Working Paper 27046.

（注5） Hall, R. E., Jones, C. I. and Klenow, P. J. (2020) "Trading off Consumption and COVID-19 Deaths" NBER Working Paper No. 27340.

は、前出のアルバレジとリッピの研究などと同様に統計的生命価値を利用しつつ、家計は感染症による死亡を回避するために消費をどの程度あきらめればよいのかという観点から、感染防止と経済損失のトレードオフを分析している。具体的には、個人が感染で死亡することにより消費できなくなる金額（いわば機会損失）を年齢別に算出し、これをあきらめるべき消費としている。

多くの先行研究では、機会損失や経済損失がGDPに換算して算出されているが、GDPは企業や家計といった複数の主体の経済活動の結果であり、経済理論から現実の経済活動を評価することが難しい。この点、HJKでは家計の消費行動に焦点が絞られているため、コロナ禍での経済活動を理論的に評価することが比較的容易である。

HJKなどが用いた統計的生命価値は、ノーベル経済学賞を受賞した経済学者トーマス・シェリングが「The Life You Save May Be Your Own（あなたが救う命は自分自身のものかもしれない）」（1968）[注6]で提唱した概念である。これは個人が死亡リスクの軽減のために支払う金額などを調査したアンケートの結果や、国民の所得水準などをもとに推計される。HJKは便宜的にこれを40歳時点の平均余命（およそ40年間）で除し、1年当たりの統計的生命価値を算出して分析に用いた。内閣府の「交通事故の被害・損失の経済的分析に関する調査研究報告書」（2007）[注7]の推計によると、日本における統計的生命価値は2・26億円～4・62億円であることから、HJKにならって日本の統計的生命価値を算出すると1年当たり499万円～1020万円とみられる。この金額は、厚生労働省の薬価制度に関する有識者会議などで提示された1年間の健康な状態の対価（500万円～1000万円）とほぼ同水準である。

消費抑制率＝
感染による死亡率×平均余命×1年当たり統計的生命価値÷1年当たり消費額

この式は、新型コロナウイルスに感染した際の死亡率が高いほど、死亡によって逸失する余命が長いほど、そして先述した生命価値の推計値である「統計的生命価値」が高いほど、家計は感染を避けるために消費を抑制することが合理的であることを示している。いずれの要因も、感染に伴う損失が大きいほど消費が抑制されることを表しており、直観に則した設計となっていることがわかる。なお、この式のうち「感染による死亡率」「平均余命」は年齢ごとに大きく異なるため、ここでは年齢別のデータを用いて消費抑制率を推計する。

経済理論面から見ると、緊急事態宣言中の消費抑制は過大

2020年4月、5月の個人消費は緊急事態宣言の発出により大幅に減少したが、この落ち込

（注6） Schelling, T .C. (1968) "The Life You Save May Be Your Own." In Problems in Public Expenditure Analysis, edited by Jr. Samuel B. Chase, 127–162. Washington, D.C.:Brookings Institution.
（注7） 内閣府政策統括官（共生社会政策担当）（2007）「交通事故の被害・損失の経済的分析に関する調査研究報告書」。

［図表9-1］感染リスクのある品目の消費額の推移
（帯域：理論値　折れ線グラフ：実績値）

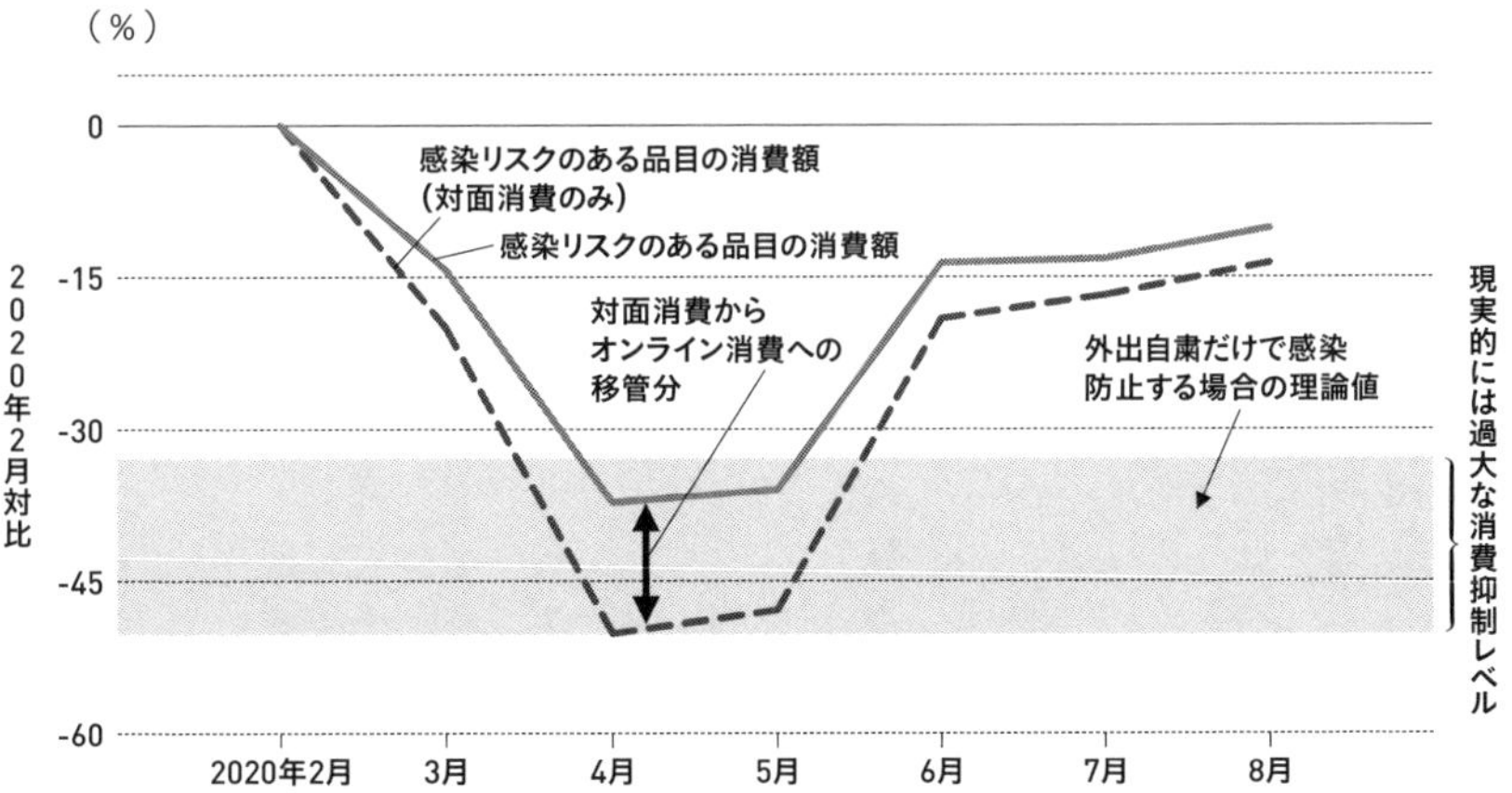

（注1）帯域はHall et al. (2020)に基づいた理論値。破線は感染リスクのある品目のうちオンライン消費（インターネットを利用した消費）の拡大分を除いた消費額。
（注2）試算に用いた人口および余命は2019年の値。
（出所）Hall et al. (2020)、日本銀行、内閣府、経済産業省、厚生労働省、総務省統計、Imperial College London、NPD Japanより大和総研作成

みと、ＨＪＫの経済モデルに基づいて当社が推計した消費抑制率（以下、理論値）を比較した結果が図表９－１である。(注8) 理論値を帯域で示したのは、先述のように統計的生命価値が一意に定まらないためである。内閣府（２００７）に基づき、帯域の上限では統計的生命価値が４９９万円、下限では１０２０万円と想定されている。

理論値の試算に用いた「感染による死亡率」に、マスクの着用や手洗い、うがい、ソーシャルディスタンスの確保など外出以外の感染症対策が考慮されていない。すなわち、理論値はあくまでも個人が外出自粛だけで感染を防ごうとする場合の消費の抑制率であり、実際には理論値で示されている水準ほど消費を抑えずに済むだろう。そのためここでの理論値は、現実には過剰な消費抑制が行われるケースとみなすことができる。

図表９－１で示した実線の折れ線グラフは、２０２０年２月を基準として消費抑制率の実績を示したものだ。ＨＪＫで想定されている消費行動には感染リスクが伴うことを踏まえ、消費の実績値は対面や移動を伴う費目（食料品などの必需的消費を除く）(注9)に限定し、ＧＤＰベースの個人消費の概念に沿って集計した。(注10)また、これらの費目の中でも、緊急事態宣言中に急拡大したオンライン消費分については感染リスクが生じにくいことから、総務省「家計消費状況調査」や経済産業省「第３次産業活動指数」などを参考に、オンライン消費分を控除する調整を施した。

図表９－１で示した実線の折れ線グラフ（実績値）を見ると、緊急事態宣言が発出された２０２０年４月から５月にかけて帯域（理論値）内に位置している。また、仮にオンライン消費が拡大しなかった場合の消費額の動きを点線の折れ線グラフで示すと、帯域の下限近くに位置していたことになる。家計が緊急事態宣言中にオンライン消費を拡大させたことで消費額の落ち込みは緩和された（消費の実績が点線から実線へシフトした）が、それでも実線は帯域内にとどまった。実際には外出自粛以外の感染防止策も行われており、先述のように帯域（理論値）が過剰な消費

(注8) 理論値の推計で利用した感染率などの想定はＨＪＫに基づくが、新型コロナウイルスに関するデータの蓄積が十分に進んでいない時期に想定されたものである。そのため推計結果には幅を持ってみる必要がある。

(注9) 全35品目のうち、自動車、家電、衣料品、外食、旅行、鉄道旅客、バス、タクシー、航空旅客、娯楽、宿泊、冠婚葬祭の12品目。

(注10) ここでは対象品目の消費額を日本銀行「消費活動指数」の消費額ウェイトで加重平均した。

［図表9-2］消費抑制額に対する各年齢の寄与率の比較

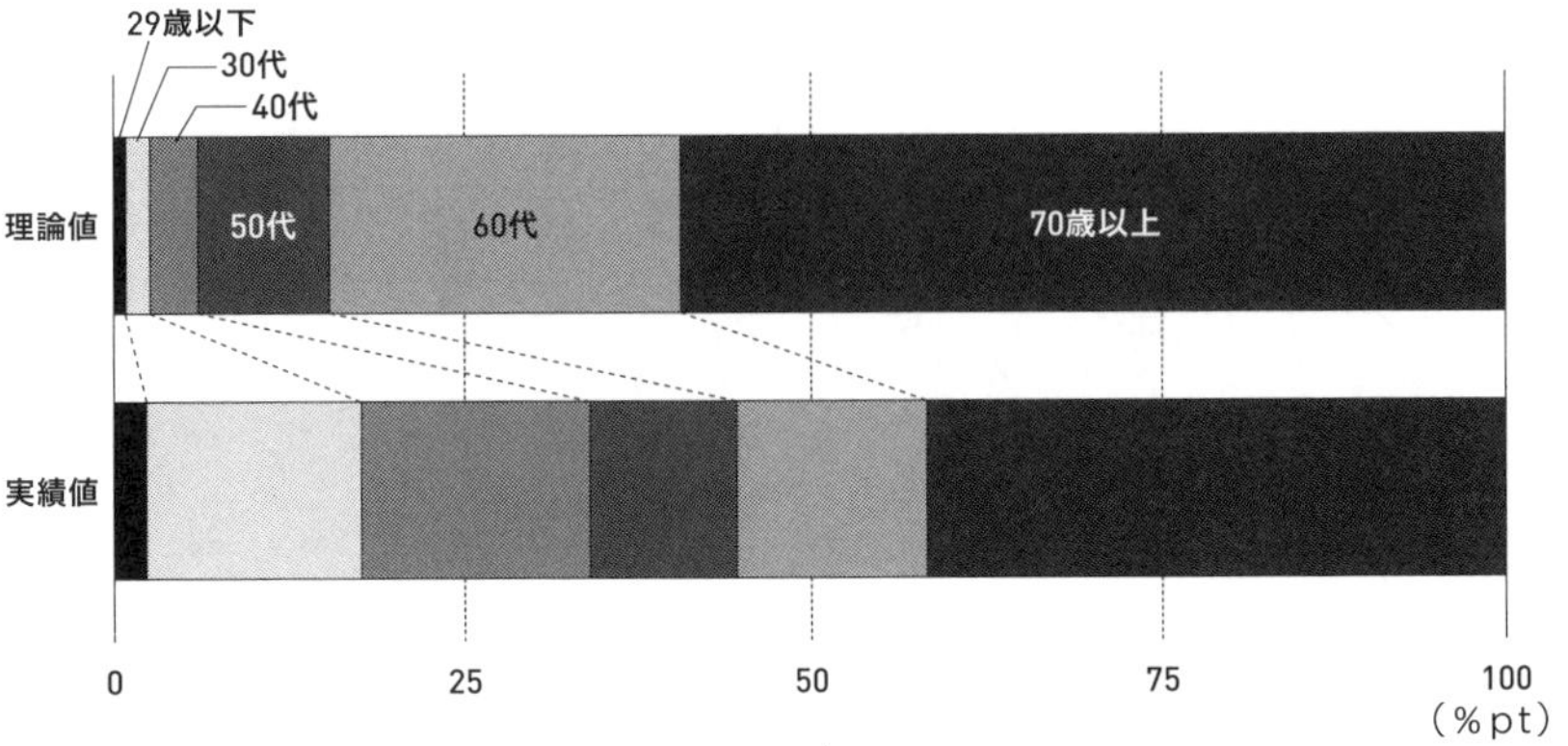

（注）理論値はHall et al.（2020）より算出。実績値は家計調査における世帯主年齢別の世帯当たり選択的支出で、2020年2月と4、5月平均の前年比変化率の差。
（出所）総務省統計、Hall et al.（2020）、Imperial College Londonより大和総研作成

抑制を表すことを踏まえると、事後的ではあるが、当該時期における消費の抑制は過大だった可能性がある。

図表9－1の実線部で示した理論値を、年齢別の寄与率で見たものが図表9－2である。新型コロナウイルスに感染した場合、高齢者ほど重症化したり死亡したりする人の割合が高い。そのため理論値では、感染リスクの大きい高齢層の寄与がとりわけ大きくなっている。これに対して、実際にどの年齢層が消費の抑制に寄与したのかを図表9－2の下段で示した。データ制約のため、ここでは総務省「家計調査」における世帯主年齢別の世帯当たり選択的支出[注11]を示した。緊急事態宣言中の消費抑制について理論値と比較すると、全世代の中で消費抑制に最も寄与したのが70歳以上である点は理論値と整合的だが、その寄与率は理論値を下回る。一方、60歳未満の実績値では40代の寄与が最も大きく、次いで30代となっている。29歳以下の寄与も理論値のそれを大きく上回る。

子育て世帯の多くは世帯主年齢が30代から40代であ

り、世帯人員が多い。家庭内感染の拡大リスクや生活などへの悪影響は他の年齢層よりも大きいだろう。ＨＪＫではこうした面が考慮されておらず、若年層の感染拡大が壮年層や高齢層に波及するといった効果もモデルに組み込まれていない。そのため若年・壮年層の消費抑制のすべてが過大だったわけではない。他方、緊急事態宣言中は多くの飲食店や宿泊施設、小売店、レジャー施設が休業や営業時間の短縮などの措置を取り、供給制約が発生していた。現在は感染リスクを抑えつつ消費を楽しむことができる店舗でも当時は営業を自粛していたことが、若年・壮年層の消費抑制につながったという面もあっただろう。

全国への緊急事態宣言は妥当だったが、現在はその段階にない

以上の分析結果を踏まえると、社会経済活動は緊急事態宣言の発出によって必要以上に抑制された可能性がある。だが、２０２０年４月の事情を踏まえれば、全都道府県への発出はやむを得ない措置だっただろう。新型コロナウイルスの知見が限られていたことに加え、検査体制は先進国の中で最低水準にあり[注12]、医療提供体制はひっ迫していたからである。未知のウイルスへの適切

（注11）支出弾力性（消費支出総額の変化率に対する費目支出の変化率の比）が1・00以上の費目。
（注12）ＯＥＣＤによると、日本のＰＣＲ検査数は2020年4月26日から5月3日で人口1000人当たり2・2件と、加盟国中、下から2番目だった。

な対処法がわからない以上、人命を最優先して人の動きを大規模に止め、その間に家計・企業への経済支援と医療提供体制の強化を図るという4月の政策判断は妥当だったと考えられる。

この点、緊急事態宣言の全面解除から約半年が経過した本稿執筆時点でも感染拡大は東京や大阪などを中心に続いているものの、新型コロナウイルスの研究が国内外で進んでおり、4月に比べると治療法の選択肢は増えている。医療提供体制や検査体制は強化された。また「新しい生活様式」が策定されるなど、HJKで想定された外出自粛以外にも、感染リスクを抑える実効的な対策は4月よりは充実した。

他方、HJKやSIRマクロモデルで考慮されていないのは、厳しい感染拡大防止策によって景気が急速に悪化すると、生活が立ち行かなくなって自殺を選択する人が増加する点だ。日本では失業率と「経済・生活問題」を原因とした自殺者数には強い相関関係が長期的に見られ、失業率が1%ポイント上昇すると「経済・生活問題」を原因とした自殺者数は1800人ほど増加する傾向がある（図表9－3）。緊急事態宣言が全都道府県に対して今後再び発出されれば、個人消費は1カ月当たり4・2兆円程度抑制されると見込まれるなど、極めて大きな経済ショックが家計や企業に及ぶだろう（図表9－4）。新型コロナウイルスから国民の命を守ることは喫緊の課題だが、同時に国民生活を維持させなければ、経済問題によって多くの犠牲を払うことになりかねない。

そのため現在は、社会経済活動と感染拡大防止の両立を図る余地が当時よりも大きくなったとみられる。全国一律で緊急事態宣言を再発出する前に、感染状況に応じて地域を限定した自粛要

[図表9-3] 失業率と経済苦による自殺者数

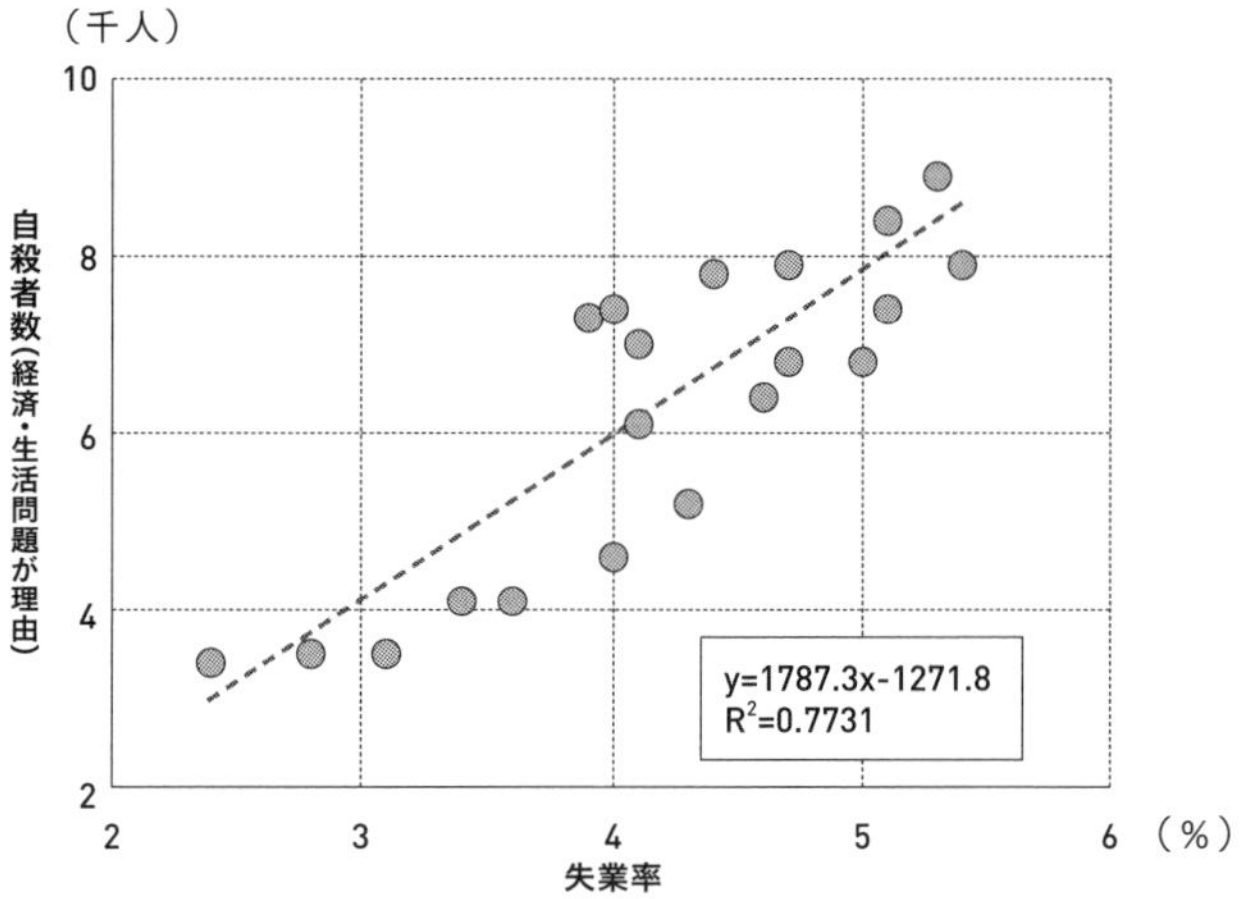

（注）データは1998〜2019年。
（出所）警察庁、総務省より大和総研作成

[図表9-4] 緊急事態宣言1カ月間の消費抑制額

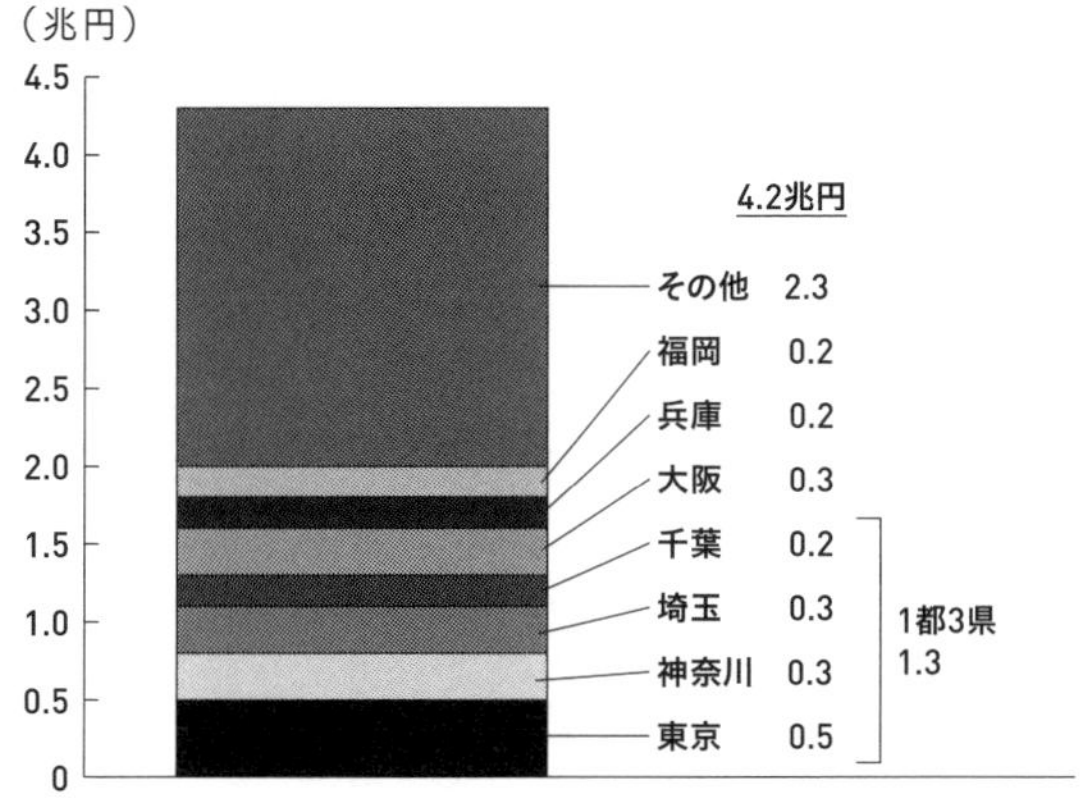

（注）試算方法については神田慶司・山口茜「日本経済見通し：2020年7月」（2020年7月21日、大和総研レポート）を参照。消費総合指数の改訂を受けて再試算を行っているため、試算値は当該レポートと異なる。
（出所）内閣府、日本銀行統計より大和総研作成

請を行うなど、メリハリの利いた対応がまずは求められる。

02 第1波の収束に成功した国・地域の感染症対策の特徴は？

日本では緊急事態宣言の全面解除後も感染は収束せず、2020年6月下旬から8月上旬にかけて再拡大し、その後も新規感染者数は一定の水準を維持している。だが海外では、感染第1波を収束させた国・地域が一部にある。これらの政府はどのように対処したのだろうか。本節ではニュージーランド、韓国、中国、ベトナム、オーストラリア、台湾を取り上げ、各国・地域政府の取り組みの特徴を整理する。

台湾を除く5カ国では感染拡大の初期に厳しい制限措置を導入

前記5カ国・1地域の新規感染者数と、各国のコロナ対策における厳格度指数（Stringency指数[注13]）を比較したものが図表9－5だ。厳格度指数とは、各国の政府による感染拡大防止策の厳しさ（Stringency）を数値化したもので、「職場閉鎖」「外出制限」「公式行事の中止」「公共交通機関の閉鎖」など9項目から算出された指数である。0から100で表され、100に近いほど感染拡大防止策が厳しい。日本の厳格度指数は緊急事態宣言中の最高値で47・2であり、諸外国に比べると感染拡大防止策は緩やかだった。1日当たり新規感染者数が過去最高を更新した8月上旬でも30程度で推移した。

一方、図表9－5の台湾を除く5カ国では、新規感染者が増え始めた直後に厳しい感染拡大防止策が実施された。このうちニュージーランドでは2020年3月25日に新規感染者数がピークを迎え、翌26日から約1カ月間、厳格度指数は96・3（過去最高値）で高止まりした。その結果、実施から2週間後の4月9日に新規感染者数が半減し、14日にはピーク時の1割程度の水準まで減少した。韓国でも、2月に感染拡大を受けて厳格度指数が上昇した。4月初旬の感染第1波の収束時には過去最高値（82・4）まで上昇するなど極めて厳しい感染拡大防止策が実施されたことで、感染者数はゼロ近傍にまで抑え込まれた。

中国やベトナムでは、比較的厳しい規制を維持し続けることで感染拡大が抑えられている。中国では2020年1月末から2月にかけて武漢を中心に感染が急拡大し、ピークの2月13日には1日当たり約1万5000人の新規感染者が発生した。これを受けて中国政府は厳しい感染拡大防止策を実施し、感染収束後も高水準の規制を維持したことで、厳格度指数は9月中旬まで80前

（注13） Thomas Hale, Noam Angrist, Beatriz Kira, Anna Petherick, Toby Phillips and Samuel Webster, "Variation in government responses to COVID-19," University of Oxford, BSG-WP-2020/032 Version 6.0, May 2020.

[図表9-5] 人口1万人当たりの新規感染者数と厳格度指数の推移

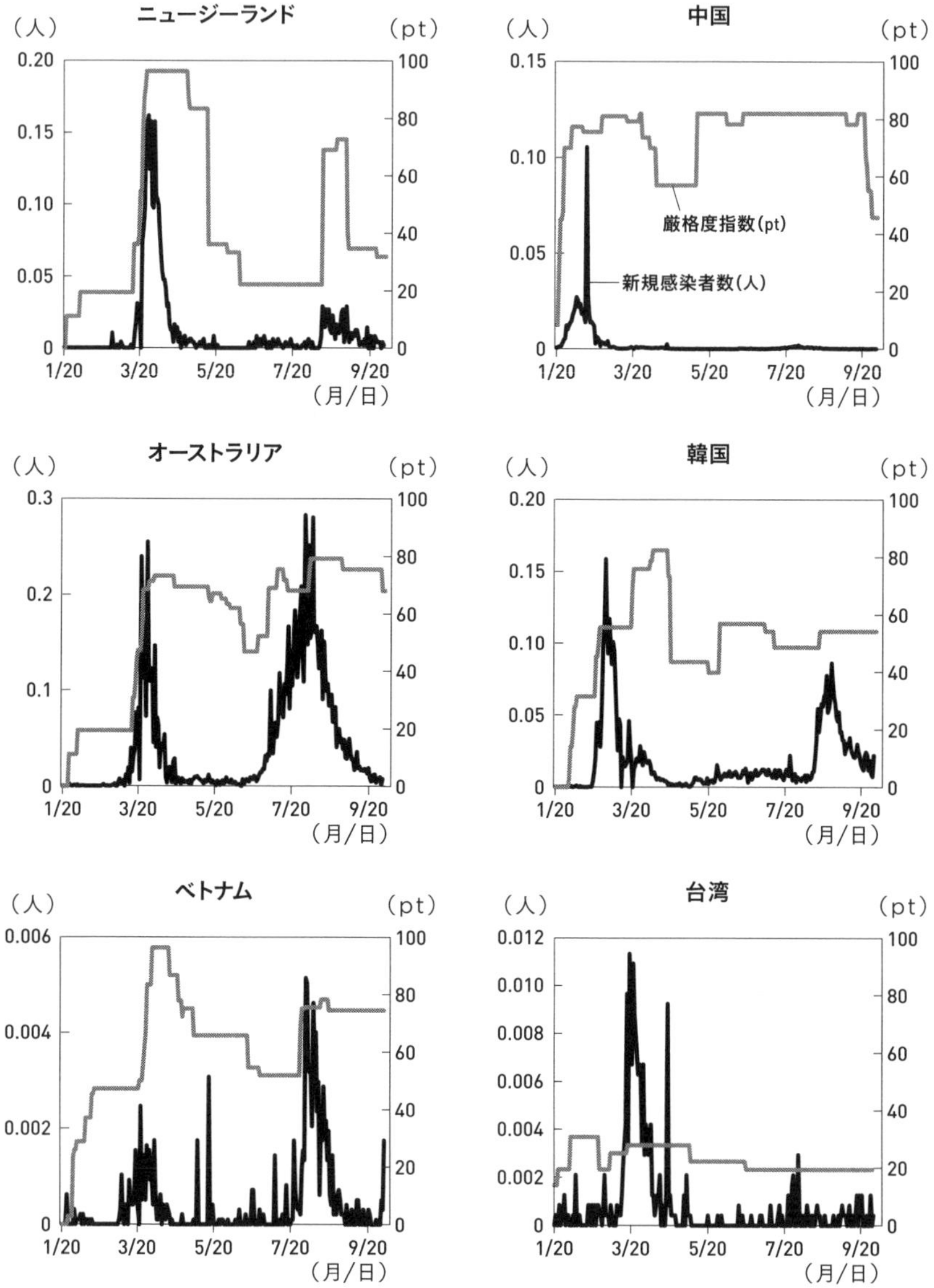

(出所)UNDESA、WHO、Hale et al. (2020)、台湾衛生福利部、CEICより大和総研作成

後で推移した。その結果、3月から9月までの1日当たり新規感染者数は平均50人程度にとどまった。政府は9月下旬から映画館などの文化娯楽施設の一部の規制を段階的に解除したことで、厳格度指数は1月下旬以来の水準まで低下した。

他方、ベトナムでは2020年4月初旬に厳格度指数が96・3まで上昇し、3月下旬に訪れた感染第1波を収束させた。行動を制限するため、主要都市では入域制限が実施され、マスクをしなかった場合や感染を隠した場合などに罰金などが科された。感染収束後も厳しい規制が維持されているが、その背景にはベトナムの医療体制が脆弱で感染拡大防止の必要性が高いことが挙げられる。

ユニークな動きを見せているのが台湾だ。厳格度指数を低く保ったまま新規感染者の増加を抑え込んでいる。台湾は2019年末に中国・武漢からの直行便の検疫を開始し、2020年2月6日には中国からの入境を禁止するなど新型感染症への初動対応が迅速だった。加えて、マスクの増産とITを用いたマスクの販売管理システム、感染対策を掌握する中央感染症指揮センターの記者会見を通じた積極的な情報公開などの取り組みが功を奏したといわれている。

感染収束に成功した国・地域では日本より厳しい制限措置を維持

図表9－5で示した5カ国・1地域の政府は具体的にどのような感染拡大防止策を実施してきたのか。感染第1波の1日当たり新規感染者数のピーク時と、感染収束[注14]して1カ月後の制限措置

[図表9-6] 感染ピーク時と感染収束1カ月後における厳格度指数の構成項目の比較

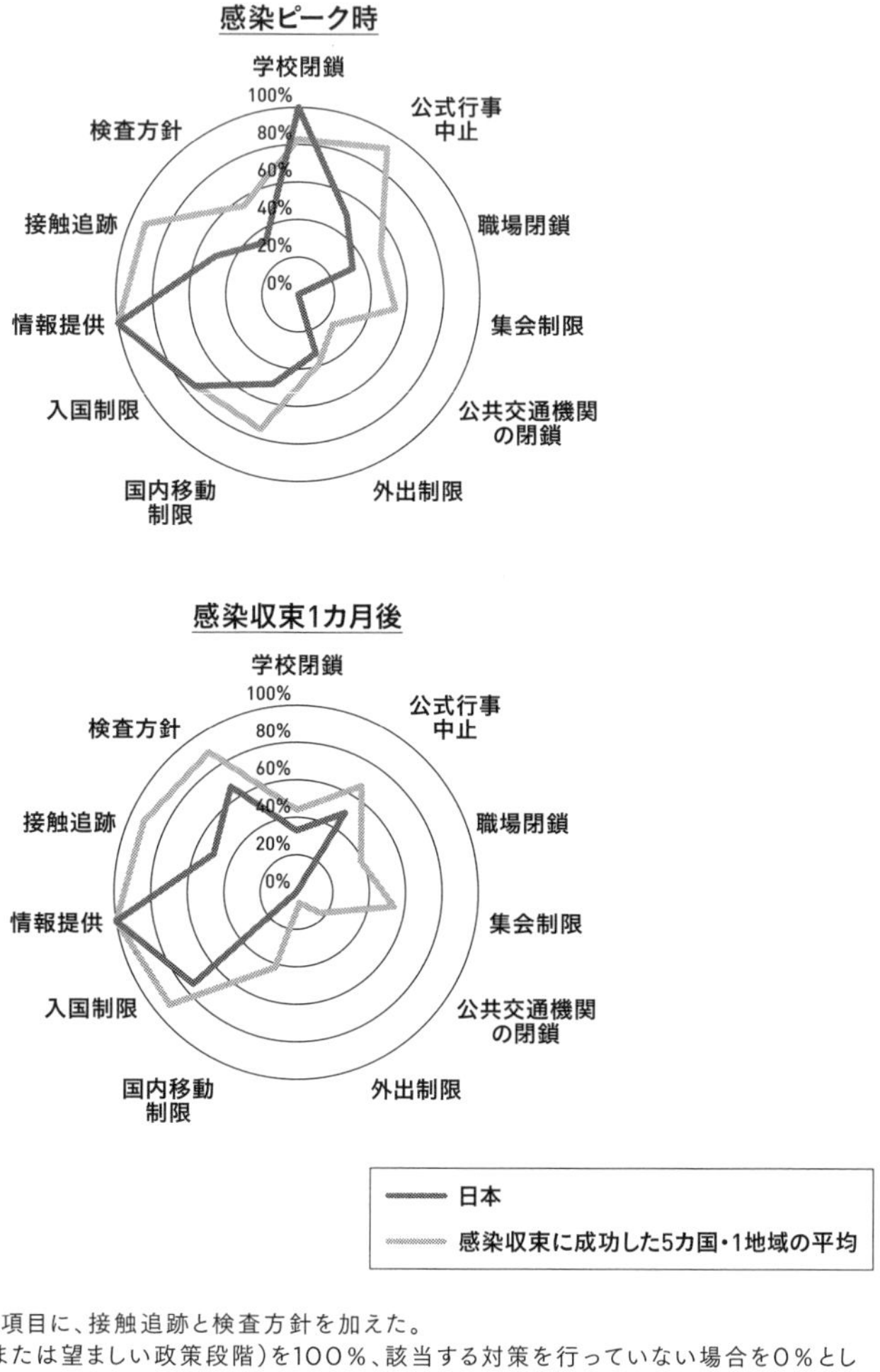

(注1)厳格度指数の構成項目に、接触追跡と検査方針を加えた。
(注2)一番厳しい状態(または望ましい政策段階)を100%、該当する対策を行っていない場合を0%とした。
(注3)感染収束日は、日本は新規感染者数が最低値、その他の国はピーク時の1%以下となった日とした。
(注4)ニュージーランド、韓国、中国、ベトナム、オーストラリア、台湾の5カ国・1地域。
(出所)Hale et al. (2020)、CEICより大和総研作成

の厳格度について、厳格度指数を構成する9項目に「接触追跡」[注15]と「検査方針」[注16]の2項目を加えた計11項目を日本と比較した結果が図表9-6である。

日本は、ピーク時よりも感染収束時の制限が緩かった。ピーク時に厳しさが最高値であった学校の閉鎖は、ピークから1カ月後には義務から推奨へと制限が緩くなっている。さらに、推奨されていた職場の閉鎖や外出制の規制は、一番緩い評価である。しかし、優良事例の5カ国・1地域では「学校閉鎖」を除き、感染ピーク時には日本よりも厳しい制限措置が幅広い分野で実施された。さらに、感染収束1カ月後も、「職場閉鎖」や「外出制限」など多くの分野で日本よりも厳しい制限措置が維持されている。これらの国・地域では、日本に比べると感染拡大防止を重視する形で社会経済活動との両立を図る様子がうかがえる。

社会経済活動の再開段階では接触追跡などが有効

既に社会経済活動を再開させた日本において、前記5カ国・1地域のような厳しい水準での活

（注14）ここでは1日当たり新規感染者数がピーク時の1％以下になった日を収束日と定義した。
（注15）学校閉鎖、公式行事の中止、職場閉鎖、集会制限、公共交通機関の閉鎖、外出制限、国内移動制限、入国制限、情報提供。
（注16）厳格度指数と同じく、オックスフォード大学COVID-19政府対応トラッカー（OxCGRT）の公表指標。

動自粛を幅広い分野で求めることは現実的ではない。むしろ、参考にすべきは「接触追跡」「検査方針」だろう（図表9－6下）。

オーストラリア以外の4カ国・1地域では、感染収束に際してアプリや決済履歴などを通じた接触追跡が行われている。感染の可能性が高い者を追跡し、万全な隔離策を取ることで、社会全体の制限措置を緩和する中でも感染拡大リスクを低く抑えることができるためだ。また、第3章で述べたように、中国では、ユーザーが登録した健康情報（発熱など）や行動履歴を照合して感染の可能性を3段階で評価するアプリ（健康コード）が活用されており、最高位のリスクがあると判断された人には外出自粛や健康情報の定期報告が要請される。韓国でも同様に、決済情報を用いた追跡などが行われている。

日本では、厚生労働省が新型コロナウイルス接触確認アプリ（COCOA）をリリースしたが、不具合などの課題が多いうえに、濃厚接触の可能性がある旨の通知を受けた人についても行動を制限しないという問題が指摘されている。同様の課題は各国でも山積しており、アプリなどのアクティブユーザー数の頭打ちに加え、プライバシー保護と感染拡大防止の両立といった問題にも取り組む必要が生じている。

前記の手段を通じて接触が確認された個人については、感染の有無を検査する必要があるだろう。「検査方針」項目を見ると、特に感染収束1カ月後において掲載国・地域の平均値が日本のそれを上回っている（図表9－6）。これはドライブスルーなどを用いて無症状の人にも検査を提供するなど、幅広い検査体制を備えている国が多いためだ。

日本国内では2020年10月に入っても新規感染者数が増加しているが、感染が疑われる接触者を追跡によって特定し、接触者に対する検査を拡充できれば、全国一律の緊急事態宣言を再発出する必要性は低下する。今後は医療提供体制の強化に加え、新規感染者数の増減に応じて地域・クラスターごとに感染拡大防止策の厳しさを調整するなど、メリハリのあるピンポイントの対策を実行するための接触追跡・検査体制の強化が一段と求められる。

03 社会経済活動と感染拡大防止の両立に向けて

感染第1波の収束に成功した国・地域であっても、収束した状態を維持することは容易ではない。オーストラリアやニュージーランド、ベトナムなどでは、2020年7月から8月にかけて感染再拡大を経験し、厳しい制限措置の実施を余儀なくされた。接触追跡・検査体制が決して十分でない日本で新規感染者ゼロを目指すことはもはや現実的な目標ではなく、当面は、ある程度の感染拡大を受け入れざるを得ない。こうしたウィズコロナの状況のもとで、社会経済活動を引き上げていく必要がある。

だが問題は、政府がそれをどのように実現していくのかが曖昧な点だ。2020年7月22日に開始した「Go To トラベルキャンペーン」事業で浮き彫りになったように、「経済優先」と見られかねない政策の運営姿勢が目立った。本キャンペーンは感染収束後の需要喚起策に位置づけられていたが、感染が再拡大する中でこうした状況に配慮した制度設計などが示されないまま、7月10日（当初は8月から実施予定）に、前倒しで開始することが急きょ発表された。その後、感染拡大への不安や懸念の声が全国的に強まったことから、制度開始直前になって東京都発着の旅行が事業から除外されるなど混乱を招いた。

第1節で述べたように、緊急事態宣言の全面解除から約半年が経過した本稿執筆時点で、社会経済活動と感染拡大防止の両立を図る余地は大きくなった。新規感染者数は8月上旬に過去最多を更新したものの、全都道府県への緊急事態宣言を再発出する段階にはなかったと考えられる。しかし国民の間では、政府が経済を重視するあまり感染拡大時の必要な対応が遅れ、いずれ感染爆発の発生を招くのではないかとの懸念が根強い。

こうした不安を払拭し、社会経済活動と感染拡大防止の両立させるためにも、政府は需要喚起策のあり方について整理し、感染収束後を見据えたビジネスモデルの転換を後押しするとともに、感染爆発を回避するための「ブレーキ」をいつ、どのように踏むのかについて具体的に示す必要がある。新型コロナウイルス感染症対策分科会が2020年8月7日に公表した資料によると、感染爆発段階に当たるステージⅣでは、「緊急事態宣言など、強制性のある対応を検討せざるを得ない」として、外出や県境を越えた移動の自粛要請などが提案されている。ただ、これを受けて政府が実際にどのような形で感染拡大防止策を講じ、悪影響を受ける国民生活をどう支援するのかは、本稿執筆時点（2020年12月初め）ではっきりしていない。感染拡大防止策の枠組みが具体化され、専門家による感染状況の判断に政策の実行性が伴えば、家計や企業は感染拡大がある程度進む中でも経済活動を行いやすくなるだろう。

第8章で述べたように、感染爆発が発生して全都道府県への緊急事態宣言が1カ月間発出されれば、実質GDPは年0・6%程度減少すると試算される。こうした事態を回避するためにも、接触追跡・検査体制の強化を図りつつ、感染状況に応じてメリハリの利いたピンポイントの感染拡大防止策を適宜講じることにより、家計・企業・政府が一体となって、ウィズコロナ時代の自律的な経済成長を目指すべきである。

増川 智咲（ますかわ ちさき）　第4章担当

大和総研経済調査部　エコノミスト
研究・専門分野は新興国経済。2008年大和総研入社。新興国経済調査を経て、2009年にロンドンリサーチセンターで新興国経済、欧州経済を担当。帰国後、日本経済を担当し、2012年から国際協力銀行（JBIC）に出向。2014年より現職。

和田 恵（わだ めぐみ）　第5、9章担当

大和総研経済調査部　研究員
研究・専門分野は日本経済・SDGs。2019年大和総研入社。

小林 若葉（こばやし わかば）　第6章担当

大和総研経済調査部　エコノミスト
研究・専門分野は日本経済。2018年大和総研入社。

神田 慶司（かんだ けいじ）　第7、8、9章担当

大和総研経済調査部　シニアエコノミスト
研究・専門分野は日本経済、財政・社会保障。2004年一橋大学経済学部卒業後、大和総研入社。内閣府出向（2008～10年）、政策調査部など経て、2019年より経済調査部日本経済調査課長。参議院 企画調整室 客員調査員を務める。

岸川 和馬（きしかわ かずま）　第7、9章担当

大和総研経済調査部　エコノミスト
研究・専門分野は日本経済。2019年大和総研入社。

山口 茜（やまぐち あかね）　第8章担当

大和総研経済調査部　エコノミスト
研究・専門分野は日本経済。2015年大和総研入社。

田村 統久（たむら むねひさ）　第8章担当

大和総研経済調査部　研究員
研究・専門分野は日本経済。2018年大和総研入社。

永井 寛之（ながい ひろゆき）　第9章担当

大和総研経済調査部　研究員
研究・専門分野は日本経済。2014年大和総研入社。日本経済、海外経済担当を経て、2018～2020年経済産業省に出向、マクロ経済分析などを担当。2020年より現職。

執筆者プロフィール

熊谷 亮丸 (くまがい みつまる)　監修、はじめに担当

大和総研 専務取締役 調査本部長 チーフエコノミスト
内閣官房参与(経済・金融担当)
研究・専門分野は経済調査、政策調査、金融調査全般。1989年東京大学法学部卒業後、日本興業銀行(現みずほ銀行)入行。同行調査部などを経て、2007年大和総研入社。2010年同社・チーフエコノミスト。2014年同社・執行役員チーフエコノミスト。2020年より現職。東京大学大学院法学政治学研究科修士課程修了(旧興銀より国内留学)。ハーバード大学経営大学院AMP(上級マネジメントプログラム)修了。政府税制調査会特別委員などの公職を歴任。経済同友会幹事、経済情勢調査会委員長。各種アナリストランキングで、エコノミスト、為替アナリストとして、合計7回、1位を獲得。著書は『ポストコロナの経済学』(日経BP)など多数。

橋本 政彦 (はしもと まさひこ)　第1、6章担当

大和総研経済調査部　シニアエコノミスト
研究・専門分野は日本経済、米国経済。2006年大和総研入社。日本経済担当を経て、2010～2012年内閣府に出向、経済財政白書の執筆、月例経済報告などを担当。2015 ～ 2019年、ニューヨーク駐在、米国経済担当。2019年より現職。

鳥毛 拓馬 (とりげ たくま)　第1章担当

大和総研ニューヨークリサーチセンター　主任研究員
研究・専門分野は米国金融規制。2006年大和総研入社。金融・証券に関わる税制・会計制度の担当を経て、2013年に金融庁に出向。アジア諸国(主にミャンマー)の金融インフラ整備支援を担当。2015年に大和総研に帰任。2016年より現職。

矢作 大祐 (やさく だいすけ)　第1章担当

大和総研ニューヨークリサーチセンター　研究員
研究・専門分野は米国経済・金融。2012年大和総研入社。金融資本市場調査担当を経て、2013～2015年財務省に出向、IMFやFSBなどの国際機関との折衝を担当。2016～2017年中国社会科学院金融研究所の訪問研究員(在北京)。2019年より現職。

山崎 加津子 (やまざき かづこ)　第2章担当

大和総研経済調査部長
研究・専門分野は欧州経済。1993年大和総研入社。1998～2000年フランクフルトに駐在し、単一通貨ユーロの導入直前から直後にかけての欧州情勢をレポート。帰国後は欧州資本市場・株式市場担当を経て、2016年より欧州経済を担当し、2020年10月より現職。

齋藤 尚登 (さいとう なおと)　第3章担当

大和総研主席研究員　経済調査部担当部長
研究・専門分野は中国経済・株式市場制度。1990年山一証券経済研究所入社、1994～97年香港駐在。1998年大和総研入社、2003年～10年北京駐在。帰国後、主任研究員を経て、2015年より現職。財務省財務総合政策研究所中国研究会委員、金融庁中国金融研究会委員。

この一冊でわかる
世界経済の新常識2021

2021年1月12日　第1版第1刷発行

監修　　熊谷 亮丸
編著　　大和総研
発行者　村上 広樹
発行　　日経BP
発売　　日経BPマーケティング
〒105-8308
東京都港区虎ノ門4-3-12
https://www.nikkeibp.co.jp/books/

カバー・本文デザイン　小口 翔平＋加瀬 梓＋須貝 美咲(tobufune)
DTP・制作　河野 真次
編集担当　沖本 健二
印刷・製本　中央精版印刷株式会社

ISBN978-4-296-00004-3　Printed in Japan

本書籍に関するお問い合わせ、ご連絡は下記にて承ります。
https://nkbp.jp/booksQA